히틀러의
사라진
보물

히틀러의
사라진
보물

아르뛰어 브란트 지음 — 지명숙 옮김

이더레인
Iedereen

'아써아르뛰어의 영어 발음 단순한 데가 있으나,
명석한 두뇌의 친구'

딕 엘리스Dick Ellis
런던 뉴 스코틀랜드 야드 경시청 산하의 예술범죄 수사반 창설자

N **ederlands**
letterenfonds
dutch foundation
for literature

This publication has been made possible with financial support from
the Dutch Foundation for Literature.
이 출판물은 네덜란드 문학재단의 재정적 지원을 받았습니다.

이레이너 박커르- 훼르베르다*Irene Bakker-Ferwerda*를 위해서

아버님과 파올 에거몬트*Paul Eggermont*에게 감사의 마음을 전하면서

일러두기
*인명과 지명은 국립국어연구원 외래어표기법을 따르되 현지 발음을 고려해 표기했습니다.

목차

머리말

1945년 4월 22일, 베를린 지하 벙커

아돌프 히틀러가 햇빛을 보지 못한 지 벌써 한 달째이다. 최후의 한 사람
이 남을 때까지 공방전을 펼칠 작정이었던 그는 이른바 총통 벙커로 대피
해 지령을 내리고 있다. 소련의 붉은 군대는 베를린을 습격하기 위해 250
만 명의 병사와 6250대의 전차 및 자주포, 항공기 7500기의 병력을 동원
한 결과, 제3제국의 수도는 포위·봉쇄되고 말았다.

　히틀러의 측근 간부 중 몇몇은 자포자기에 빠져 지하 벙커를 떠나 베
를린 탈출을 기도 중인 반면, 최측근의 골수파들을 위시한 나치 공보 장관
요제프 괴벨스와 그의 아내 마그다는 절체절명의 막다른 위기에 이르러
서도 히틀러의 곁을 지키며 일편단심으로 그를 보필한다.

　지하 벙커는 외부 세계와 거의 차단된 상태이며 종말론적 긴장에 휩
싸여 있다. 고작 몇 개의 전화선만이 아직 제 기능을 발휘하고 있을 뿐이
다. 벙커 안의 사람들은 앞으로 닥쳐올 일에 대한 걱정과 어지럽게 머릿속

을 휘젓는 상념들을 음주의 힘을 빌려 씻어 내고 있다. 그들 중 여전히 최후의 승리를 믿는 자는 히틀러 단 한 사람뿐이다. 그가 전투 지도 위에 더 이상 존재하지 않는 부대들을 이송시키고 있을 때 휘하의 참모장 한 명이 안으로 들어선다.

"총통 각하, 아군의 베를린 북부 반격전이 결행되지 못했습니다. 에버르스발데가 소련군에게 점령되었습니다."

사실 베를린에서 북쪽으로 약 50킬로 거리에 있는 소도시 에버르스발데가 함락된 것은 그로부터 나흘 후인 4월 26일이었다. 그러나 히틀러에게는 - 와전된 정보인 - 이 소식이 치명타가 되었다. 에버르스발데가 소련군에게 넘어갔다는 소식을 들은 히틀러는 그가 분노할 때면 어김없이 보이는 발작 증세 중 하나를 격렬하게 드러내며 참모장에게 욕지거리를 퍼붓는다.

"놈들이 기어코 날 배신하고 말았구나. 이젠 모든 게 다 끝이다. 우리 독일군이 참패를 당했어. 내게 남은 길은 오로지 하나, 자살뿐이다."

70년이 지난 후, 에버르스발데의 함락에 대한 이 기막힌 일화는 제2차 세계대전과 냉전에 얽힌 이야기 중 가장 오랫동안 공개되지 않은 비사 중 하나로서 전 세계의 신문 일면을 장식하게 된다.

1장

2014년 이탈리아, 리보르노

비행기가 활주로에 안착하고 다른 승객들이 안도의 숨을 내쉬자마자 나는 스트레스 때문에 신경이 극도로 날카로워지고 있었다. 택시 타는 곳은 어디에 있지? 혹시 택시 기사가 바가지요금을 씌우려고 시내를 빙빙 돌지는 않을까? 운이 좋으면 누군가 나를 마중 나오는 경우가 더러 있기는 했다. 사건의 성격에 따라 외교관 차량 번호판이 달린 관용차나 잘사는 부호 의뢰인이 기사를 딸려 보낸 리무진이 대기하고 있을 때도 없지 않았다.

도착한 피사 공항에는 중국집 종업원이 마중 나와 있었다. 당황스럽게도 이 중국인은 영어를 전혀 모르는 눈치였다. 그는 내게 손짓을 하며 자신이 몰고 온 흰색 미니밴 뒤쪽으로 가라는 지시를 내렸고 뒤이어 삐걱대는 짐칸의 육중한 문을 힘겹게 열었다. 그러고는 나를 그 안으로 밀어 넣었다. 차 바닥에는 음료수 빈 병들과 구겨진 종이 메뉴

판들, 찢어진 쌀자루와 곰팡이가 슨 피망, 그 외 온갖 잡동사니가 널브러져 있었다. 차 안 공기는 견디기 힘들 지경이었다. 나는 짐칸의 옆 벽면에 등을 대고 앉아 무릎을 쭈그려 몸을 잔뜩 웅크렸다. 앞의 조수석에는 배달할 주문 음식 비닐봉지가 버젓이 놓여 있었다. 말하자면 그 종업원이 받은 두 개의 주문 중 내가 짐짝 취급을 받은 것이었다. 중국인은 마치 생사가 걸린 양 차를 전속력으로 몰았고 숫제 차도에 난 구멍을 피해 보려는 시늉조차 하지 않았다.

그럼에도 불구하고 나는 일단 긴장이 풀렸다. 비행기가 꽤 연착하긴 했으나 요행히 세관을 무사통과했다. 굳이 감출 만한 뭔가를 지참하고 있어서가 아니라 내가 지금 찾아가는 남자의 유머 감각이 남다르기 때문이었다. 세관 직원이 여행객들과 함께 일렬로 서 있는 나를 콕 집어 불러내는 일이 다시금 벌어질 수도 있었다. "댁이 예술품 밀수업자라는 익명 제보가 들어왔습니다." 말이 떨어지기가 무섭게 호기심과 빈축이 담긴 동행객들의 시선을 받으며 검거된 경험이 있었다. 약속한 목적지에 도착하자 집주인이 히물히물 웃으며 물었었다. "그래, 오는 길에 별문제는 없었고?" 천만다행이었다. 그가 오늘은 나를 골탕 먹이지 않은 셈이었다.

몇 주 동안 나는 이 약속을 차일피일 미뤄 왔었다. 하지만 더는 내세울 만한 핑계도 궁한데다 점점 "자네가 안 오면 내가 자네를 데리러 갈 테니까." 하는 식의 협박조로 나왔기에 마지못해 비행기 표를 끊었다. 그것도 당일치기 왕복편으로.

얼마 지나지 않아 질주하던 미니밴이 우뚝 멈춰 섰다. 중국인이 차에서 뛰어 내리더니 짐칸의 차 문을 열고는 내 팔을 잡아 차 밖에서 끌어당겼다. 그러고는 내게 고개를 갑신 숙여 인사를 한 다음 사라졌다. 나는 가슴을 펴고 깊은 숨을 들이켰다. 소형 운반차 안의 악취 때문에 속이 메스꺼워 견딜 수가 없었다.

나는 6층짜리 우중충한 건물 앞에 서 있었다. 햇볕에 눈이 부셨지만 주위를 알아볼 수는 있었다. 물고기들이 헤엄치는 것을 내려다볼 수 있을 만큼 맑은 물이 흐르는 운하와 돌다리들 그리고 산잡하게 세워 둔 스쿠터들이 눈에 들어왔다. 운하의 건너편에는 한때 명성을 떨치던 그 저명한 메디치 가문이 건축한 리보르노의 웅장한 성곽이 서 있었다. 나는 대문을 향해 걸어가 리차드손 박사/정교수라고 쓰인 문패 아래에 달린 초인종을 눌렀다. 집주인은 수시로 신분을 바꾸곤 하는데 리보르노에서는 영국 대학 교수로 행세하고 있었다.

"치에?" 인터콤을 통해 목소리가 들리자

"아르뛰어입니다."라고 대답했다.

나는 계단을 통해 6층으로 올라갔다. 지난번에 왔을 때는 정전 때문에 엘리베이터에서 근 1시간이나 갇혀 있었다.

방문은 열려 있었다. 까만 조끼 밑에 새하얀 와이셔츠를 받쳐 입은 작달막한 필리핀인이 미소를 띠고 날 지켜보고 있었다.

"브란트 씨, 뵙게 되어 언제나처럼 반갑습니다."

버틀러 노아가 영어로 인사말을 건넸다. 나는 노아에게서 애틋한 정을 느꼈다. 그는 고국에 사는 처와 두 딸의 보다 나은 장래를 위해 만리타국으로 와서 불법 노동을 하고 있었다.

"주인님께서는 응접실에서 일하고 계십니다."

나는 외투를 벗어 노아에게 건네고 응접실 안으로 들어갔다. 주인은 일과는 전혀 동떨어진 모습을 하고 있었다. 사무용 탁자 뒤에 앉아 있긴 했으나 키보드 위에 머리를 얹은 채 드르릉대며 코를 골고 있었다. 컴퓨터에서는 이탈리아 음악이 은은하게 흘러 나왔다. 아기처럼 자고 있는 모습, 이런 모습의 그가 내게는 마냥 안전하게 느껴져 좋았다. 왜냐하면 그는 워낙 변화무쌍한지라 일단 잠에서 깼다 하면 위험 인물로 돌변해 버리기 때문이었다. 그는 예술계에서 유례를 찾기 힘든 요주의 인물이었다. 미헬 환 레인.

그를 처음 만난 건 15년 전이었다. 내가 수집가로서 예술계에 첫발을 디딘 무렵이었다. 당시 나는 프랑스 후기인상파 화가인 폴 마델린이 그린 그림을 수천 길더를 주고 구매했지만 기술 분석 결과 1950년경에 그린 것으로 판명되었다. 1950년이라면 폴 마델린이 죽은 지 30년이 지난 후이므로 그것은 가히 기적이라고 불릴 만했다. 즉, 여느 신출내기 예술 수집가들과 다름없이 나 역시도 위조업자들과 여타 협잡꾼들의 이상적인 먹잇감이었음이 밝혀진 것이었다. 그러던 어느 날, 런던 경시청 대변인이 미헬 환 레인이라는 사람에 대해 인터뷰한 옛날 기사를 우연히 접했다. 그 대변인은 인터뷰를 통해 '이 네덜란드 출신의 예술 절도범이 그간 예술계에서 물의를 일으킨 모든 스캔들의 90%에 직접 관여되어 있다는 것'을 공지했고 동시에 '나머지 10%에도 연루되어 있다'는 자기 소신을 밝히기도 했다. 그 인터뷰에 유달리 관심을 갖게 된 나는 인터넷에서 그와 관련된 더 많은 정보를 찾았다. 그리고 그동안 환 레인이 개심하여, 1990년 중반 이후에는 런던 경시청과 여타 수사팀에 협조하고 있다는 것을 알게 되었다. 또 그는 개인 홈페이지까지 운영했는데 그곳에서 예술품 모리상인들과 위조업자들, 절도범들의 정체를 백일하에 드러내고 있었다. 때문에 그자들 즉, 그의 옛 동업자들의 원성을 사고 있는 중이었다. 그런 반면 환 레인이 옛날 자신이 몸담았던 '전문직'에 결별을 고했을 리가 만무하다는 소문도 나돌았다. 그는 여전히 암암리에 활약 중이며 경찰과의 유대를 단지 은폐 수단으로 이용하고 있으리라는 추정이었다. 이런 그의 내력에 매료된 나는 환 레인에게 접근하기로 마음먹었다. 예술품 거래의 음흉한 술책에 대해서 그보다 더 나은 스승이 어디 또 있겠는가? 나는 모험을 감행하기로 마음을 먹고 그에게 메일을 보냈다. 놀랍게도 그가 자신의 펜트하우스로, 런던에서 최고가 거리 중 하나인 파크 레인에 위치한 아파트로 날 초대해 주었다.

15년 전, 그와의 첫 만남이 두고두고 잊히지 않았다. 그는 나에게 플라스틱 해골 옆의 탁자에 앉도록 권했다. "내 여덟 번째 아내의 해골인데, 내 말을 절대 거역하는 법이 없었다는 의미에서 가장 어질고 착한 여자였네." 그러고 나서는 자기 컴퓨터 뒤로 가서 태연스레 하던 일을 계속했다. 그렇게 한 시간 내내 한 마디도 던지지 않고 있던 참에 초인종이 울렸다. "집배원이 온 게로군. 가서 문 좀 열어 주겠소?"

나는 소포를 받아 들고서 다시 방 안으로 들어갔다.

"나 잠깐 중요한 전화를 할 데가 있으니까."라는 구실 아래 환 레인은 연이어 내게 지시했다. "복도로 나가 잠깐 기다리면서 그 소포를 미리 개봉해 주게나."

5분쯤 지난 후에 나는 용기를 내 다시 방안에 발을 내딛었다. 손에는 책을 한 권 들고서. 손가락으로 귀를 틀어막은 환 레인이 배시시 웃으면서 날 쳐다봤다. "다행이로군. 그냥 책이었구먼. 나를 해치려는 작자들이 하도 많다 보니 어느 소포에 폭탄이 들어 있는지 모를 일이거 들랑."

환 레인은 그날 헤어질 무렵이 돼서 결론을 내렸다. 나 같은 얼간이는 평생 처음 봤다고. 나는 권모술수가 판을 치고 때로는 살벌하기 이를 데 없는 예술 세계에 너무나도 부적합한 어벙이 타입이라고. 내 나름대로 영원한 작별이라고 지레짐작했던 그와 헤어지는 자리에서 그가 한마디 짧게 덧붙였다. "조만간 한번 다시 들르도록 하게. 난 실은 얼치기 바보들로 둘러싸여 있는 걸 즐기거든." 그날 이후 나는 그를 정기적으로 방문했다. 그는 런던 경시청을 위시하여 그가 아는 다른 경찰 수사대의 형사들뿐만 아니라, 예술계의 거물급 사기꾼들에게도 날 소개해 주었다. 내게는 그야말로 더 이상 바랄 게 없는 최고의 학습 현장이었다. 전 세계의 신문 일면에 대대적으로 보도된 그의 여러 수색 작전들을 나는 전부 가까이서 견습했다.

그런데 근년에 들어서는 우리 사이가 소원해졌다. 환 레인의 이사가 무척 빈번했기에 상호 간의 연락이 점점 뜸해졌고 또 서로의 의견 차이로 약간의 마찰도 있었다. 그러던 몇 주일 전, 느닷없이 그에게서 전화가 걸려 왔다. "내가 희한한 걸 하나 찾아냈어. 이건 도무지 믿기지 않은 일이라고. 내 장담컨대, 이보다 더 기상천외한 사건은 절대 불가능하다니까." 그렇게 변죽만 울리면서 나더러 무턱대고 리보르노로 올 것을 강청했다. 나는 한참을 망설였다. 환 레인과의 하루는 마라톤 반 구간을 뛰는 것보다 더한 에너지를 소모시키는데다 이건 모종의 야바위판에 날 앞세워 자기 잇속을 챙기려는 함정일 수도 있었다. 그럼에도 나는 마침내 그의 말에 응수하여 리보르노에 온 것이었다.

환 레인은 여전히 키보드 위에 고개를 얹은 채 자고 있었다. 미술상 분야에서 일가견을 이룬, 세계에서 손꼽히는 권위자의 책상에는 그답지 않은 온갖 전자 기구들로 그득그득했다. 나는 그가 가장 애호하는 가젯 닭구이를 들어 그의 귓가에 대고 단추를 눌렀다. 닭구이가 노래를 시작했다. "Feeling hot, hot, hot…"

하지만 그는 아랑곳없이 계속 드르릉드르릉거렸다.

"이젠 그만 좀 자요!"

그 말도 역시 도움이 되지 않았다. 그렇다면 극약 처방을 쓸 수밖에 없었다. 나는 할 수 없이 손바닥을 오목하게 해서 그의 한 쪽 귀에 대고서는 고함을 쳤다. "경찰 출동!"

환 레인이 화들짝 놀라 상체를 일으키더니 벌겋게 상기된 눈을 비비고 어리벙벙한 표정으로 날 바라다봤다. "이런! 자네가 여기 웬일로?"

"나더러 오라고 했잖아요." 내가 대꾸했다.

그러자 그는 생각에 잠겼다. "월요일에나 올 것 같다고 하지 않았던가?"

"오늘이 월요일이에요."

그는 경직된 몸체를 일으켜 의자에서 빠져나온 후 나를 얼싸안았다. 펑퍼짐한 얼굴, 더부룩한 턱수염 그리고 너울너울 어깨 위까지 닿는 성성한 백발, 그는 어딘지 은퇴한 노선장의 기풍을 지녔다.

"그래 택시로 왔나?"

천재적인 기억력을 지닌 그가 지극히 사소한 일상사에는 늘 건망증이 심하다는 사실에 나는 번번이 경악을 금치 못하곤 했다.

"아뇨, 중국인을 보내주셨잖아요."

"아 참, 그랬던가. 썩 쓸모 있는 친구거든. 음식 솜씨도 그만이라고. 이따가 우리가 먹을 중국 요리를 갖다 줄 걸세."

그의 말에 벌써부터 속이 매슥매슥 올라오기 시작했다. 환 레인은 담배에 불을 붙이고는 부엌을 향해 걸어갔고 나는 거실 안을 둘러봤다. 그의 여덟 번째 아내의 플라스틱 해골은 천장에 고정시켜 매달아 둔 펀치 백 옆에 놓여 있는 옛날 스모킹 체어 속에 아무렇게나 널브러져 있었다. 방 한가운데에는 높이 1미터가량의 선인장이 서 있고, 그 둘레를 골동품 겸 자판기, 슈퍼맨 동상 그리고 거대한 돼지 조형 도자기가 에워싸고 있었다.

환 레인이 커피 머그잔을 두 개 들고 돌아와서 그것을 응접세트 위, 눈부신 단홍색 잉어가 누워서 받쳐 들고 있는 유리판 위에다 얹었다.

"고맙습니다만," 내가 말했다. "전 원래 커피 안 마시잖아요. 그쯤은 익히 알고 계신 줄 알았는데요."

"알고말고. 이 두 잔 다 내가 마실 거네. 목이 컬컬하거든 자네도 가서 손수 챙겨다 마시도록 하라고." 그가 맞은편 소파 위에 아무렇게나 퍼져 앉았다. "내가 획기적인 사실을 발견했어. 아메리카를 발견한 게 크리스토퍼 콜럼버스가 아니더라고. 이 경매사 요람을 한번 살펴봐."

그것은 국제적으로 명성이 높은 경매 회사의 안내 책자였다. 물통 둘레에 모여 있는 새 다섯 마리를 묘사한 로마 시대의 모자이크가 표지를 장식하고 있었다.

"아름답군요." 내가 말했다. "근데 콜럼버스와 무슨 관계가 있는 거죠?"

"무슨 샌지 구별이 안 가나?"

암스테르담에 사는 우리에게는 그저 두 종류의 새가 존재할 뿐이었다. 날라 다니는 건 죄다 검은머리 방울새이고 운하 속에서 둥둥 떠다니는 건 부유하는 검은머리 방울새였다.

"어, 저 왼쪽 새는 앵무새 같은데요."

"맞아. 그러니까?"

"무슨 말씀인지 전 좀 이해가 안 돼요. 로마인들이 이미 그 당시부터 앵무새를 애완용으로 기르지 않았던가요?"

"그야 그렇지. 근데 지금 이 종류는 일명 청금감 앵무새*Ara ararauna*라고도 하는데 오직 남미의 정글 속에서만 서식하는 청황색 앵무새라고."

그의 말에 내가 웃음을 터트렸다. 로마 시대 모자이크에 등장한 남미의 앵무새. 콜럼버스가 아메리카 대륙을 발견하기 5백 년 전인 로마 시대의 모자이크에 앵무새가 나온다고?

"그 경매사, 정말 망신살이 뻗쳤군요. 근데 그 위조의 출처는 어디지요?"

"내가 알기로는 튀니지아 수스 남부에 있는 한 마을에서 그리스와 로마 시대의 모조 모자이크를 대량 생산하고 있지. 노다지판."

환 레인이 미소를 머금었다. 내가 그런 수사 비화에 탐닉해 있음을 그가 간파한 것이었다.

"어떻게 대처하실 건데요?" 내가 물었다.

그는 어깨를 으쓱 들먹였다. "아직 마음을 못 정했어. 물론 매스컴에 공개해서 경매사가 혼찌검이 나도록 할 수도 있지. 하지만 내가 그 모자이크를 그냥 사 버릴까 하는 생각도 있어."

"사다니요?" 내가 의아한 눈으로 그를 빤히 올려다 봤다.

"응. 일단 산 다음에 내가 그게 모조품임을 소위 '발견'한 다음, 내 돈을 환불해줄 것을 요구하고 또 거기에다 당연히 손해 배상까지 추가 하는 거지. 결혼 25주년 기념 혹은 다른 행사 기념 차 내가 처에게 준 선물인데 모조품을 구매해 감정적 피해를 입게 되었다는 명목을 내세 워서."

"바라건대 혹시 앵무새 가지고 날 여기까지 오게 한 건 아니시겠 죠?"

그는 상체를 앞으로 굽히며 나를 바라봤다. 그의 눈동자가 광채를 발하고 있었다. "그럼, 그건 아니지. 실은 내가 어디에도 비할 데 없는 건을 하나 추적해 냈다고."

그에게는 언제나 숨겨진 동기가 있기 마련이었다. 내게는 그간 그 를 견제하는 태도가 습관처럼 굳어졌다.

"미헬 씨, 세상없이 훌륭한 사건일 거라고 믿고도 남습니다. 헌데 제 역할이 뭔지요? 제가 여기에 온 사유가 뭔가요?"

"내 딴에는 자네가 날 만나는 걸 좋아한다고 자부하고 있었거든."

"그야 물론 이렇게 뵙게 되어 더없이 반갑습니다. 미헬 씨 뵙는 걸 전 언제나 영광으로 알고 있지요."

그는 고개를 한쪽으로 기우뚱하더니 푸르디푸른 눈을 반쯤 감고 서 날 쏘아봤다. 내가 빈말로 굼때고 있다는 사실이 그에게 여실히 드 러날 적마다 그가 취하는 동작이었다. 하물며 그가 독심술을 사용하는 건 아닌지 의심이 갈 지경이었다. 그는 으레 상대방보다 몇 걸음 앞서 생각했고 그것이 다른 사람을 조종하려는 그의 책략적인 성향과 합해져 그를 그토록이나 요주의 인물로 보이게 만들었다. 언젠가 한번은 런던 경시청의 수사관이 내게 털어놓은 적도 있었다. 그와 합동 수사를 하고 있긴 하지만 그들도 늘 환 레인을 예의주시하고 있노라고.

"난 이미 황혼기를 맞았어." 그가 한숨을 내쉬었다. "근데 이건 워낙 이상하고 복잡하게 얽힌 수수께끼라서. 게다가 위험 부담도 적잖고."

소싯적의 그는 생사를 가리지 않고 어떠한 어려움도 감행하는 대담한 모험가였다. 중미에 가서는 사라진 마야 문명 도시들의 유적을 발굴하려고 만곡도로 밀림 속을 헤치고 다녔다. 북사이프러스에서는 터키 장군들과 합세하여 수도원과 교회의 금은보화를 몽땅 약탈했다. 그러는 가운데 그는 많은 적을 만들었다. 그가 로마에 살 때는 마피아들의 암살 기도가 미수에 그쳤는가 하면 유고슬라비아 범죄단들은 그가 타고 있던 차의 지붕에다 총탄 세례를 퍼붓기도 했다. 인터넷과 언론에서는 그가 수호천사의 도움을 받고 있을 것으로 추측했는데, 이스라엘 정보기관인 모사드의 보호를 받는다는 소문이 자자했다. 그는 그 소문에 대해 유명한 모사드 첩보원 헤시 카르멜이 자기의 가장 친한 친구 중 하나이긴 해도 그건 다 터무니없는 낭설이라고 귀띔해 준 적이 있었다.

"미헬 씨, 이번 한 번만이라도 제발 빙빙 둘러 말하지 말고 요점만 말씀해 주세요. 실은 비행기가 연착한 탓에 제가 돌아갈 비행기 시간이 얼마 남지 않았답니다."

그는 일어서더니 창가로 걸어갔다. "아르뛰어, 내가 직접 나서서 뛰고 싶은 마음은 간절하지만 기력이 달려. 자네도 차차 그 내력을 깨닫게 될 거네." 그는 뒤로 돌아선 다음 내 눈을 빤히 들여다보며 말했다. "자네 손이 필요해."

그가 나에게 도움을 청할 경우 그것은 대개 그의 이기적인 발상에서 비롯된 것이었다. 그러나 이번에는 진정성이 담겼고, 또 거의 부러질 듯 연약하게만 들렸다.

"좋습니다."

내가 대답하자 그가 미소를 지었다. "자네가 의지할 만한 친구라고 기대하고 있었지. 게다가 자네라면 성공 확률이 크다고 확신해. 자네의 그 숫된 가톨릭 신자의 면상과 가없는 단순함에 놈들이 자네를 과소평가할 게 뻔하거든."

그는 단숨에 상대를 추켜올리는 동시에 가차 없이 깎아내리는 말재주가 뛰어났다.

"자네가 풀기를 염원하는 수수께끼의 극치가 뭔가?" 그가 물었다.

나로서는 오래 생각할 필요가 없었다. "금의 나라 엘도라도요."

스페인 정복자들은 물론 여타 탐험가들이 세기를 거듭하며 원정했던 남미 어딘가에 있다는 어마어마한 천금칠보의 신화가 어릴 적부터 나를 사로잡아 왔다.

그는 고개를 내저었다. "저런 얼간이 같은 친구, 내 말은 실제로도 존재하는 대상물이 뭐냐고?"

왜 굳이 실제로도 존재하는 대상물이어야만 하는가? 그 방면이라면 그가 누구 못지않게 잘 알고 있어야만 할 판이었다. 그는 약 십여 년 전 유다복음서를 발견하여 세간의 이목을 끌었다. 소멸된 것으로만 믿었던 그 문헌이 여태껏 실제로 존재하고 있었다는 것은 결코 꿈도 못 꿀 일이었다. 이를 테면 「다빈치 코드」, 그러나 「다빈치 코드」처럼 소설이 아닌 실화. 어찌됐건 초기 기독교 교회는 현존하는 이 경외서를 남김없이 다 불살라 버림으로써 교내로의 반입을 막는데 성공을 거두었다. 단, 그중에서 한 본만은 훗날까지 남아 있게 되었는데, 어떤 수도사가 1700년 전에 이집트의 어느 동굴 속에 감춰 두었기 때문이었다. 정경이 우리에게 가르쳐 준 내용과는 정반대로 유다 복음서에는 유다가 배반자가 아닐뿐더러, 도리어 예수의 유일무이한 신실한 사도로 나와 있다. 하물며 바티칸에서는 이 난데없는 복음서를 인정하지 않는다는 교회 측의 공식 성명을 보도 기관을 통해 발표하기까지 했다.

"자네한테 힌트를 하나 주지. 제2차 세계대전과 관계되는 일."

그러자 나는 환 레인이 뜻하는 이야기의 방향을 대강 어림잡았다. 제2차 세계대전 중에 사상 최대의 대량 학살이 자행되었을 뿐만 아니라 당시 나치는 인류 역사상 유례없이 큰 규모의 예술품 약탈을 감행했다. 아돌프 히틀러와 그의 오른팔인 제국 원수 헤르만 괴링의 지시 아래 수없는 예술품들이 몰수되었다. 그 일부는 전쟁 비용을 충당하기 위해 팔았고 나머지는 히틀러와 괴링의 개인 소장용으로 자취를 감췄다. 그런 이유로 여전히 렘브란트와 환 고흐의 그림을 포함한 십여 만 폭의 작품들은 행방이 묘연한 상태이다. 2012년에는 독일 경찰이 뮌헨의 한 아파트에서 소실된 걸로 치부해왔던 천 개도 넘는 예술 작품을 발견했다. 그런가 하면 오늘날까지도 뭇 사람을 흥분하게 만드는 보물이 꼭 하나 있다. 전쟁이 끝난 지 70년이 지난 이 순간에도 광신적인 보물 사냥꾼들은 호수와 동굴 속을 헤매고 다니면서 세계 8번째 불가사의라 불리는 보물을 찾고 있다.

"아, 호박방." 내가 대답했다.

호박방은 상트페테르부르크 교외에 위치한 러시아 대제의 예카테리나 궁전에 있는 방으로, 침엽수의 수지가 화석화된 결정체인 호박의 널빤지로 방 전체가 장식되어 있었다. 목격자들은 햇살이 호박에 부서지는 순간 일대 장관을 이루는 그 잊지 못할 광경에 대해 경험담을 늘어놓곤 했다. 히틀러는 그 방을 해체시켜 독일로 이송하도록 명령했다. 그러고는 그 호박 널빤지들을 쾨니히스베르크에 있는 성에 쌓아 두었는데, 1945년 연합군 융단 폭격 당시 화염 속에 휩싸이고 말았다. 이후 2003년에 러시아 대통령 푸틴과 그와 절친한 독일 슈뢰더 총리가 예카테리나 궁정에 복원된 호박방을 방문했다. 반면, 본래의 호박방이 실제로 소각되었다고 자신 있게 주장하는 자는 아무도 없었다. 제3제국이 필사적으로 최후의 결전을 벌이는 동안 나치 친위대의 특수 작전 특공대가 예술품을 극비리에 호수, 숲, 동굴 속에 감추느라 부산스레 움직였다고 했다. 몇몇 소식통에 의하면 증인을 남기지 않으려고 이 특공대 대원들은 차후 그들 상관에 의해 살해되었다고 했다.

"매번" 환 레인이 입을 뗐다. "용무 차 독일이나 러시아에 갈 적마다 내심 그에 관한 어떤 근거를 발견하기를 바라곤 했지. 만약 그 호박방이 아직도 존재한다고 치면 언젠가는 엉겁결에 실언을 하거나 아니면 내게 그 호박 패널을 팔려고 드는 암거래상, 혹 왕년의 나치나 러시아 KGB 직원을 마주치게 되리라 기대했거든. 그런데 안타깝게도 여태껏 전연 아무런 기미도, 하등의 불씨도 캐내지 못했어. 그래서 이젠 그 호박방이 지난 대전 중에 완전히 소멸되었다는 확신을 갖게 되었다고."

그는 자기 수염에서 뭔가를 뜯어내면서 나를 주시했다. 내가 그를 도울 만한 적격자라고 그가 스스로를 설득시키고 있는 양 거북한 침묵이 흘렀다.

"하지만 제2차 세계대전과 관련된 다른 센세이셔널한 뭔가가 위로 불쑥 떠오른다고 한번 상상해 보게. 깡그리 잿더미가 되었다고들 가정하기 때문에 아무도 그걸 찾으려고 나서지 않는 물건. 이 방면에서 산전수전 다 겪은 나도 하물며 경악을 금치 못할 수준의 물건."

나는 똑바로 자세를 고쳐 앉았다. "글쎄요. 그런 게 정말 존재한다면 그야말로 기막힌 이야기가 되겠지요. 하지만 그런 게 있으리라는 가정 자체가 제 소견으로는 좀 무리해 보이는 걸요." 나는 너무 구미가 당기는 기색을 보이지 않으려고 새침을 떼며 말했다. 그렇게 하지 않으면 환 레인은 몇 시간이고 날 붙들고 늘어져 수수께끼를 풀도록 하는 습관이 있었기 때문이었다.

"아돌프 히틀러가 무척이나 소중히 여긴 나머지 되도록 자기 곁에 가까이 두기를 원했던 물건." 그가 능청스레 미소를 보냈다.

하지만 아무리 생각해 봐도 아무것도 떠오르지 않았다. 고금을 통틀어 가장 잔악한 악한 중 하나인 히틀러는 검소한 생활을 했고 물질적 향유에는 별다른 무게를 두지 않았다는 것에 역사가들은 이구동성으로 입을 모으고 있었다. 그것은 그의 외모에도 반영되었다. 훗날 대영제국의 외무장관이 된 핼리팩스 경이 1937년 히틀러를 방문했을 때, 영락없는 시종이라고 판단한 나머지 자기 앞에 대기하고 있던 히틀러에게 모자와 외투를 벗어 건넸다는 일화가 있을 정도였다.

"잠깐요." 내가 말했다. "예술과 관계되는 거요?"

히틀러는 어릴 적부터 꿈이 딱 하나 있었다. 바로 화가가 되는 것이었다. 하지만 그는 빈의 미술 아카데미에 지원했다가 두 번씩이나 낙방했고 히틀러가 구사한 - 현실을 가능한 있는 그대로 접근하는 - 화풍은 사진의 발명과 함께 구태의연한 기법으로 백안시되었다. 인상주의, 초현실주의 등과 같은 현대 사조의 출현이 미술계의 판도를 완전히 뒤집어엎어 버렸기 때문이다. 물론 히틀러와 뭇사람들에게는 망측하기 이를 데 없으나, 하늘색 벌판과 녹색 창공 혹은 노란색 나무로 자연 풍경이 표현되어도 무방한 시기였다. 한편, 역설적인 사실은 히틀러의 고루한 화풍의 도시 풍경화를 구매해서 그나마 그가 생계를 유지하도록 도운 소수의 고객 대부분은 유대인이었다는 점이었다.

"그래 맞아." 환 레인이 말했다. "히틀러는 예술가로서 실패한 자신의 경력을 끝끝내 받아들이지 못했어. 그가 1939년 영국 대사에게 흉중을 털어놓더래, '전 예술가이지 정치가가 아닙니다.' 라고. 그래서 그는 권력을 행사할 수 있는 위치에 도달했을 때 그의 눈에는 한낱 광인들의 짓거리로만 보였던 현대 미술을 금지시켜 버렸지."

그 순간 초인종이 울렸다.

"우리 중국 친구가 왔군." 환 레인이 방을 나가더니 잠시 후 비닐봉지 두 개를 들고서 되돌아왔다. "음, 냠냠. 둘이 먹다 하나 죽어도 모르는 맛이라고." 그가 봉지를 열어서 음식이 든 플라스틱 통들을 탁자 위에 늘어놓았다. 버틀러 노아가 접시, 나이프와 포크 그리고 와인병 하나를 가져왔다.

"전 아직 별로 허기를 느끼지 못해서요." 나는 둘러댔다.

"그냥 먹어 두라고!"

할 수 없이 접시를 집어 들고서 음식 몇 가지를 조심스레 골랐다.

"히틀러가 총통이 된 직후 무엇이 아름답고 무엇이 추한지를 그가 독단적으로 지정했어." 입에 음식을 가득 넣은 채로 그가 말을 이었다. "그는 직업 예술가로서 활동 금지령을 내릴 예술가들의 명단과 앞으로 파격적 대우를 받으며 국가로부터 작품 제작을 청탁 받게 될 예술가들의 명단을 작성했어. 그렇게 해서 국고금으로 히틀러가 편애하는 세 명의 조각가, 아르노 브레커, 요제프 토락, 프리츠 클림쉬에게 수백만에 달하는 *라이히스마르크*가 지급되었어. 그들의 최우수 조각품들이 베를린의 국가수상부, 즉 당시 나치 총통 본부의 심장부를 장식하는 영광의 자리를 차지하게 되었고."

그는 일어서더니 빔 프로젝트가 설치된 장롱의 문을 열었고, 장치를 가동시켰다. 맞은편의 흰 벽면에 국가수상부의 슬라이드 영상이 나타났다. 히틀러의 과대망상증 덕분에 돌로 재현된 웅대한 회색 건물은 모름지기 마수와 같은 나치 이데올로기의 표상이 되었다. 히틀러는 국가수상부 건물 전체의 설계 취지를 간략히 요약한 바 있었다. 국가수상부 건물 안에 발을 들여놓는 자는 단연 천하를 다스리는 패권자 앞에 선 듯한 느낌을 받도록 해야만 한다는 것이었다.

총통을 접견하러 온 국내외 고위 관료들은 의장 위병이 대기하고 있는 중앙홀로 안내되었고 건물 입구 양옆에는 2미터의 근육형 남자 나신상 두 점이 버티고 있었다. 아르노 브레커의 작품인 이 조각상은 히틀러 독재의 두 버팀목인 *파르테이*당와 *비어마흐트*국방군를 상징했다.

실내로 들어온 내방객들은 모자이크홀, 원형홀, 대리석 화랑을 차례로 거치는 소위 외교 루트를 밟았다. 대리석 화랑 하나만 보더라도 베르사유 궁전 거울의 방보다 두 배 남짓 컸으며, 전체가 진홍색 대리석으로 장식되어 강렬한 감명을 안겨주는 희귀한 공간 중 하나였다. 그러는 가운데 내방객은 그만 녹초가 되어버린 상태로 히틀러의 집무실에 당도했다. 면적 400평방미터에 높이 10미터의 천장으로 된 이 방은 두말할 나위 없이 제국의 위세를 과시했다. 넓디넓은 책상 위에는 전쟁의 신 마르스 조각상이 놓였고, 책상 뒤에는 역사에 영구히 기록될 위대한 업적을 쌓겠다는 비장한 각오를 한 남자가 앉아 있었다.

이윽고 마지막 슬라이드가 국가수상부의 후면을 비추었다. 정원 입구에 이르는 계단의 발코니 양측에 또 하나의 유명한 나치 조각가 요제프 토락의 「달리는 말들」이 서 있었다. 3미터 높이의 청동 마상이 제3제국의 영예로운 자리를, 히틀러 집무실 바로 아래를 점거하고 있었다. 히틀러는 밖을 내다보며 세계를 정복할 작전을 구상할 때마다 집무실 아래 서 있는 토락의 준마를 응시하곤 했다.

환 레인이 입을 닦고 나서 손에 접시를 든 채 마상의 사진이 투사된 벽을 향해 걸어갔다. "베를린 함락 당시에 수십만의 소련 붉은 군대가 집중 포격을 받고 있던 국가수상부를 향해 돌진했어. 이 모든 중요한 조형물들은 그 격렬한 전투 중에 파괴되고 말았지. 종전 후, 러시아인들이 건물의 마지막 잔해마저 모조리 무너뜨려 버렸어. 히틀러가 에바 브라운과 함께 자살을 기도한 국가수상부 정원에 있던 총통 벙커도 역시 철거되었고."

그가 내게 등을 돌리고 서 있는 동안 나는 내 접시에 담긴 음식을 큼직한 끄루뿍인도네시아식 새우칩 밑으로 밀어 넣어 감춘 다음, 접시를 탁자 위에 내려 놓았다.

"고의였든 아니었든 아무튼 모든 걸 다 남김없이 완멸시켰다니 정말 아까운 일이야." 환 레인이 말을 이었다. "역사란 지워서 없애버릴 수 없거든. 더군다나 역사를 모르고는 현재를 전혀 이해 못하지. 두꺼운 책을 펴서 중간부터 읽기 시작하는 것과 같아. 그리고 예술이란 역사의 본질적인 요소에 해당되거든. 노벨상 수상자 알베르 카뮈도 말했어. 만약 우리가 세상을 이해할 수 있었더라면 예술은 아예 존재하지도 않았을 거라고. 히틀러와 스탈린 같은 독재자들도 예술의 중대한 의미를 깨닫고 있었지. 물론 그게 비단 하나의 선동 선전 도구에 불과했지만. 저 나치와 공산주의의 예술을 좀 살펴보라고. 거기에는 조국을 위해 투쟁하는 영웅적인 남성들과 아이에게 젖을 먹이고 있거나 벌판이나 공장에서 일하는 강건한 부녀자들이 주를 이루고 있어. 같은 맥락에서 요제프 토락의 말들도 투쟁을 향해 힘차게 질주하는 것처럼 보이고. 어느 박물관에서든 이런 나치 조각상들을 관찰할 수 있었더라면 독재자들에 대한 우리의 인지력에 큰 도움이 됐을 거야. 대영 박물관과 루브르 박물관의 정상급 소장품 중에는 수천 년 전, 로마 황제와 페르시아 왕들, 대개 살육을 일삼던 폭군들의 지시로 제작된 예술품들이 있어. 마찬가지로 천 년 후에도 여전히 아돌프 히틀러는 세간의 화젯거리로 남아 있을 걸세. 하지만 후대가 직접 보고 만져볼 만한 실물 자료가 어디 남아 있겠나?"

나는 그의 의견에 동감하면서 벽에 비춰진 말들에 주목했다. 불현듯 이조각상이 지닌 의미심장한 상징성이 절실히 자각되었다. 모든 것을 목격한 말들이었다. 이 마상을 둘러싸고 있는 약 100미터 근거리에서 제2차 세계대전이 선포되었고 총통 벙커에서 히틀러의 자살과 함께 전쟁이 끝났다. 히틀러가 지하 대피소로 들어갈 때 말들을 못 잊어서 한 번 더 뒤돌아본 것이 그가 본 말들의 마지막 모습이었다.

그때 돌연 새 영상이 벽에 나타났다. 이번에는 컬러 화면이었다.

"아니, 이게 뭐예요?" 내가 놀라서 외쳤다.

"글쎄, 대답은 자네에게 맡기겠네."

나는 소파에서 펄떡 일어났다. 사진 화면에는 거대한 말 두 필이 서 있었다. 그것은 「달리는 말들」이 틀림없었다. 의심할 여지가 없었다. 컬러 사진! 그것은 최근의 사진임이 명약관화했다.

"이 말들이 현재까지 남아 있다는 의미는 아니시겠죠?"

"완전 오리무중인 상태야. 난 정말 갈피를 잡을 수가 없거들랑. 위조일 소지가 다분하니까."

다음 슬라이드에서는 제2차 세계대전 때 아돌프 히틀러 집무실 아래에 자리 잡은 말들의 흑백 사진과 컬러로 된 새로운 사진을 나란히 보여 주었다.

"이럴 수가! 근데 이 컬러 사진은 어디서 구했으며 말들 곁에 서 있는 저 두 남자는 누구죠?"

환 레인이 컴퓨터 뒤로 가서 앉았다. "자네 혹시 그 스테이번이라는, 안트베르뻔에 사는 네덜란드 미술상 아직도 기억하나?"

"억만장자들하고만 거래한다고 거들먹거리던 그 위인 말씀이세요?"

"맞아, 바로 그자야."

나는 오래전 한 차례 스테이번을 접한 적이 있었다. 브뤼셀에서 수십여 명이 모여 저녁 회식을 하는 자리였다. 그곳에 있던 사람들 중 유독 그자가 오래오래 기억에 남았는데, 자기 몫의 디저트에는 24K짜리 식용 금박을 올리라고 주문했기 때문이었다. 말 그대로 젠체하는 속물이었다.

"이 메일을 그자한테서 받았어. 사진과 함께. 한번 읽어 봐. 받은 메시지를 이따가 자네 메일 주소로도 전달해 줄게."

나는 이것이 다름 아닌 3미터 높이의, 요제프 토락이 제작한 국가수상부의 「달리는 말들」이라고 주장하는 스테이번의 메일을 읽어 내려갔다. 현 소유자가 '정치적인 사유에서' 이 독특한 조각상을 정리하고자 하며 그저 몇 백만 유로만 받고라도 매각해 버릴 의향이 있다는 내용이었다. 소유자가 자기 신분을 노출시키지 않기 위해 중개인을 고용했다는 내용도 있었다. 하지만 스테이번에게 접근한 중개인 역시 상세한 내막은 별반 아는 게 없다고 했다. 소유자는 이름난 가문의 전직 나치이며 그 친척 중 한 명은 뉘른베르크 재판 때 전범자로 선고를 받았다고 했다. 마지막으로 모든 것이 극비리에 이루어지며 위험 부담이 수반한다는 스테이번의 경고가 부언되어 있었다.

"이 사진에 나오는 두 사람 중 한 명이 혹시 소유자일 가능성이 있을까요?" 내가 물었다.

"내가 보기엔 그럴 리가 없지. 저자들은 다 중개인들임이 확실해."

"근데 스테이번이 메일을 보낸 저의는 뭐죠?"

"나더러 그걸 팔아 달라는 얘기지. 히틀러는 그 당시 저 말들의 제작비를 국고에서 지불했고, 현 독일 정부가 제3제국의 법적인 계승자이므로 저 조각상들은 어디까지나 공식적으로 국가 소유인 셈이야. 그래서 저자들이 저 장물을 공공연하게 매각할 수 없는 입장이지. 또 그렇기 때문에 현 소유자는 저것을 적당히 처분하기를, 가급적이면 저 멀리 어딘가로 온데간데없이 자취를 감추기를 바라는 거야. 마침 내가 중동과 연줄이 닿는다는 걸 스테이번이 알고 있거든. 그래서 아마도 내가 수상쩍게 기웃거릴 눈초리들을 피해 자기 궁정 안에다 그것을 안전하게 모셔 놓고 싶어 하는 어떤 셰이크와 다리를 놓아주었으면 하고 바랐던 걸 거야. 자네도 알다시피 아랍 세계에서는 히틀러를 영웅으로 추앙하고 있잖아. 하지만 이 조각품들은 반드시 박물관으로 가야 마땅해." 환 레인의 얼굴에는 분개하는 표정이 역력했다. "더구나 우리 어머님이 유대인이라는 걸 스테이번 그자가 뻔히 알면서도 감히 이런 수작을… 정말이지 이만저만 감정을 들쑤시는 일이 아니야. 게다가 감정에 치우치면 실수를 범하기 일쑤지. 그래서 자네에게 도움을 청하기로 했네."

나는 그의 모친을 뵌 적이 있었다. 전시 중 나이 어린 소녀였던 그녀는 레지스탕스에서 단원들 간의 연락을 돕는 전령 역할을 했다.

"그러니까 스테이번과 그 의뢰인에게 유인책을 쓰시려고요?"

"근데 그게 그렇게 단순하지가 않더라고. 애당초는 모든 게 순조롭게 나가는 듯했어. 내가 두바이와 사우디아라비아에 몇 군데 연줄이 닿는 곳이 있는 척했거든. 그러다가 어느 순간부터 스테이번이 슬슬 발을 빼더라고. 본인 말로는 마상들이 위조라고, 즉 복사품임을 발견했노라고 둘러대면서. 그리고 나선 소식이 완전 두절되어 버렸어. 아무래도 뭔가 심상치 않은 냄새를 맡은 모양이야."

"상식적으로 볼 때 그자가 진상 그대로 말한 것 같거든요." 나는 이의를 제기했다. "컬러 사진 속의 말들이 제2차 세계대전 당시 흑백 사진에 나오는 원형들과 닮긴 했어도 그게 모조품임에는 의심할 여지가 없잖아요. 그리고 세계적으로 널리 알려진 이 조각상들이 베를린이 함락되는 와중에 살아남고 또 거기에다 70년 동안이나 감쪽같이 엄폐되어 왔을 확률이 도대체 얼마나 되겠어요? 나는 영 퍼센트라고 봐요."

환 레인이 수염을 쓱 쓸어내렸다. "자네 말이 맞네. 하지만 이 위조품 자체도 조사해볼 만한 가치가 있다고. 대문짝만한 신문 표제가 눈앞에 어른거리지 않나? *히틀러 마상 모조품으로 수백만 유로를 노린 전직 나치들의 사기횡령 기도.*" 그는 내가 망설이고 있는 걸 간파했다. "자네도 그 스테이번이라는 자 아니꼽게 보잖아? 그자가 그때 회식 때 금을 우적거리던 꼴불견 아직도 기억해?"

그는 어떻게 하면 날 자기편으로 끌어들일 수 있는지를 알고 정곡을 찔렀다. 그 순간 나는 벽시계를 올려다 봤다. 일어날 시간이 되었다. 여하한 일이 있어도 예약한 비행기를 놓치고 싶지 않았다.

"좋습니다. 최선을 다해 보도록 하지요." 내가 말했다. "하지만 나와 미헬 선생님 사이를 스테이번이 알고 있잖아요. 그러니 결코 내 미끼에 걸려들 리가 없지요. 뿐만 아니라 그가 중간에서 우리를 그 전직 나치들에게 근접하도록 주선해줄 수 있을지도 큰 의문이고요."

환 레인은 문까지 나를 따라 나왔다. 외투를 걸치려고 하는데 노아가 나와서 거들어줬고 환 레인과 나는 서로 얼싸안으며 작별 인사를 나눴다. "모쪼록 조심하라고." 환 레인의 경고였다. "저 전직 나치놈들과 친나치 족속들, 다들 잔악무도한 놈들이거든." 그가 문을 열어 주었다. "나도 자네하고 같이 네덜란드로 떠나지 못해 아쉽구만."

암스테르담을 향해 환 레인과 동행했던 지난번에는 휠체어를 비롯한 여타 부속 기구를 총동원해 그가 신체 불구자인 것처럼 행세했기 때문에 우리는 줄을 설 필요가 없었다.

나는 계단을 내려가 현관문을 열었다. 그리고 거리로 나와 모퉁이에서 택시를 잡아 탔다.

공항으로 가면서 나는 이 일을 어떻게 처리해야 할지 고민하며 곰곰이 생각에 잠겼다. 전연 승산이 없는 과업이었다. 허나 해보겠다고 이미 약속해버린 상태였다. 적어도 내 재량껏 할 수 있는 일은 안건을 심각하게 재검토해보는 것이었다. 햇볕 때문에 눈이 부시자 눈을 감았고 나른한 몸을 가누지 못한 채 사르르 잠속으로 빠져 들었다.

"공항에 도착했습니다."

택시에서 내린 후 나는 가벼운 마음으로 출발 구역 안으로 들어섰다. 환 레인을 방문하는 일을 무사히 치르고 이렇게 피사 공항으로 다시 돌아왔다. 이번에는 휠체어 같은 것도 없이 홀가분하게.

"브란트 씨?" 갑자기 세관 직원이 물었다.

"네, 그런데요?"

"잠깐 같이 가실까요?"

2장

암스테르담

"저기 우리 돈키호테가 들어오시는데." 내가 회사 사무실 안으로 발을 딛는 순간 단이 외치는 소리가 들렸다. 알렉스도 벌써 출근해 있었다. 그의 호탕한 웃음소리가 사무실 전체를 매웠다.

밤새도록 나는 조각가 요제프 토락과 국가수상부에 대한 조사에 몰두했다. 하지만 두 동료에게는 히틀러의 말에 대해서 당분간 한 마디도 하지 않기로 작정했다. 돈벌이 대신에 노상 귀신 사냥이나 하고 다닌다고 그들이 수시로 나에게 핀잔을 놓았다.

암스테르담의 조용한 거리에 위치한 우리 사무실은 큰 사무용 책상 하나, 서류가 가득 찬 캐비닛들, 그리고 야간 근무를 계속해야만 할 경우 잠깐 눈을 붙이는 데 주로 사용되는 소파 하나가 배치된 작은 공간이었다. 벽에는 도난당한, 우리가 되찾기를 희망하는 유명한 그림의 복사판이 걸려 있었다.

나는 중학교 2학년 시절부터 친하게 지내던 옛 친구 단과 함께 아티아스라는 예술 상담소를 차렸다. 미술 시장은 연간 거래액이 전 세계적으로 수백억 유로에 달하기 때문에 범죄자들을 끌어당기는 흡인력이 상당히 크다. 미헬 환 레인의 주장에 따르면 예술품 거래는 중고차 거래보다 훨씬 더 불투명했다. 문외한에게는 예술 세계가 사뭇 고상한 인상을 풍겼다. 목에 잔뜩 힘이 든 점잖으신 성주에서부터 값진 그림을 밥 먹듯 사들이는 일약 출세한 증권회사의 젊은 영업 사원에 이르기까지. 그러나 그 이면에는 위조품 작자들, 몰염치한 미술상들 그리고 자칭 전문가들이 판을 쳤다. 그럼에도 불명예스러운 평판이 미술상의 이미지를 손상시킬뿐더러 고객 유치에도 해가 되는 까닭에 다들 입을 굳게 봉하고 있었다. 이런 사고방식으로 말미암아 매년 70억 유로를 웃도는 금액이 미술 범죄 조직 내에서 매매되는 실정이었다. 미국 중앙 정보국 CIA에 의하면 국제적 범죄 자금 유통 경로로 미술 범죄가 네 번째로, 마약, 자금 세탁, 무기 다음이었다. 우리 회사 아티아스를 통해 우리는 예술품 수집가에게 위작 구입에 대한 경각심을 일깨워 주려고 노력했다. 아울러 우리는 당사자 간의 분쟁 시 중재자 역할도 하고 종종 박물관 도난품을 해결해 주기도 했다. 특히 후자로 인해 회사의 명성을 쌓게 되었다.

　자그마한 체구, 얼굴을 온통 덮은 구레나룻, 보푸라기처럼 가늘고 엷은 금빛 머리의 단이 자기 책상 의자에 전신을 푹 파묻고 앉아 있었다. 그는 전형적인 연구자 타입으로서 며칠이고 두문불출하며 공문서에 달려들어 파고드는 성격이었다. 그가 찾지 못하는 건 애당초 존재하지 않는 것이었다. 또 다른 동료 알렉스는 단 옆자리에 앉아 있고, 지금 단과 함께 자기 컴퓨터 화면을 보고 있었다.

어느 날 우리 사무실 안으로 발을 내딛은 알렉스는 그날 이후 숫제 떠날 생각을 하지 않았다. 우리가 그에게 무슨 일을 하고 있냐고 묻자 제2차 세계대전 참전 유공자 회의 일을 돕고 있노라고 대꾸했다. 참으로 가상스러운 그러나 예술과는 동떨어진 일이었다. 둥그런 두상과 근육질의 단단한 체구의 알렉스는 만화 「써스꺼와 위스꺼」에 나오는 등장인물을 따라 예로머꺼라는 별명을 얻었다. 그는 네덜란드 파병 관계로 출장 근무가 잦았는데, 몇 주 내내 캄캄 무소식이었다가 이라크, 아프가니스탄, 혹은 만리타국 어떤 외진 구석으로부터 그의 사진이 날아들었다. 그의 국제적 조직망이 우리 사업에 무척 유익했다. 예를 들어 알렉스는 전 미 중앙정보국 국장 페트레이어스와 97세의 노병 제임스 메젤라스와 교분을 나누는 사이였다. 메젤라스는 노르망디 상륙 작전 및 아르덴 대공세와 마켓 가든 네덜란드 수복 작전 등에 투입된 저 유명한 미국 육군의 제82 공수 사단에서 가장 많은 훈장을 받은 장교였다. 이런 식의 인맥들이 타인에게는 여전히 닫혀 있는 문을 우리에게는 활짝 열어 주었다.

"자, 그래. 환 레인한테 가서는 어땠어?" 수상쩍기 짝이 없어 보이는 미소를 띠며 단이 던졌다.

"응, 잘됐어. 아무 불상사 없이 무사히 갔다 왔어." 나는 환 레인이 아니나 다를까 익명으로 세관에 전화를 해서 날 다시 골탕 먹인 바람에 공항에서 검문을 받았다는 말은 현명하게도 하지 않았다.

"그자가 대체 뭣 때문에 보자는 거였지?"

"뭐 그냥 이런저런 저간의 사정에 대해 얘기를 나눴어."

내가 가방을 열어 노트북을 꺼내 그것을 작동하는 동안 호기심을 자극시키던 말의 컬러 사진이 뇌리를 스쳤다. 그 사진들은 어디서 찍었고 말 양옆에 선 두 사람은 누구일까?

단과 알렉스는 책상 맞은편에 앉아 있어서 내가 마음 놓고 그걸 다시 잠깐 들여다봐도 좋을 성싶어서 내 노트북 계정을 열었다. 하지만 사진을 첨부해 보낸다던 환 레인의 메일은 아직도 메일함에 들어 있지 않았다.

"좀 봐, 여기 러시아인들에게 점령된 직후의 국가수상부." 단이 말하는 소리가 들렸다.

나는 흠칫 놀라 그를 올려다봤다. "응? 국가수상부가 어쨌다고?"

반응이 없었다.

"이건 현장 사찰 나와서 보고를 받고 있는 소련 붉은 군대 대장이야. 그리고 이건 러시아 병정들이 총통 벙커 옆에서, 여기 정원에서 히틀러의 시체를 찾고 있는 장면이고."

내가 자리에서 일어나 책상 다른 쪽으로 옮겨갔다. 놀랍게도 거기에는 컬러로 프린트된 말 사진이 놓여 있었다. 보아하니 환 레인이 우리 회사 주소로 사진과 함께 메일을 보낸 것이었다.

"어쨌거나 너희들 생각은 어때?" 내가 약간 짜증스럽게 물었다.

"위조, 두말하면 잔소리." 단이 못 박았다. "스테이번인가 뭔가 하는 자가 메일에다 이게 「달리는 말들」 원품이라고 주장할망정 그건 그자가 숙제를 제대로 안 했거나 꼼수를 쓰자는 심산에서지."

단이 자기 컴퓨터의 화면을 열었다.

"내가 지금 보여주려는 영상은 국가수상부를 점령한 직후 미국 대통령 트루먼과 영국 수상 처칠이 폐허를 방문할 때 촬영된 거야. 편집 중이 있는 스탈린은 모스크바에서 오지 않았어. 히틀러의 자살이 조작 극이며 자기 철천지원수가 아직도 살아 있다고 굳게 믿었기 때문에. 그래서 스탈린은 자기 심복인 베리야를 보냈어."

단이 영상을 시작했다. 다부진 체구, 대머리 그리고 안경을 낀 베리 야가 몇 명의 러시아 장교들을 거느리고 국가수상부의 잔해를 두루두 루 시찰하는 중이었다. 이처럼 평범하기 이를 데 없어 보이는 남자가 굴락, 즉 유대인 포로 수용소에 상응하는 러시아 강제 수용소의 지휘 자이자 상습적인 성폭행자로서 악명이 높았다는 사실은 실로 상상하 기 힘들었다. 다음 장면은 정원에 서 있는 베리야의 모습이었다.

"이 다음 장면에 주목!" 단이 지시했다. 그가 몇 초 기다린 다음 일 시 정지 버튼을 눌렀다. "저기!"

멈춘 영상은 베리야가 히틀러의 집무실 아래의 계단 발코니에 서 있는 장면이었다. 두 말 중에 하나가 서 있었던 것이 틀림없는 받침대 가 가까스로 베리야의 뒤쪽에서 넘보였다. 하지만 받침대 위의 말은 보이지 않았다.

"방금 말한 대로 베리야가 히틀러의 자살 바로 직후 크게 파손된 국 가수상부를 방문하는 중이야. 말들은 더 이상 저기 없는 상태고. 그러 므로 그런 중량의 청동 마상이 국가수상부 점령과 베리야의 방문 사이 의 짧은 기간에 러시아인들에 의해 다른 데로 이송되었다는 건 엄밀히 따져 불가능한 일. 여타 급선무들에 급급한 전후의 혼란 속에서는 더 구나 더. 따라서 이 영상은 「달리는 말들」이 1945년 4월의 맹폭격 당 시에 파멸되었다는 증거를 제시해주는 셈이지."

단의 판단이 옳았다. 이 영상의 장면들이 내게 마지막 한 가닥 남은 미련마저도 말끔히 씻어 주었다. 스테이번의 컬러 사진에 나오는 말 두 마리는 위작임이 기정사실화되었다.

"그래도 좀 아쉬워." 내가 덧붙였다. "이게 만약 요제프 토락의 「달리는 말들」 원작이었더라면 우리가 세계적 발견을 하게 되었을 걸."

단이 사무용 의자를 90도 돌려 날 뚫어져라 직시했다. "아르뛰어, 이 조각상들은 위조라고. 우리 제발 이런 일로 시간 허비하지 말자. 우리를 기다리는 다른 일거리들이 쌓여 있는 판이잖아."

"근데 그 스테이번이라는 자는 대체 누구야?" 알렉스가 물었다.

"벨기에에 사는 네덜란드 미술상."

"미술상? 사기꾼이라는 말이 더 어울리지 않냐? 그자 메일을 보면 몇몇 중개인들을 거쳐 전직 나치의 의뢰를 받았다고 내세우거든. 그런데 나치들의, 특히 전직 나치들의 세계가 얼마나 폐쇄되었는지 알아? 거기엔 외부인은 그 누구도 끼어들 수가 없다고. 이건 그럴 듯하게 대충 둘러맞춘 저속한 미술상인의 농간에 불과해. 80년대 아돌프 히틀러의 일기 사건과 똑같은 경우야."

1983년, 히틀러의 일기가 발견되었을 때 사회적 물의를 일으켰다. 잡지사 「슈테른」에서 9백만 독일 마르크를 지불하고 그 일기를 샀으나, 이내 위조임이 밝혀졌다. 다름이 아니라 감식 결과 일기장의 종이가 1954년 이후의 것이었다.

"그건 판단 착오." 내가 반발했다. "이 청동 마상의 경우는 그저 그런 야비한 위조자에 관한 문제가 아니야. 분명코 전직 나치단과 연계되어 있다니까. 그 컬러 사진을 2차 대전 당시 본래의 말을 찍은 흑백 사진과 한번 비교해 보라고."

단이 두 사진을 나란히 놓았다.

"차이점 10개만 찾아내 봐."

단과 알렉스는 사진을 유심히 들여다봤다. 그들이 상이점이라고 지적한 것들은 내처 선이나 카메라 앵글 탓으로 드러났다.

"내 보기엔 차이점이 없는데." 알렉스가 결론을 내렸다.

"내 요점이 바로 그거야. 이 마상은 정형과 조금도 차이가 없는 복사품이야. 조형이나 그림의 완벽한 복사품을 만든다는 것은 불가능해. 하물며 정형을 코앞에 두고 그대로 본뜨는 경우에도 역시 불가능. 그런가 하면 이 위조자가 정형을 소유하고 있었을 리가 없거든. 그건 이미 파멸되어 버렸으니까. 해명은 단 하나. 틀림없이 요제프 토락 자신이 이 복사품을 만드는 데 직접 관여되어 있다고 봐야 해. 이 같은 완벽한 경지에 이를 수 있는 자는 오로지 원작자 본인 한 사람밖에 없으니까."

정신이 나갔냐고 묻는 듯 알렉스가 날 말끄러미 쳐다봤다. "너 설마 요제프 토락이 이 위작 배후에 있다고 우기려는 건 아니겠지? 그 사람 언제 죽었더라?"

"1952년 2월."

"그렇담 그가 전후 몇 년 사이에 이 복사품을 만들었다고 해야겠지. 나치 독일이 붕괴된 후의 그런 난리판에 자기는 마치 아무 근심, 걱정 없는 양 태평스레 앉아서."

"그래 맞아, 곤혹을 겪었지." 내가 말을 받았다. "토락은 전후에 나치와 동조한 부역 혐의로 기소되었어. 그러다가 1948년에 *무죄 판결*

을 받고 석방됐지. 그가 제3제국에서 가장 중요한 조각가 중 한 명이라는 점은 부인할 수 없을망정 손에 피를 묻히는 중범죄를 저지른 것은 아니었거든. 아무튼 난 토락이 이 위조에 큰 몫을 차지하고 있다고 확신해, 비록 본인 스스로는 그걸 전혀 의식하지 못했겠지만…."

내가 책상 위로 몸을 굽혀 노트북을 집어서 지난밤 토락에 대해 조사할 때 발견한 사진을 클릭했다. 30년대 말의 이 사진은 토락이 말의 석고상 미니아튀르의 제작에 열중하고 있는 광경이었다.

"이 석고상 모델의 높이가 40센티미터."

"야, 정말 끝내주는데." 알렉스가 외쳤다. "이 작은 말이 그러니까 「달리는 말들」의 모본이 된 셈이로군."

"네가 그렇게 생각할 만도 하지. 근데 사실상 그렇지가 않아. 아니 그 정반대라고 하는 편이 낫지. 명예욕이 강한 토락은 자신이 만든 「달리는 말 들」에, 특히나 히틀러가 손수 지정한 그 영광스런 자리에 대한 자부심이 이만저만이 아니었대. 그래서 40센티미터 높이의 작은 모형을 몇 개 만들기로 마음먹었고. 이 사진의 석고 모델을 가지고 다섯 개의 소형 청동 마상을 주조했고 그걸 나치 고위간부들에게 선물했어. 「달리는 말들」은 전쟁 중에 파멸되었지만, 아마도 이 소형들 중 몇 개는 아직도 건재할 여지가 높아. 그리고 그 미니 청동 마상 중의 하나가 스테이번이 팔려고 내놓은 완벽한 모조품 한 쌍의 모델이 되었다고밖에 볼 수가 없어."

알렉스가 고개를 끄덕였다. 그는 우리 회사의 기술적 분야를 담당했다.

"하기야 그게 해답이 될 것 같구먼. 3차원 스캐너는 이런 작은 말의 형상을 밀리미터까지도 정밀하게 측정하거든. 컴퓨터 프로그램을 사용해서 그 측정 데이터를 큰 말의 형상으로 확대시키지. 그런 다음 주형을 만들고 그 안에 청동을 부으면 되거든. 자 보십시오, 여기 이렇게 재생된 「달리는 말들」을…."

단이 자기 턱을 문질렀다. "흠, 그러니까 이야기를 정리해 보자면, 토락이 국가수상부 정원에 설치된 「달리는 말들」을 처음 만들었고, 그런 다음 나치 고관들에게 선물한 소형의 청동 복사품을 만들었다. 정원의 대형 마상은 파괴되었으나, 어쩜 그 작은 마상들 가운데 하나가 아직도 남아 있다. 그래서 그게 스테이번의 사진 속에 있는 한 쌍의 위조품을 제조하는 데 사용되었다. 그리고 이 위조품을 마치 기적적으로 전화를 면한 원래의 「달리는 말들」인 양 수백만 유로로 팔려고 내놓았다."

"맞아, 바로 그거야." 내가 말했다. "저자들이 꾸며낸 장사 수법이 아주 지능적이거든."

단이 자리에서 일어나 커피 머신 쪽으로 걸어갔다.

"맞아. 아무튼 꾀가 비상해. 하지만 스테이번이 메일에다 주장하고 또 너도 방금 역설한 것처럼, 지금 이 뒤에서 전직 나치들이 사주하고 있다는 건 이걸로는 아직 증명되지 않았거든, 누구 커피?"

"아니, 괜찮아. 너만 마시라고. 넌 매일같이 어김없이 그렇게 묻고 내 대답 역시도 어김없이 '아니, 괜찮아.' 잖아."

알렉스가 웃음을 터트렸다. "내 생각으론 아르뛰어 말이 맞다고 봐. 이건 단순히 저질 미술상의 수작이 아니거든. 아닌 게 아니라 이전 나치족들이 이 일에 관여된 게 틀림없어. 그자들이 모조품을 만드느라 사용한 소형 말은 그저 이베이 같은 데서 쉽게 구할 수 있는 물건이 아니야. 당시 토락이 중요한 나치 인사들에게 선물했다니까 나치 본인이나 그의 가족들이 그런 소중한 유품을 오늘날까지도 어련히 잘 보관하고 있었겠지. 동시에 그걸 아무한테나 닥치는 대로 까발릴 턱은 없고. 그 미니 조각상의 존재를 확인하고 그에 접근하는 길은 전직 나치들끼리 서로 호칭하는 소위 옛 동지들 친목회 같은 데에 가입되지 않고서는 불가능."

단이 커피를 한 모금 마신 뒤에 인상을 팍 찡그리고서는 커피 컵을 책상 위에다 내려놓았다. "제기랄, 커피 맛 정말 더럽네." 그가 소파 위로 가 털썩 앉았다. "헌데 너희들 이야기에 앞뒤가 맞지 않은 구석이 있다고. 아직도 살아 있는 그 옛 동지들에게 한 가지 공통점이 있지. 그들은 주변의 관심이 자기들에게 모이는 걸 꺼려해. 게다가 그중 소수는 아직도 도피 중인 신세지. 이런 장난에는 그자들이 신문에 대서특필로 보도될 위험이 수반될뿐더러 필연적으로 장기 징역형도 불사하겠다는 각오가 선행돼야 해. 위조 예술품 판매에 중형이 선고되는 판례로 봐서."

나도 밤새도록 이 같은 불합리성에 대해 이리저리 머리를 쥐어짜며 고민했었다.

"그자들이 그 수백만 유로가 필요하다고 가정해 보라고." 내가 소견을 내세웠다. "그들이 뭔가를 계획하고 있는 중이거든."

"그 늙은이들이 뭐 때문에 돈이 필요하겠냐? 그들 대부분은 벌써 죽었거나 이젠 집안에만 박혀 지내는 별 볼일 없는 처진데." 단이 말했다. "아니, 너 혹시 그 오데사를 염두에 두고 있는 건 아니겠지? 요즘에

와서 그걸 믿는 사람이 어디 있다고."

오데사는 시간이 흐르면서 신화적 양상을 띠게 되었다. 종전 직후 독일에는 전범자 재판을 모면하려고 도주를 기도하는 나치들로 들끓었다. 그때 오데사라는 이름의, 전직 나치의 비밀 조직이 그들의 탈출을 도왔다고 했다. 오데사의 목표는 새로운 나치 국가를, 히틀러의 제3제국을 계승할 제4제국을 설립하는 것이었다. 그 목적을 위해 나치들이 전쟁의 마지막 단계에 대량의 금을 스페인과 포르투갈 같은 나라로 밀반출했다는 설도 나돌았다.

"아니, 오데사는 아니고." 내가 대꾸했다. "난 조직체로서의 오데사는 기실 존재하지 않았다고 봐. 잘해 봤자 산재한 여러 작은 나치 단체들을 총칭하는 집합어로서, 옛 동지들끼리의 일종의 조직망 같은 거라 생각해. 실은 다른 단체를 머리에 두고 있었어. *슈틸레 힐페*를."

단과 알렉스의 시선에서 나는 그들이 이 단체에 대해서는 전혀 들어본 적이 없었다는 걸 알아챘다.

"1946년 극비밀리에 몇몇 악명 높은 전직 나치들에 의해 슈틸레 힐페 _{조용한 손길} 협회가 창설됐어. 이 협회가 아돌프 아이히만과 아우슈비츠 수용소의 의사, '*죽음의 천사*'라는 별명으로 통하는 요제프 멩겔레와 같은 나치의 거물급들이 아르헨티나로 도피하도록 주선했다는 명백한 단서가 남아 있거든. 혹자는 심지어 이 슈틸레 힐페가 바로 오데사의 본명이라고 주장할 정도고. 이 조직은 도처에 지부를 두고 있었어. 독일 전범자들이 야밤에 국경을 넘어 덴마크의 어느 작은 농원으로 가서 도착 신고를 했고 그에 *팔레놉시스*라는 호접난의 이름을 암호로 사용했대. 이전 나치 친위대 비킹 사단의 대원이었던 정원사가 일하던 갈

퀴를 내려놓고 자기 동지들을 은신지로 안내했대. 그 이후 이들이 이집트나 남아메리카로 피신하도록 슈틸레 힐페 회원들이 주선해 주었고. 이 탈출 경로를 소위 '쥐구멍 라인'이라고 부르거든. 이 비밀 결사단은 1951년에 공식 단체로서 등록 허가를 신청하기에 이르렀고, 그로 인해 바깥세상에 그 존재를 공공연히 드러내게 됐어. 그들은 운영 자금이, 거액의 뒷자금이 필요했으므로 당체의 공식화를 통해 기부금을 거두기 위한 취지에서. 종전 후 수십 년간 슈틸레 힐페는 사이비 학자들을 지원해 왔는데, 그들이 나치의 대량 학살을 부인했기 때문이야. 하지만 뭐니 뭐니 해도 슈틸레 힐페의 핵심 임무는 지금이라도 전범 재판에 회부 되도록 지명 수배 중인 나치들을 비호하는 일이지. 그중 가장 악독한 자가 클라우스 바르비였고. 이 '리옹의 도살자'는 1947년에 프랑스에서 사형 선고를 받았지만 결국 탈출에 성공하여 볼리비아로 피신했지. 그곳에서 70년대에 그의 정체가 탄로 났지만 1983년에야 바르비를 볼리비아에서 프랑스로 인도했거든. 슈틸레 힐페가 그때 그의 변호사 비용 일부를 지원했고."

단이 소파에서 일어섰다. "난 난생처음 듣는 얘긴데." 그가 날 미심쩍은 눈초리로 바라다봤다. "언제까지 그 단체가 활동했는데?"

"슈틸레 힐페는 오늘 이 시각에도 맹활약 중이야. 일전에 그들이 네덜란드 친위대원 클라스 화버의 네덜란드 인도를 성공적으로 저지했어. 화버가 전쟁 중에 수십 명의 유대인과 저항 운동가들을 사살했잖아. 그리고 1952년 브레다의 철통같은 반구형 감옥을 탈출하여 독일로 피신했었잖아. 2011년경 화버는 네덜란드 전범 수배자 명단의 상단에 있었지만, 독일 사람들이 본국으로의 인도를 거절했고. 그 이유 중 하나가 바로 슈틸레 힐페의 압력이었거든. 1년 후 화버는 향년 90세 나이에 숨을 거두고 말았다고."

내가 구글 검색란에 이름을 쳤다. 길게 늘어뜨린 백발의, 큰 안경을 낀 늙수그레한 여자의 사진이 나왔다.

"이게 나치의 공주라는 별명을 지닌 구드룬 부르비츠야. 이 여자가 슈틸레 힐페의 표상이야."

단과 알렉스가 사진을 들여다봤다.

"전혀 생소한 얼굴인데." 알렉스가 말했다.

"그래도 누군지 네가 알고 있는 사람이다. 아버지가 강아지라고 불렀다던 그 여자아이."

그의 입이 벌어졌다. "정말? 바로 그 아버지의 딸?"

"딩동댕. 슈틸레 힐페의 간판인 구드룬 부르비츠의 아버지가 다름 아닌 바로 그 하인리히 힘믈러, 나치 무장친위대, 게슈타포 등등의 총지휘자."

알렉스가 구드룬의 얼굴을 확대시켰다. "어쩜 저리도 아버지를 빼닮은 저 서리 찬 눈초리!"

"맞아. 강아지는 아빠빠하며 정답게 부르며 졸졸 따라다녔던 제 아비를 여전히 장하고 자랑스러워하거든. 그녀는 언제나처럼 아버지에 대한 악담은 한 마디도 용납하려 들지 않아. 아무튼 다시 컬러 사진 속 말들로 화제를 돌리자면, 모조품의 모델로 사용되었을 그 소형 청동 마상 다섯 개 중의 하나를 요제프 토락이 당시에 힘믈러에게 선물했을 거라고 난 확신하고 있다고."

"좋아." 단이 입을 열었다. "아닌 게 아니라 그럴듯하게 들린다. 어쩜 스테이번의 위조 마상의 배후에 어떤 음흉한 계획이 깔려있다고 볼수는 있겠다. 하지만 - 네 이론이 맞는다면 - 저자들이 그 돈을 대체 어디다 쓸 거라는 거지? 전직 나치들이 살면 앞으로 얼마나 더 살 것 같아? 제대로 걷지도 못하는 저 늙은이들은 내일 다시 눈을 뜨고 일어나는 것만으로도 감지덕지할 처진데."

"슈틸레 힐페는 지금 그 어느 때보다도 돈이 더 절실해." 내가 반론을 폈다. "1999년에 독일 정부에서 슈틸레 힐페에 희사한 기부금은 더이상 세금에서 공제 받지 못한다고 결정했지. 한편으로는 많은 기부자들이 그간 세상을 떠난 탓에 지원자 수가 줄어들고 있어. 다른 한편으로는 제4제국을 추구하는 새로운 세대, 즉 젊은 나치 신봉자들이 전투 준비 태세에 있거든. 슈틸레 힐페의 옛 동지들은 날로 더 적극적으로 신나치들의 양성을 위해 심혈을 기울이고 있어. 신세대에게 나치주의의 이론에 대해 교육도 하고 갖은 모임을 주최해. 젊은 광신적인 대원들이 나날이 늘고 있는 실정이야. 독일에서뿐만 아니라 유럽의 여타 지역에서도. 아직 6개월이 채 안된 일인데, 경찰이 테러 공격을 계획 중이라는 혐의로 네덜란드와 독일, 그리고 스위스에 있는 네오나치단의 가택 수색을 벌였어. 이 단체는 1944년 하인리히 힘믈러가 결성한 베어볼프단을 본받아 스스로를 현대판 베어볼프 특공대로 간주하고 있더래. 주로 친위대원과 히틀러 청소년단 단원들로 구성되었던 그 지하 조직은 연합군에 점령된 지역에서 게릴라전을 펴야만 했었거든."

그러던 중 어느 정도 내 말에 설득된 알렉스가 말했다. "전직 나치들이 네 말마따나 이 위조된 말 배후에 있다 치고, 그럼 그 작당들이 이 수백만 유로를 가지고 무슨 일을 저지를 심사인지 궁금하고만."

단은 여전히 심드렁한 낯빛이었다. 우리 결정은 이제 그에게 달려 있었다. 우리 셋이 다 의견이 일치한 사건만 다루기로 오래전에 약속했었다. "도대체 이 일에서 우리가 할 수 있는 역할이 뭐지?" 그가 던졌다. "저 스테이번이 환 레인에게 메일을 보냈잖아. 우리한테가 아니라."

"스테이번이 환 레인과의 교섭을 중단했어." 내가 대꾸했다. "하지만 내 주관으로는 우리가 이런 센세이셔널한 건을 놓쳐서는 안 된다고 봐. 문제는 내가 환 레인과 친분이 있다는 걸 스테이번이 알고 있거든. 그러므로 내가 다른 사람으로 위장해서 구미가 당기는 척 접촉하기가 곤란하거든."

"그렇담 우리가 이 일을 추진할 방도가 없어 보이는걸." 단은 단정적이었다. "우리로서는 나치들의 요새를 뚫고 들어갈 아무 도리가 없거든. 속수무책."

나는 생각에 잠겼다. 스테이번을 에돌리는 묘책을 강구해야만 했다. "우리를 도와줄 만한 지인이 하나 있는 것 같아." 내가 일렀다. "내가 아는 사람인데 뮌헨에 살고 있는 유명한 네오나치와 친하게 지내는 사이거든. 잘하면 그를 통해 내가 네오나치 조직과 접선할 수 있을 것 같기도 해."

단이 눈살을 찌푸렸다. "지인이라는 사람, 그럼 그자도 네오나치냐?"

"아니." 내가 말했다. "유대인…."

München

3장

뮌헨

에브라임 레비는 용케도 유대인 유머의 특징인 자조적 익살을 예술의 경지로까지 승화시킨 자였다. 그는 다이아몬드 상인으로 세계 각지를 편력하다 보니 갖가지 형태의 반유대주의를 접하고 있었다. 약 20여 년 전 어느 날 그가 뮌헨에서 대만원인 레스토랑에 앉아 있는데, 종업원이 와서 다른 손님하고 합석해도 괜찮겠느냐고 그에게 물었다. 에브라임이 옆에 선 손님을 올려다봤다. 빡빡머리, 군용 잠바 그리고 목에 문신한 룬 문자, 그는 네오나치임이 분명했다.

"괜찮다마다요. 저로서는 영광입니다."

에브라임이 스프를 떠먹고 있는 동안 네오나치는 자기가 혹시 유대인과 한 식탁에 앉아 있는 건 아닌가 하는 의혹에 싸인 눈치였다. 에브라임이 수저를 내려놓고 나서 가시가 돋친 눈매로 그를 노려보면서 말했다. "저 잠깐, 허심탄회하게 말해 주세요. 설마하니 유대인은 아니시겠지요?"

네오나치가 일순 움찔 기가 꺾였다. "아뇨, 정말 아닌데요. *하나님 맙소사.* 그럼 댁도 그토록 유대인을 혐오하시나요?" 그가 되물었다.

"두말하면 잔소리. 난 유대인하고 동석한다는 상상만으로도 치가 떨립니다." 얼굴에 오만상을 지은 채 에브라임이 대답했다. "정나미 떨어지는 인간들. 난 그네들 속을 훤히 꿰뚫어 보고 있다고 자신하는데, 나 자신이 유대인이거든요."

네오나치가 눈을 휘둥그레 뜨고서 그를 응시하는 동안 에브라임은 먹던 스프를 다시 먹기 시작했다. 잠깐 머쓱한 침묵이 흐른 뒤 네오나치가 웃음을 터뜨렸다. 그가 호르스트라고 자기소개를 했다. 그날 밤 둘은 만취가 되도록 술잔을 기울였다. 그 이후 에브라임이 뮌헨에 갈 때면 호르스트 집에서 머물렀다. 행여나 또 유대인에 대한 나쁜 선입견을 심어 줄까 저어되어 그는 자기주장을 굽히지 않고 호르스트가 베푼 호의에 대해 꼬박꼬박 답례를 치렀다.

내가 에브라임에게 호르스트의 전화번호를 묻자 그가 의아해했다.

"아니 무슨 용무로 그러는 거죠?"

"에브라임 씨, 제발 양해해 주세요. 지금 단계에서는 그걸 밝히기가 좀 곤란하거든요."

내가 그럴듯한 구실을 내세워 그에게 전화했을 때 예상대로 호르스트는 떨떠름한 반응을 보였지만, 끝내는 나를 만나 주겠다고 받아들였다.

뮌헨으로 가는 기차 안에서, 나는 무릎 위에 얹은 노트북을 가지고 나치 유품에 대한 시장 조사에 몰두했다. 어떤 사람들이 이 같은 거래를 하고 있는 걸까? 예전에 모모 경매사에서 나치의 성물이 판매되었다는 신문 기사를 보고 지나친 적이 있었는데, 이제 알고 보니 훈장이 달린 군복에서부터 친위대의 상훈으로 이름난 소위 '해골 반지'와 심지어 무기에 이르기까지, 제2차 세계대전과 관련된 모든 걸 수집하는 열광자들의 엄청난 하위문화가 존재하고 있었다. 만약 총통과 연결시킬 수 있는 유품이라면 열기가 치열하게 달아올랐다. 히틀러가 가장 좋아하던 작곡가 바그너의 오페라 공연 때 그가 착용한 정복이 시장에 나와 있었다. 고가임을 시사하는 '가격은 문의 바람'이란 구절이 명시되어 있었고 히틀러가 실제로 그 양복을 입었었다는 증거로서 사진도 함께 실렸다. 히틀러가 오스트리아 린츠에 묵었을 때 사용했다는 침대는 매물로 내놓지 않았다. 운 좋게 그것을 점유하게 된 수집가가 자기 침대로 사용하고 있었다. 그런 반면에 히틀러의 처 에바 브라운의 분갑은 그녀의 속내의와 함께 경매에 출품되었다. 이런 매물들의 대다수는 미국과 영국 장병들이 기념품으로 가지고 갔던 거였다. 그들의 손자 손녀들은 이 승리의 전리품을 처분하고자 하면서, '자기들에게는 아무 의미가 없다.'고 덧붙였다. 그러면서도 예사롭지 않은 대가를 요구했다.

고백건대 어떤 유품들은 갖고 싶은 은근한 욕심이 생겼다. 예를 들어 헤르만 괴링의 금도금된 총이 경매되었다. 1945년 5월 7일, 괴링이 항복의 상징으로서 발터 제조사의 pkk 모델을 미국 위관 장교 샤피로에게 인계해 주었다. 도주 중에 붙잡힌 제국 원수의 차에서 2400개의 메스암페타민이 적발되었는데, 요즘은 *크리스탈 메스*라는 이름으로 더 알려진 마약이었다.

호르스트는 예상외로 뮌헨 교외의 아득한 고급 주택가에서 살고 있었다. 내가 초인종을 눌렀고 네오나치 특유의 성장 차림을 한 자가 나오리라 기대했다. 그러나 평범한 양복을 입고 실크 스카프로 룬 문자 문신을 살짝 가린 호르스트의 외양은 영락없는 사업가의 그것이었다.

"브란트 씨?"

"네, 그렇습니다." 내가 독일어로 대답했다.

호르스트가 다부진 악수로 날 맞이했다. 그가 고풍스런 마호가니 원목 가구가 배치된 자기 서재로 날 안내했다. 그는 고동색 체스터필드 안락의자에 가 앉았다. 내가 그에 대한 사전 지식이 없었더라면 지금 경쯤 되는 영국 귀족을 대면하게 되었다는 생각이 들 뻔했다.

"자리를 잡으시지요."

내 옆의 책상 위에는 히틀러가 인종과 정치에 대한 견해를 피력한 책, 「마인 캄프^{Mein Kampf: 나의 투쟁}」가 놓여 있었다.

"초판이지요." 호르스트가 말했다.

내가 지레 짐작하고 있던 그대로였다.

그 옆에는 다른 근사한 서적이 놓여 있었다. 표지에 고트 문자로 NSDAP의, 즉 「국가사회주의 독일 노동자당의 1935년 뉘른베르크 정당대회, 방명록」이라고 쓰인 그럴싸하게 보이는 책이었다.

"제가 잠깐?"

호르스트가 고개를 끄덕였다.

내가 조심스레 방명록을 집어 들었다. 첫 장의 맨 위에 아돌프 히틀러의 서명이 있었다. 내 심장이 고동쳤다. 그 아래에는 제국 원수 헤르만 괴링, 친위대 총지휘자 하인리히 힘믈러와 공보 장관 요제프 괴벨스의 서명이 죽 나열되어 있었다. 히틀러가 바로 이 책을 손에 들고서 그 위에 서명을 한 시기는 그가 폴란드를 침입하고 수천만 명의 인명이 살상될 대전쟁을 시작하기 4년 전이었다.

"인상적이군요." 내가 말했다. "아주 인상적입니다."

호르스트가 날 유심히 관찰했다. 그게 그의 제2의 천성이 돼 버린 듯했다. 독일 당국의 비밀 정보부에서 네오나치 조직 내에 내통자를 심어 두었다는 것은 공개된 비밀이었다.

"그러니까 댁이 에브라임의 친구가 되신다고요?" 그가 물었다.

내가 그렇다고 고개를 끄덕였다.

"그분이 지난달에 여기 다녀가셨지요." 호르스트의 얼굴에 미소가 번졌다. 기이하기 짝이 없는 노릇이건만 두 사람의 교분이 여간 두텁지 않은 눈치였다. "브란트 씨, 제가 도와 드릴 일이 뭔지요?"

내 길잡이가 되도록 호르스트를 유도하는 일이 그리 수월하지 않을 거라는 마음의 준비는 이미 되어 있었다. 설령 그가 날 도울 수 있는 위치라고 가정한다고 치더라도.

"제가 지금 나치의 유품을 거래하는 상인들을 찾고 있는 중입니다. 그저 나치 핀 배지 같은 게 아니라 정말 예술적 가치를 지닌 명품을 다루는 사람을요."

호르스트가 시가에 불을 붙였다. "그럼 그런 특정인을 찾고 있는 이유는 뭐지요?"

"송구스럽지만 그건 말씀드릴 수 없는 처지입니다."

호르스트가 자리에서 일어나 창가로 걸어가 레이스 커튼을 잡아 약간 옆으로 젖혔다. "저기 맞은편 거리 건물 3층의 창문 뒤에 연방헌법수호청BfV 산하 정보기술국의 카메라가 설치되어 있지요. 나를 방문하는 자는 누구를 막론하고 다 촬영된답니다."

나는 안락의자에 앉은 채 이리저리 약간 몸을 흔들었다. "전 숨길 게 없습니다. 근데 저기 카메라가 있다는 건 어떻게 아셨나요?"

호르스트는 레이스 커튼을 놓고서 뒤로 돌아섰다. "군은 물론 경찰과 연방헌법수호청 내부에도 우리 사상을 지지하는 동지들이 끼여 있습니다." 그는 시가를 한 모금 빨아 연기를 원 모양으로 품어냈다. "근데 에브라힘은 묘한 친구거든요." 그가 말을 이었다. "우익 활동을 하는 집단과 단체에서 내가 소위 지도적 역할을 수행하고 있다는 혐의로 몇 년 전에 법정에 서게 되었습니다. 이번에는 아무래도 벌금 정도로는 해결하지 못할 것만 같아 걱정이 컸었지요. 제 변호사가 에브라임을 증인으로 불렀답니다. 에브라임이 키파를 쓰고 법정에 나타나서는, 제가 어려운 유년기를 보냈으나 여타 측면에서는 나무랄 데 없는 사내라고 판사에게 증언했습니다. 다행히 비공개 심리였기 망정이지, 그렇지 않았더라면 정말⋯ 저의 주변에서는 유대인 법정 증인이란 것 자체가 천인공노할 만행이거든요. 아무튼 어리벙벙 갈피를 못 잡은 판사가 결국 제게 징역형이 아니라 벌금형을 내리더군요."

호르스트가 위스키 두 잔을 따랐다.

"얼음?"

"아뇨, 괜찮습니다."

그가 다시 자리에 앉았고 술을 조금씩 홀짝였다. "제가 도와 드리도록 하겠습니다. 그래야만 내가 우리 공통의 친구에게 진 빚을 갚을 수 있다는, 단지 그 이유 하나에서입니다."

호르스트는 네오나치이긴 해도 원칙을 따르는 사내로 보였다. 결례를 범하지 않으려고 나는 위스키 한 모금을 마셨다. 나는 술은 거의 입에도 안 대는 데다가 더구나 위스키는 절대 사절했다.

"위험을 감수하지 않으면 안 되는 영역 안으로 들어간다는 점을 충분히 의식하고 계시겠죠?" 호르스트가 말했다. 그의 음성이 심각해졌다.

내가 고개를 끄덕였다. 호르스트는 확신이 서지 않는 듯했다. 그가 고개를 흔들었다.

"댁도 익히 아시다시피, 우리나라는 1945년의 처참한 참패 직후 네 개 지역으로 분할·점령되었습니다. 1949년에 미국과 영국, 프랑스가 그들이 점령한 지역을 새 독일 정부에 이양했습니다. 독일연방공화국은 세계 상위권의 경제 대국 반열에 오르도록 경제 성장에 주력했습니다. 러시아인들은 딴 주머니를 차고 있었지요. 독일 동부에 위치한 그들의 지역은 명분상 독일민주공화국이 되었으나 여전히 러시아인들의 지배하에 두었습니다. 베를린 또한 둘로 양분되었습니다. 동베를린은 주민들이 자본주의 사회인 서베를린으로 탈주하는 걸 막기 위해 1961년 베를린 장벽을 쌓아 올렸습니다."

그의 연설은 초인종 소리 때문에 중단되었다. 호르스트가 일어나 서재 밖으로 나갔다. 잠시 후 그가 돌아왔고, 뒤에 젊은 청년 둘이 따라 들어왔다. 하얀 끈이 매인, 목이 긴 전투화와 군용 점퍼 대신에 스키니 청바지와 그 밑에 받쳐 신은 스포츠화가 눈에 들어왔다. 둘 중 하나는 앞머리를 높이 추켜올려 뒤로 빗어 넘겼다. 그는 젊은 시절의 로비 윌리엄스를 닮았다. 그가 입은 짧은 점퍼의 등판에는 어느 소년의 서 있는 모습이 그려져 있었다. 다른 청년의 스웨터 셔츠에는 체 게바라의 얼굴 그림이 있었다. 다시 말해 이게 바로 네오나치의 새로운 풍조였다. 신세대 네오나치들의 외모에 대한 지침을 읽은 적이 있었다. 그들에게 보다 더 사교적으로 보이는, 친근감을 주는 옷차림을 권장했다. 방문객들은 서재를 거쳐 다른 방으로 직행하면서 서재 안쪽을 힐끗거렸다. 호르스트가 방문을 뒤로 닫고 다시 서재 안으로 들어섰다.

"시간을 끌어서 죄송합니다. 여하간 제가 말씀드리고자 했던 건 종전 후의 러시아 군대가 바르바로사 작전에 대한, 즉 나치 독일의 맹렬한 소련 침공에 대한 배상으로 패전국인 독일에서 수많은 예술품을 탈취해 갔다는 사실입니다. 독일 박물관에서 탈취한 크라나흐 1세, 라파엘과 티치아노의 화폭들이 여전히 러시아에 걸려 있습니다. 독일 영토에서 발견된 유물 중에서 역사상 최대의 선사 시대 금은보화인 저 에버르스발데의 보물은 물론이고, 또 전설적인 고고학자 하인리히 슐리만이 발굴한, 세상에 널리 알려진 트로이 전쟁의 금은보화가 모스크바의 푸시킨 박물관에 소장되어 있습니다. 설상가상으로 소련 붉은 군대가 나치 예술마저도 노략해 갔습니다. 동독의 국가 보안부 슈타지는 모스크바로부터 극비리에 이 물품들을 서구로 가져다가 경화를 받고 팔아도 좋다는 허가를 받았습니다. 제3제국의 특수 품목을 구하는 서구의 부유한 수집가들은 공산주의 동독의 비밀번호로 전화를 할 수 있게 되었습니다. 그럼 예술품과 골동품 유한회사KuA가 전화를 받았습니다. 호텔에 자리 잡은 이 상점은 겉보기엔 정상적인 미술상들과 다름이 없었습니다. 이 예술품과 골동품 유한회사는 사실 슈타지에서 직영하는 업체였습니다. 히틀러의 서명이 있는 저 방명록도 그런 경로를 통해 얻은 것입니다. 공산주의 동부와 자본주의 서부를 가르는 장벽을 통해 이런 물품을 밀수하는 건 위험이 컸습니다. 이런 거래가 발각되는 날에는 이게 서부에서는 정치적 스캔들로까지 파문이 확산될 겁니다. 또 스스로를 반파시스트로 자처하고 있는 공산주의자들도 자기들이 나치 물품을 거래한다는 게 공개될 경우 마찬가지로…."

호르스트가 다시 자기 술잔을 채웠다. 나는 정중하게 사양했다.

"1989년 장벽이 무너지고 분단된 독일이 통일되자 그간 톡톡한 재미를 봤던 이런 밀거래도 끝이 났습니다. 슈타지 요원들은 구속되어 처벌을 받았습니다."

"그럼 요즘에 와서 최상급 명품을 구입하는 사람들은 대개 누구지요?" 내가 물었다.

"이렇게 슈타지 판로가 막혀 버린 현 상황에서는 주로 전직 나치들의 명가입니다. 그 가문들 다수가 종전 후에 개인 사업으로 성공한 자본가들로서 대개 독일 기업계의 토대를 이루고 있습니다. 비록 그들이 외형적으로는 이른바 '어두운 과거'를 청산했을지언정 이 '어두운 귀족'은 지금도 여전히 주로 기맥상통하는 자기들끼리 어울리고 있습니다."

"그런 물건을 팔려는 동기는 어디에 있지요?"

"구세대는 차츰 사라져 가고 있고 그들 자식들과 손자들 중에 그런 유품을 간수하는 걸 부담스럽게 여기는 경우가 더러 있습니다. 그들 대부분은 모모 회사에서 높은 지위에 있으므로 과거의 잔재물이 그들에게 큰 해가 될 수 있습니다."

"그렇담 그걸 파괴해 버릴 수도 있을 텐데요."

호르스트가 한숨을 내쉬었다. "좀 단순한 데가 있으시군요. 그 유물은 친지들에게 커다란 감정적 가치를 지니고 있습니다. 그걸 정리하고 싶은 마음이 간절함과 동시에, 단지 그게 뜻을 같이하는 동우들에게 전해진다는 조건이 뒤따르지요. 게다가 또 유품을 통해 큰돈이 굴러들어 올 수도 있거든요."

구세대가 이런 매매를 통해 번 돈의 일부를 신세대 나치 모집과 지원을 위한 자금 조달에 사용하고 있음이 지극히 타당하게 보였다. 전직 나치가 언론 앞에 설 기회를 얻으면 기필코 제4제국이 하루빨리 실현되기를 열망한다는 의지를 밝히곤 한다.

"제가 어딘가에서 슈틸레 힐페라는 조직에 대해 읽었습니다." 내가 말을 이었다. "구드룬 부르비츠, 하인리히 힘믈러의 딸이 그 조직을 주관하는 모양이더군요. 슈틸레 힐페가 이런 식의 매매를 자행하고 있다고 볼 수도 있을까요?"

호르스트의 표정이 일변했다. 그의 눈에 묘한 정기가 번득였다. "그분 존함을 그렇게 함부로 들먹이지 마시기 바랍니다. 댁 자신의 신변 안전을 위해서라도. 부르비츠 부인으로 말하자면 우리네 세계에서는 성인으로 추대받는 분이십니다."

나는 심기가 여간 불편하지가 않았다. 이게 그러니까 넌지시 던지는 협박? 이미 수십여 년 동안 비밀 조직망을 통해 군림하는 부유한 실력자들이 이런 나의 뒷조사를 절대 환영하지 않으리라는 위협이었다. 그들이 날 방해할 것은 물론이고 폭력도 서슴지 않을 거라는 으름장이었다.

호르스트가 일어섰고 책상에서 펜과 종이를 집어서 뭔가를 쓰기 시작했다. "이 카페로 가서 아흐네네르베 박사를 찾는다고 하세요. 그리고 그분에게 댁의 주소를 남기도록 하세요. 용케 운이 닿으면 댁에게로 연락이 갈 겁니다."

나는 종이짝을 받아든 다음 겹으로 접어서 양복 안주머니에 쑤셔 넣었다. 호르스트가 날 문으로 안내했다.

"몸조심하십시오."

나도 모르는 사이에 벌써 밖에 나와 있었다. 나는 얼굴 전체가 정보부 카메라에 찍히지 않게 하려고 일부러 고개를 숙였다. 거리 모퉁이에 이른 다음 나는 호르스트 집에서 본 두 청년이 날 미행하는지 어깨 위로 돌아다봤다. 그러나 길은 텅 비어 있었다.

München

4장

뮌헨, 지하 주차장

나는 유서 깊은 바이어리셔 호프, 뮌헨 중심가에 자리한 5성급 호텔에 방을 잡았다. 뮌헨에 가 있을 때면 늘 투숙하는 3성급 호텔은 요금이 월등히 낮은 건 사실이었지만 매춘굴 같은 분위기를 자아냈다. 짐작건 대 수백만 유로를 웃도는 나치 예술품을 거래하는 누군가를 만날 만한 장소가 못되었다.

　내가 카페에 가서 아흐네네르베 박사를 찾는다고 말한 지 벌써 사 흘째 되는 날이었다. 독일인이라면 *아흐네네르베*가 무슨 의미인지 모 르는 사람이 없었다. 하인리히 힘믈러는 아리아 인종의 우수성에 대한 히틀러의 이론을 얼마나 신중하게 받아들였던지 그 이론을 학문적으 로 입증하는 연구 프로젝트를 시도했다. 이 아흐네네르베^{독일 선조 유산}의 연구원들은 핀란드와 이라크를 탐험했고 심지어 티베트까지 가서 탐 사를 감행했다. 그렇게 발견된 소위 '증거물들'을 힘믈러는 고고학적 인 발굴물 형태 그대로 고스란히 보존하고 기리기 위해 파더보른 부근의 웅대한 베벨스부르크 성을 성역으로 선정했다. 동시에 이 성은 신 독일 제국 엘리트들, 친위대원들이 거행하는 신비주의적 의례 활동의 중심지이기도 했다. 힘믈러는 아서왕 전설에 나오는 원탁 기사와 예수의 사제 12명을 본보기로 삼아 12명의 친위대 고위 장교들을 자기 후계자로 선정했다. 이 12명의 선택받은 이른바 *친위대 집단 지도자*들이 힘믈러의 지휘 아래 성에서 다 함께 모였고, 알려진 바에 의하면 비밀 의식을 거행했다. 이후 전란을 견뎌낸, 룬 문자가 새겨진 힘믈러의 보좌가(가격은 문의 바람이라는 문구와 함께) 시장에 나왔다.

내가 아흐네네르베를 찾는다고 말하면서 미리 객실 번호 412호를 써서 준비해 간 바이어리셔 호프의 명함을 앞으로 내밀자 대머리의 비만형 카페 주인이 그걸 받아 들었고, 내게 크롬바커 맥주 한 잔을 따라 주고 나서는 덤덤히 유리컵 헹구던 일을 계속했다. 그는 입을 꾹 다문 채 한 마디도 반응이 없었다. 다음 날 오전에도 한 나절 내내 호텔방에 죽치고 앉아 기다렸으나 역시 헛수고였다. 무료하기도 하고 시간 낭비로만 여겨졌다. 햇볕이 화창한 뮌헨에서의 마지막 날 나는 시내 여기저기를 싸돌아다녔다.

오후 서너 시간을 하우스 데어 쿤스트예술의집에서 보냈다. 그리스 신전처럼 어마어마한 원기둥이 줄지어 늘어서 있는 사각형 건물은 히틀러의 지시로 건축되었고, 독일 예술의 '고유성'을 전시하기 위한 취지였다. 히틀러에게는 예술이 하나의 선전 도구였다. 나치 예술은 모름지기 진정한 독일인의 삶에 모범이 되는 이상형이 가시화되어야만 했다. 그런 맥락에서 그는 1939년 방문 시, 근육형 남자와 수신형 여자들의 조각상을, 그리고 행복한 독일인 가족과 땀 흘려 일하는 농부들이 묘사된 그림을 득의만만하게 바라다 봤다. 그는 전람회의 절정인 출품작 앞에서, 그가 각별히 총애하는 예술가 요제프 토락의 「달리는 말들」 앞에서 걸음을 멈췄고 한참을 그렇게 말을 잃은 채 서 있었다. 최근에는 이 하우스 데어 쿤스트가 현대 예술 전시관으로 변모했다. 히틀러가 - 4개의 수평선으로 구성된 작품인 - 「컴포지션 54」를 봤더라면 분노의 발작을 일으켰을 것이다.

내가 이 예술의 집을 나설 때는 사방이 어느덧 어스름해졌다. 초저녁 안개가 차갑게 와 닿았고 기분이 울적했다. 이번 뮌헨 방문에 아무런 성과도 얻지 못했다. 나는 아직까지도 거의 다 예전 그대로의 모습을 유지하고 있는 오스테리아 바바리아, 히틀러의 단골 식당으로 가서 저녁을 먹기로 마음먹었다.

내가 막 프린츠레겐텐슈트라세를 건너가려던 찰나였다. 검은색 메르세데스 한 대가 내 옆에 바짝 다가와 멈췄다. 승객석 쪽의 차창이 아래로 내려졌다.

"차에 탑승하십시오." 육중한 남자 음성이 흘러나왔다. "어서요!"

나는 놀란 나머지 땅에 못 박힌 듯 서 있었다. 몇 초가 흐르고 난 뒤 그제야 번득 뇌리를 스쳤다, 이자가 바로 그 아흐네네르베 박사로구나 하고. 나는 문을 열고 차 안으로 들어갔다. 가속 페달을 밟아서 차가 급출발했다. 보아하니 운전사가 잔뜩 긴장한 나머지 연신 사이드 미러로 시선을 던졌다. 그의 얼굴 표정은 이런 어둑어둑한 상태에서는 분별이 힘들었다.

"댁이 아흐네네르베 박사님이십니까?" 내가 물었다.

남자는 아무 반응도 하지 않았다. 나는 차 안으로 들어온 자체가 과연 현명한 처사였을까 하고 스스로에게 자문했다. 차 문을 닫는 순간 찰칵하는 소리를 들었었다. 차 문이 잠긴 상태라는 게 분명했다. 냉정을 잃지 않도록 자신을 제어하면서 침착하게 정신을 집중시키려고 노력했다. 이미 오래전부터 내가 미행을 당하고 있었음이 확실했다. 지금 어디로 향하고 있는 걸까? 그리고 이 사람이 정말 그 아흐네네르베 박사라는 자일까?

얼마 후 운전사가 속력을 줄였고 긴장도 좀 가신 듯한 기미였다. 스피커에서 클래식 음식이 잔잔하게 흘러나왔다. 나는 우리가 가는 방향을 알아 맞혀 보려고 노력했다. 내가 뮌헨 지리에 상당히 밝은 편인데도 얼마나 당황했던지 처음에는 전혀 아무데도 알아보지 못했었다. 우리는 다리를 건넜고 수목이 울창한 지역을 관통하고 있었다. 그렇다면 이곳은 영국 정원을 가로지르는 이사르 순환 도로임이 분명했다. 그 광활한 공원이 이 시각에는 마냥 을씨년스럽기만 했다.

"지금 어디로 가고 있는지 말씀해 주시든지, 아님 당장 날 내려 주십시오." 내가 재촉했다.

남자가 옆으로 고개를 돌렸다. 차차 어둠에 익은 내 눈에 주위가 들어왔다. 그는 권투 선수 코에다 굵은 목이 외투의 칼라 속에 거의 묻혀 있다시피 했다. 그는 꽤 젊은 나이로, 이십 대 후반으로 보였다.

우리는 영국 정원을 빠져나가서 왼쪽으로 돌았다. 좁은 거리 중간쯤에서 차가 지하 주차장 안으로 들어갔다. 스프레이로 그려낸 그래피티로 온통 도배된 시멘트 벽과 침침한 불빛이 섬뜩한 느낌을 부채질했다. 자동차 서너 대를 제외하고는 주차장은 텅 비어 있었다. 운전사가 어둑한 한쪽 구석에다 차를 세우고 나서 헤드라이트를 껐다.

우리의 숨소리만 들려올 뿐 주위는 완전 정적에 싸여 있었다. 아드레날린의 과다 분비로 내 심장이 걷잡을 수 없이 거세게 박동했다. 이자가 왜 아무 말도 없지? 그리고 이자의 정체가 뭐야? 울룩불룩 터져나올 듯한, 이런 근육 덩치가 박사 학위 소지자라니 믿어지지 않았다. 이자가 정 날 해치고자 했다면 이야말로 절호의 기회, 따 놓은 당상이었다. 내가 여기 있다는 걸 아는 사람은 단 한 명도 없었다.

차 안에 연한 향수 냄새가 서려 있는 걸 처음 감지했다. 내가 뒤로 고개를 돌렸다. 뒷좌석은 블라인드 유리창으로 차단되어 있었다. 약하게 쓰르륵쓰르륵 비벼대는 소리를 내면서 유리창이 아래로 내려갔다.

"고개를 돌려 정면을 보세요." 종용하는 듯한 여자의 음성이 들려왔다.

화들짝 놀라며 나는 다시 정면을 향해 고개를 돌렸다. 아흐네네르베 박사가 여자일 수 있다는 쪽으로는 단 일 초도 생각이 미치지 않았다.

"당신은 누구며 뭣 때문에 날 찾는 겁니까?" 그녀의 쉰 듯한 목소리가 칼칼하게 울렸다.

놀란 마음을 가다듬기까지 약간의 시간이 소요되었다. 다행히도 나는 미리 각오가 되어 있었으며 지난 며칠 동안 각본을 철저하게 꾸며놓았었다. 이제 드디어 각본을 실행에 옮길 순간이 온 것이었다.

"제 자신의 이름 따위는 아무래도 상관이 없을 겁니다." 내가 입을 열었다. "실은 제가 아르헨티나의 유력한 예술품 수집가를 대변하고 있습니다. 그분의 부친께서는 1945년에 남미로 망명한 고위 독일 장교이셨습니다. 그분의 관심사는 2차 대전과 관련된 중요한 유품이며 그간 공들여 모으신 덕분에 둘도 없는 진기한 수집품을 소유하시게 되었습니다. 최근에 들어서는 파타고니아에 있는 그분의 드넓은 대농원에 설치할 아르노 브레커, 요제프 토락, 프리츠 클림쉬의 조각품을 찾고 계십니다."

내 신분이 쉬이 들통이 날 거라고는 별로 염려하지 않았다. 나는 한동안 아르헨티나에 살았을뿐더러 스페인어에도 능통했다. 그리고 또 남미에는 전직 나치들의 자손들이 득시글거렸다.

나는 라이터를 찰칵 켜는 소리를 들었고 박하향이 번지며 내 후각을 자극했다.

"브란트 씨, 도대체 나에게서 바라는 게 무엇입니까?"

나는 흠칫 몸이 움츠러들었다. 아니, 저 여자가 내 이름을 어떻게 알았지? 카페에는 호텔과 객실 번호만 전했을 뿐이었다. 저들이 호텔에 전화해서 내 이름을 알아본 걸까? 아니다. 그랬을 리가 없었다. 5성급 호텔은 투숙객의 개인 정보에 대한 원칙을 엄격하게 시행했다. 그렇다면 혹시 호르스트가?

운전사가 가소롭다는 듯 날 꼬나봤다. 그는 그간 내내 이 순간이 올 것을 기다리고 있었으며, 고객이 어쩌고저쩌고 하면서 늘어놓는 내 너스레를 고소하게 들어주고 있었던 것이었다.

"알고 계시는군요." 내가 할 수 있는 유일한 말이었다.

거북한 침묵이 흘렀다.

"요전번에 제트데에프에서 댁을 봤습니다."

아흐네네르베 박사가 말했다. 그렇다, 바로 그거였다. 내가 공영 방송국 제트데에프의 예술 위조에 대한 다큐멘터리 프로에 협조한 일이 있었다. 이렇게 해서 내 남미 무용담은 산산조각이 나버렸다. 이 차에서 성한 몸으로 풀려나고 싶으면 순발력을 발휘해 즉흥적으로 대처하지 않으면 안 되었다. 그렇다고 또 토락의 말들을 찾고 있노라 실토해 버릴 수 없는 처지였다.

"좋습니다. 제가 여기 온 이유를 말씀드리도록 하겠습니다." 내가 한숨을 내쉬면서 말했다. "여사님께서 저보다 더 잘 알고 계시겠지만, 나치 유품의 거래가 대성황을 이루고 있습니다. 이런 판세가 여간 흥미롭게 보이기에 혹시 여사님께서 저에게 그에 대한 좀 더 자세한 정보를 제공해 주실 수 있나…"

"브란트 씨," 그녀가 내 말을 가로챘다. "요제프 토락의 「달리는 말들」을 찾아 나선 댁을 내가 무슨 까닭에서 도우라는 겁니까?"

충격적인 질문에 나는 그만 말을 잇지 못했다. 그녀가 그걸 도대체 어떻게 알게 되었을까? 나는 뮌헨 여행의 목적을 누구에게도 내색하지 않았었다. 심지어는 호르스트에게도.

"무슨 말씀이신지요?" 내가 어리둥절한 채 물었다.

"얼마 전에 암시장에 「달리는 말들」이 매물로 등장했고 그와 때를 같이 해서 브란트 씨로부터 뜬금없이 연락이 왔습니다. 이걸 비단 우연의 일치라고 할 수만은 없잖겠어요." 그녀의 음성에는 다소 조롱기가 배어 있었다.

부인해 봤자 소용없는 일이었다. 이 여자가 하물며 내 신발 사이즈까지도 훤히 꿰고 있는 성싶었다.

"아닌 게 아니라 제가 그 말들을 찾고 있습니다."

나는 난관에 봉착했다. 만약 아흐네네르베 박사가 어떤 형태로든지 말의 판매에 연관되었다면 이건 정말 보통 문제가 아니었다. 빠져나갈 구멍이 막연했다.

"브란트 씨, 구태여 여기까지 오시는 어려운 걸음을 하실 필요가 없었습니다. 전문가로서 토락의 원작 말들은 베를린 함락 당시에 파멸되었다는 정도는 응당 알고 계셨어야 했습니다. 지금 시장에 나온 작품은 위작입니다."

나는 머리가 아찔했다. 그녀가 이 말을 하는 저의가 뭘까? 무슨 연극을 꾸미자는 걸까?

"네, 물론 위작이라는 건 저도 알고 있었습니다. 하지만 그 위조자들에게 제가 마음을 빼앗겼답니다. 전 그동안 별의별 위조품들을 수없이 접해 왔습니다. 기괴망측한 가내 수공품에서부터 진품과 거의 구별이 안 될 정도로 극히 정교한 우수작에 이르기까지요. 그런데 수백만 유로에 내놓은 이번 토락의 「달리는 말들」은 진정 이제까지의 그 무엇과도 비길 데가 없는 위작이거든요."

그밖에 이 수백만 유로가 이런저런 극우파 공모에 이용될 거라는 나의 추측에 대해서는 침묵을 고수했다. 슈틸레 힐페가 이 일에 결부되었을 가능성에 대해서도 역시. 누가 알랴, 저들 조직 내의 다른 자들과 그녀가 떼어 낼 수 없는 하나로 이어져 있을지.

"제3제국의 최상급 명품들의 매매는 작고 폐쇄된 세계에 한정되어 있습니다." 아흐네네르베 박사가 설명했다. "제가 이미 70년대부터 몇몇 아주 저명한 나치의 가족들을 상대로 매도를 알선해 주고 있습니다. 만약 그 말들이 진품이었다면, 내가 진즉 그걸 매입했을 겁니다. 댁이 내 말을 믿거나 말거나 전 아무튼 이 위작과는 전혀 상관이 없습니다. 또 그 배후자가 누구인지 저로서는 짐작도 가지 않습니다."

들고 보니 그녀의 말에 일리가 있었다. 제2차 세계대전과 관련된 아주 고가의, 굴지의 진품만을 다루어 온 그녀로서는 공연히 모조품 몇 점 팔아 가지고 자신의 이처럼 수지맞는 알짜배기 사업에 트집거리를 만들고 싶지 않다는 뜻이었다.

"그럼에도 내가 댁에게 어쩌면 도움이 됨직한 정보가 하나 있긴 합니다. 위조작이 원형을 방불케 하는 완전무결한 모조품이라는 사실을 알고 계셨는지요?"

이번에는 내가 앞질러 그녀를 놀라게 해 줄 계제였다.

"*박사님, 지금 「달리는 말들」의 소형 석고상을 꺼내시려는 거겠지요?*"

짧은 침묵이 흘렀다.

"브라보! 브란트 씨… 가식적이고 실없는 행동과는 달리 알 건 제대로 알고 계시는군요."

내가 여봐란듯이 미소를 지으면서 운전사를 쳐다봤다.

"토락 선생이 원형의 마상을 본떠 만들어 나치 고관들에게 선물한 소형 석고상이 정작 이 위조품의 모델이 된 것이 틀림없다 하겠습니다." 그녀가 말했다.

내가 상체를 돌렸고 상당히 좁은 얼굴 윤곽을 파악했다. 아흐네네르베 박사는 모자를 쓰고 안경을 끼고 있었다. 그녀는 70대로 보였다.

"맞습니다. 그래서 제가 지금 바로 그런 소형 조각상을 찾고 있는 겁니다. 그걸 소유하고 있는 사람이 누구인지, 혹시 떠오르는 사람은 없으세요?" 내가 물었다.

그녀가 나에게 손짓으로 다시 앞을 보고 앉으라는 시늉을 했다. "그 중 꼭 하나를 본 적이 있긴 합니다. 십중팔구 현재 유일하게 남아 있는 것으로 보이며 훌륭한 걸작이었지요. 몇 년 전에 익명의 수집가가 소형 마상을 매물로 내놓았습니다. 수집가가 다름 아닌 뉘른베르크 재판에서 사형을 선고 받은 나치의 손녀라는 걸 이내 알아냈습니다. 그런데 애석하게도 한발 늦고 말았지요. 듣자 하니 그 소형 마상이 벨기에 수집가한테 팔려 버렸더군요. 그 이름은 더 이상 생각이 안 나는데 주소는 분명 어딘가에 있을 겁니다. 그걸 찾아 당신에게 메일로 보내도록 하겠습니다."

내가 안주머니에서 내 이메일 주소가 적힌 명함을 꺼냈다.

"명함 필요 없습니다." 그녀가 일렀다.

나는 스테이번이 혹시 그녀가 말하는 벨기에 수집가가 아닐까 반신반의 했다. 그의 국적이 네덜란드일망정 살기는 안트베르펜에서 살고 있었다.

만약 그렇다면 그는 단순히 중개인이 아닌 위조품의 배후 조종자였다.

"그런데 박사님, 절 도와주시는 이유가 뭐지요?" 내가 물었다.

그녀는 잠시 생각에 잠긴 듯했다. "브란트 씨, 그간의 오랜 세월을 통해 제가 한 가지 배운 게 있습니다. 어떤 이념을 내세우건 간에, 공산주의, 자본주의, 국가사회주의를 막론하고 언제나 종국에 가서는 돈이 전부입니다. 심지어 제3제국 관련 품목 역시도 더 이상 신성한 영역이 아니라서 위조가 범람하고 있습니다. 나치 유품 매매가, 따라서 제 사업도 그로 인해 큰 고통을 겪고 있습니다." 그녀의 음성에 비통함이 서려 있었다. 그녀가 말을 이었다. "제 운전기사 클라우스가 바이어리셔 호프에 가서 찍어온 댁의 사진을 보여주는 순간 전 즉각 댁을 알아봤습니다. 댁이 「달리는 말」의 위조품을 조사하고 있는 것으로 나름대로 판단했습니다. 처음엔 댁을 위협적인 존재로 생각했으나, 마침내 우리 양쪽 다 그 배후자의 정체를 밝히고자 한다는 사실을 깨달았습니다. 그래서 댁을 만나 보기로 결정했습니다. 바라건대 부디 댁이 그자들을 찾아내 주십시오."

나는 칸막이 유리창이 서서히 위로 올라가는 소리를 들었다.

"그럼 호텔까지 모셔다 드리겠습니다."

클라우스가 차에 시동을 걸었고 주차장을 빠져나왔다.

나는 창밖을 응시했다. 야릇한 만남이었다. 그러나 이 여자가 내게 길을 활짝 열어 준 셈이었다.

그날 밤 나는 침대에서 뒤척거렸다. 이제 스테이번이 보여준 컬러 사진 속 「달리는 말들」에 이르는 열쇠가 될 수 있는 벨기에 주소를 손에 넣게 되었다. 하지만 가는 데마다 족족 양팔을 벌리고 날 반갑게 맞아들일 자는 없을 게 뻔했다.

5장

브뤼셀

아흐네네르베 박사가 내게 전달한 주소는 일의 진전에 도움이 되지 못했다. 그 브뤼셀 주소에는 몇 달 전부터 다른 사람이 살고 있었다. 내가 거주자에게 '나치 물건'을 수집하는 사람이 전에 그 집에서 살았냐고 묻자 그가 날 이상한 눈으로 쳐다보더니만 문을 세차게 처닫아 버렸다. 벨기에 토지 대장은 실망스럽게도 불완전한데다가 그나마도 갈피를 잡기 어렵게 뒤얽혀 있었다. 아흐네네르베 박사한테 또다시 연락을 취해 봤지만 소용없는 일이었다. 그녀는 이름은 가지고 있지 않고 브뤼셀의 이 주소밖에는 없다고 했다. 네덜란드로 돌아오는 길에 안트베르뻔 역에서 내려 스테이번을 한번 찾아가볼까 하는 생각도 했다. 그러나 그는 보나마나 심상찮은 낌새를 눈치채고 자기는 히틀러의 말에 대해선 직접 아는 게 없다고 잡아뗄 게 뻔했다. 이 조사를 중단하는 길밖에 다른 방도가 없었다. 모름지기 돈벌이 일에도 신경을 써야 할 처지였다.

그러면서도 어쩌다 제3제국에 대해, 특히 나치 예술에 대해 더한층 시야를 넓힐 수 있는 기회가 생기면 나는 그것을 놓치지 않았다. 며칠간 베를린 회의에 참석해야 했을 때 도시 북부에 위치한 될른제이 쇼르프하이데 호텔에서 묵었다. 산림 중간에 있는 자그만 호숫가에 인접한 호텔은 예전에는 산장 요릿집이었다. 헤르만 괴링의 휴양지, 한때 카린할이라고 불렸던 별장 건물 중 유일하게 남아 있는 일부가 지금의 호텔이었다. 제국의 제2인자였던 그가 항상 히틀러보다 더 나의 마음을 사로잡았다. 괴링은 특히 뚱뚱하고 과시욕에 찬 광대로서 후대에까지 전해지겠으나, 제1차 세계대전 중에는 승승장구하며 22개의 대승을 기록한 공군 조종사였다. 괴링이 원시적인 비행기를 몰면서 후미를 공격하는 적들을 피하려고 전쟁터 위 상공에서 갖은 재주를 부리고 있는 동안, 그의 발밑 수백 미터 떨어진 지상에서는 젊은 아돌프 히틀러가 전령병 자격으로, 말하자면 소대 간의 우편배달병으로서 참호 안에서 이리저리 뛰어다니고 있었다. 괴링은 훗날 히틀러가 제2차 세계대전을 시작하는 것을 극구 만류했었다.

괴링이 역사상 유례없는 예술품 약탈자 중 한 명이라는 점에서 그는 더 없이 내 관심을 끌었다. 카린할에 약탈한 예술품이 가득 차 있었다. 히틀러와 괴링은 각각 자신들을 위한 개인 예술 전문가를 고용하여 압수해 온 최우수 예술품을 보호·관리하도록 했다. 이 두 진영 간에 마찰이 빚어진 적도 한두 번이 아니었다. 전세가 기울기 시작하자 괴링은 그의 개인 소장품들을 산곽으로 둘러싸인 오스트리아의 알타우제이에 있는 소금 광산으로 이동시키도록 했다. 전쟁의 패배를 목전에 두고 그 광산을 폭발시키려던 찰나 미군대가 이를 가까스로 막을 수 있었다. 카린할 건물 자체는 파괴되었다. 미국인에 의해서도 러시아인에 의해서도 아닌 바로 괴링 자신의 명령에 따라.

운치 있는 호텔 주위 풍경에 빠져 나는 회의 생각일랑은 싹 잊어버렸다. 낮이면 나는 열정적인 사냥꾼이었던 괴링이 어깨에 총을 걸치고서 유달리 즐겨 지냈던 숲속을 마구 싸돌아다녔다. 밤이면 호숫가에 놓인 정원 의자에 앉아 있었다. 괴링이 짐승이었던 건 사실일지언정 예술과 자연에 대한 안목은 높이 사줄 만했다.

종전 후에 떠도는 나치와 관련된 수많은 전설에는 호수가 자주 등장했다. 그 비근한 예로 또 하나의 다른 호수를 들 수 있었다. 나치들이 소유한 온갖 재화와 보물을 감추는 데 오스트리아의 토플리츠 호수가 자주 이용되었다는 풍문이 나돌았다. 1945년, 독일군이 호수 근처로 상자가 가득 실린 마차를 몰고 가는 것을 목격했다고 증언하는 사람들이 속출했다. 종전 후에 아마 나치들이 숨겨둔 보물을 가지러 그곳에 되돌아갔을지는 몰라도, 여태껏 토플리츠 호수에서 발견된 것이라곤 히틀러가 영국 경제를 교란시킬 목적으로 만든 영국 파운드 위조 화폐가 담긴 상자들밖에는 없었다. 보물을 찾아다니던 사람들 중 적어도 2명은 탐사하던 중에 생명을 잃었다. 또 일전에는 나치 최거물급 고관 중 한 명이자 아돌프 아이흐만의 상관이었던 에른스트 칼텐브루너의 조카가 가족의 비밀을 세상에 공개했는데, 에른스트 삼촌이 귀중품을 호수 바닥에 침잠시키도록 한 게 낭설이 아니고 진실이라고 밝혔을 무렵부터 보물광 열풍이 다시 고개를 쳐들었다.

어느 날 저녁 내가 카린할 건물 옆의 호수를 바라보면서 이 호수도 그와 유사한 비밀을 지니고 있진 않을까 자문하고 있을 때였다. 어떤 노인이 와서 내 곁에 앉았다. 그날 낮에 나는 그가 갈퀴를 들고서 정원을 이리저리 돌아다니는 걸 봤었다.

"이 자리에 늘 괴링 씨도 앉아 계시곤 했지요."

내가 놀란 기색으로 그를 주시했다. "그걸 어떻게 아세요?"

"직접 내 눈으로 봤으니까요. 우리 아버님께서 카린할에서 허드레꾼으로 일하셨고 난 어렸을 적 이곳에서 마음껏 뛰어 놀며 자랐답니다."

노인이 이런저런 일화를 줄줄이 들려줬다. 나는 그의 이야기에 심취되었다. 나치 고관에 대해서 생생한 체험담을 들려줄 수 있는 사람은 여태껏 한 명도 만난 적이 없었다. 더구나 그것도 다름 아닌 바로 헤르만 괴링에 대해서! 헤르만 아저씨는 그의 어마어마한 철도 모형과 휘황찬란한 장성 군복에 정신이 팔린 주위 어린이들에게 대인기를 누렸다.

"저는 자주 딸아이 에다하고 놀았습니다. 그녀를 전후에 한 번 다시 만났지요. 현재 뮌헨에 살고 있어요."

아버지를 빼박은 에다 괴링에 대한 문서를 언젠가 읽은 적이 있었다. 에다는 기필코 아버지와의 인연을 끊지 않겠다고 자기 소신을 밝혔다. 또 전직 나치들과 정기적으로 자리를 같이하고 있었다. 그렇지만 다른 유명한 딸 구드룬 힘플러에 비해 그리 과격하지 않은 편이었다.

"근데 무슨 일로 여기에 오셨지요?" 노인이 물었다.

나는 나치 시대의 조각상을 찾고 있다고 말했다.

"설마하니 괴링 씨가 소유하고 있던 그 조각상들은 아니겠지요?"

"무슨 말씀이신지요?"

"우리 가족이 그러니까 전쟁 말기까지도 여기 남았던 마지막 사람이라 할 수 있죠. 괴링 씨는 돌진해오는 러시아 군대를 피해 이미 피신한 뒤였고 그의 군인들이 이곳을 폭파시키기 시작했어요. 그러던 어느 날 밤에 나는 군인들이 이 호수에다 여러 가지 물건을 뒤처리하는 걸 숨어서 구경하고 있었지요. 그러다가 내가 한 장교한테 발각되었는데, 그자가 나더러 이건 비밀이므로 절대로 한 마디도 입 밖에 내지 않겠다고 맹세하라고 시켰어요. 그리고 나도 그때의 그 맹세를 절대 잊지 않고 지켰지요."

그렇다면 본인이 방금 비밀을 누설했다는 사실을 노인 스스로가 깨닫고 있는 걸까 하고 나는 반신반의했다. 군인들이 버린 물건이 무엇인지 내게 말하도록 그를 설득시킬 수 있는 묘책을 난 번개처럼 빨리 강구해보려 했다. 먼저 그의 노령의 연세에 대한 우회적인 이야기로 시작해서… 아니었다, 지금 아니면 기회가 없었다. 좀 억지스러운 감이 있긴 해도 단김에 소뿔 빼듯 묻기로 했다.

"그런 중대한 비밀을 지킨다는 게 어렵지 않으셨어요?" 내가 대뜸 덤볐다.

"어떤 비밀을요?"

이야기가 순조롭게 풀리지 않을 성싶었다. 노인이 일종의 급성 기억상실증 같은 걸 앓고 있는 것만 같았다.

"저, 괴링의 군인들이 이 호수에다 물건들을 뒤치다꺼리하는 걸 노인장께서 보셨다는 거요."

노인이 날 휘둥그레한 눈으로 쳐다봤다. "하지만 그게 어디 비밀인가요?"

"지금 막 어르신 입으로 직접 비밀이라고 언급하셨잖아요." 내가 다소 짜증스러운 어조로 던졌다.

"아니, 날 무슨 노망든 늙은이쯤으로 보시는 겁니까? 그게 아직도 비밀이라면 내가 실없이 왜 댁한테 그걸 털어놓겠습니까? 1990년에 경찰의 잠수부들이 이리로 와서 동상 세 개를 물에서 건져 냈답니다. 그건 아르노 브레커가 만든 나신의 여자상이었지요. 괴링 씨가 그게 러시아인들 손에 들어가는 걸 원치 않으셨거든요."

나는 이 사건에 대해서는 전혀 들은 기억이 없었다. 이 사건은 나치들이 과연 여러 가지를 감추었다는 것을 시사해 주는 실례였다. 그렇다면 여태껏 발견되지 않은 물건이 얼마나 될까?

"참으로 기막힌 이야기군요." 내가 말했다.

"조만간 그 조각상들이 여기 부근에 있는 성에서 전시될 겁니다."

그 전시회에 꼭 가보기로 나는 마음먹었다. 이런 식의 발견이 1882년 로버트 루이스 스티븐슨의 소설 「보물섬」을 유명세에 오르게 만들었다. 다만 이건 실제로 일어난 일이었다.

"댁이 찾고 있는 조각상도 호수 밑바닥에 있습니까?" 노인이 물었다.

"아뇨, 요제프 토락의 소형 조각상을 찾고 있습니다. 제가 아는 한 그건 벨기에 사람이 소유하고 있습니다. 그런데 그 집에 가보니까 내가 너무 늦었더라고요. 그자가 그간 이사해 버렸고, 또 감쪽같이 행방을 감춘 것 같아요."

나는 너무 많은 정보를 흘리지 않도록 신중을 기해야 했다. 자칫하다가 내 나름대로 노인이 비밀을 누설했다고 속단하는 방금과 같은 실수를 또다시 저지르게 될지도 몰랐다.

"잠깐, 댁이 말한 이사했다는 그 지난번 거주자가 혹시 남자던가요?"

"네, 왜요?"

"댁이 목적 달성을 향해 맹돌진하는 걸 내가 금방 경험했습니다. 내게서 정보를 캐내기에만 급급한 댁의 그런 방법이 마냥 단순하고 어설프더군요. 댁이 그 집에서 만난 남자가 바로 댁이 찾는 사람이라 해도 난 놀라지 않을 겁니다. 그자가 그저 적당히 댁을 따돌린 게지요."

난 그런 식의 꼼수는 전혀 염두에도 두지 못했었다.

"대충 짐작이 가는데, 댁이 덮어놓고 '나치'라는 단어를 들추어냈겠지요." 약간 조롱기 섞인 어조로 그가 말했다.

아닌 게 아니라 나는 단도직입적으로 물었다. 수치스러울 정도로. 내가 벨기에 사람한테 나치 유품을 수집하는 사람이 거기 살았느냐고 물었다. 누가 됐든지 간에 켕기기 마련이었다. 우둔하게도 내가 말썽을 자초한 셈이 되었다. 욕먹고도 남을 만한 무능의 소치였다.

내가 스스로의 우둔함을 수치스러워하고 있다는 것을 노인은 내 표정을 통해 읽었다. 그가 내 어깨를 툭 쳤다. "단순하다는 성격 그 자체는 흉이 아닙니다. 무엇보다도 중요한 건 절대 포기하지 않는 불굴의 투지지요."

이번에는 날 따돌리지 않도록 하겠다고 새롭게 작심을 한 뒤 일주일 후 나는 다시 브뤼셀 집의 초인종을 눌렀다. 나는 초인종을 길게, 사태의 심각성을 절감하게 만드는 데 충분할 만큼 길게 눌렀다. 소란스레 쿵쿵 발소리가 나면서 문이 열렸다. 듣자 하니 성질나는 건 피차일반이었다.

"아니 이 사람이 다시?" 분연한 눈초리로 그가 내뱉었다.

"젠장, 또 초인종은 어쩌자고 그렇게 길게 누르고 야단이오?"

남자가 문을 닫으려 했으나, 내가 냅다 열린 대문 틈에다 한 발을 내딛었다.

"내가 물론 이 동네 집집마다 찾아다니며 전 거주자가 어디로 가버렸냐고 수소문할 수도 있습니다. 네, 그럼요, 그 나치 유품을 수집한다는 사람의 행방을요."

'나치'라는 단어에 내가 크게 힘을 주어 발음했다. 대문이 다시 조금씩 열렸다.

"당신은 예의범절도 모르는 사람이로군요!" 꾸짖는 투로 들렸다. 내가 안으로 들어와도 좋다는 신호로 남자가 한 발짝 뒤로 물러섰다. 현관은 어두웠다. "어쩌자고 날 이렇게 괴롭히며, 대체 당신은 누구시오?"

"네덜란드에서는 아무리 화가 나도 손님에게 자리를 권하는 게 예의입니다." 내가 딴청을 부렸다.

남자가 한숨을 내쉬었다. 우리는 응접실 안으로 걸었다. 실내는 광선의 사해를 이루었고 격조 높게 장식되어 있었다. 나는 밑받침의 뼈대는 강철 파이프로 되었지만 팔걸이는 베이클라이트^{베이클랜드가 최초로 합성한 인공 플라스틱}로 대체된 안락의자로 다가가 앉았다. 이전 세기의 30년대에 만들어진 값비싼 신고전주의 의자를 그대로 본뜬 모사품.

나머지 가구들도 30년대 스타일이었다. 어디에도 나치 유품의 흔적은 보이지 않았다. 내 맞은편 벽에는 히틀러가 광인짓거리로 취급해서 없애 버리도록 했을 그림들이 두 점 걸려 있었다.

남자는 나와 같은 또래로, 어쩜 몇 살쯤 더 들어 보였다. 반반하게 생긴 얼굴이었다. 누가 나더러 알아맞혀 보라고 하면 재정 분야에서 일하는 사람 같다고 했을 터였다.

"제 이름은 아르뛰어 브란트입니다." 여기서는 구태여 딴 신분으로 가장할 필요가 없었다. "나도 본명은 모르는 어떤 독일인에게서 댁의 주소를 구했습니다. 댁이 열광적인 나치 유품 수집가라고 들었지요."

남자가 잠깐 생각에 잠긴 것처럼 보였다. "댁의 말이 옳다고 가정할 때 그런 자는 자동적으로 불순분자라고, 일종의 나치라고 생각하십니까?"

"아뇨, 그렇게 생각하지 않습니다. 이념적으로는 공감하지 않으면서도 그 시대에 매력을 느낄 수 있다고 봅니다."

남자는 내 대답을 듣고 안심하는 것처럼 보였다. "좋습니다. 내 이름은 마스이고 당신이 찾는 사람이 맞습니다. 모든 사람들이 당신과 나처럼 생각하지 않는다는 점을 이해해 주시기 바랍니다. 나는 빈번히 위협을 받고 있으며, 벌써 두 번이나 우리 집 창문이 작살이 났습니다. 그리고 그건 소위 반파시스트 운동가라고 자칭하는 자들의 소행입니다. 당신도 잘 아시겠지만, 히틀러 못지않게 수없는 희생자를 낸 중국 독재자 모택동 티셔츠를 입고 다니는 그자들 말입니다."

아닌 게 아니라 어떤 수상쩍은 웹사이트에서 봤는데, 누구든지 나치에게 일말의 동조라도 보이는 자들을 못살게 괴롭히자고 대중을 선동하는 내용이었다. 불가피한 경우에는 무력을 행사해서라도.

"한심스러운 일." 내가 응수했다.

"브란트 씨, 나는 네오나치가 아닙니다. 내 수집품은 전연 다른 내력에서 시작되었습니다." 그가 잠깐 공백을 두었다. "우리 조부가 돌아가신 배경이 내게 수집의 동기가 되었습니다. 할아버지께서 전쟁 중 독일군에게 구속되었는데, 저항 운동 때문이 아니라 인질로서요. 저항 운동을 하는 무리가 벨기에 평민 부역자를 살해했고 또 경찰 부역자들에게도 중상을 입힌 사건에 대한 보복으로 할아버지께서는 다른 인질 아홉 명과 함께 처형당하셨습니다. 나는 어린 나이에 우연히 그 진상을 알게 되었어요. 나는 그 저항 운동가들을 원망했습니다. 최후 통첩한 기한 내에 자수하지 않으면 인질들이 총살당할 것이라는 걸 그들은 알고 있었거든요. 할머니께서는 이에 대해서 우리들에게 절대 언급하지 않으셨지요. 우리 아버지께서도 역시. 사춘기 시절 나는 나름대로 할아버지의 사형에 관한 배후를 조사하기 시작했습니다. 비엔나 출신의 일개 실패한 미술가가 수백만의 인명을 앗아간 전쟁을 시작하게 되었던 그 광란의 시기에 대해서 모든 걸 알고 싶었습니다. 왜 군인들은 전쟁터에서, 시민들은 폭발된 자기 집의 폐허 밑에서 죽어 갔는지, 그리고 우리 할아버지 같은 생사람들은 한낱 보복 조처로써 개죽음을 당하고, 또 유대인과 집시 같은 특정 인종 집단은 가스실에서 대량 학살을 당해야 했습니까? 저는 그 대답을 찾고 싶었습니다. 우리 가족은 시종 할아버지의 애꿎은 죽음을 하나의 운명의 장난으로 여기고 그에 대해서 전부 함묵으로만 일관해 왔습니다. 이런 깊은 사연 때문에 제가 수집을 시작하게 되었습니다. 비록 다른 가족들은 나치 시대의 물건들이 남김없이 소멸되기를 바랐음에도 불구하구요."

　나는 고개를 끄덕이며 동감을 표했다. 나는 폭력은 두말할 나위 없고 명예롭지 못한 그 어떤 시대의 잔재라고 하더라도 문화재를 소멸하는 것에도 반대했다. 히틀러와 스탈린 같은 인물을 위시하여 이슬람국가 IS 같은 작금의 무장단체들도 자기 사상에 합치하지 않는 건 모조리 다 불살라 버리려고 했다. 스탈린은 심지어 옛날 전투 동기들과 함께 찍은 사진에서 그들을 지워 버리도록 리터칭 보정하라고 지시했을 정도였다. 그의 옛 동지들 대부분이 무고하지만 어쩌다가 그만 그의 눈에 벗어나는 바람에 누명을 쓰고 처형을 당하고 말았다. 그러나 그렇게 쉽게 지워 버릴 수 없는 게 역사의 속성이었다. 그런가 하면 역사란 무엇보다도 부단한 고통의 연속이기도 했다. 빈곤, 전쟁, 질병 그리고 비리가 번번이 기조를 이루고 있었다. 우리 입장에 상반되는 과거의 모든 걸 다 소멸시키려고 든다면 남는 게 별로 없을 터였다. 무릇 역사가 지닌 가장 중대한 의의는 우리가 세상을 더한층 이해하도록 해주는 그 잠재력에 있음에도 불구하고. 세계의 어느 역사가도 토락의 말들을 - 전쟁 중에 잿더미가 되지 않고 아직 남아 있다는 가정 하에 - 이제라도 파괴해야 한다고 주장하지 못할 것이었다.

　"근데 저한테 바라는 게 뭐지요? 인터뷰요?" 마스가 물었다.

　나는 자리에서 일어서 창문을 향해 걸었다. 정원에는 꽃이 만발해 있었다. 이곳에도 역시 제2차 세계대전을 시사하는 흔적은 전혀 보이지 않았다. "제가 당신 수집품을 좀 구경해도 괜찮을까요?" 수집품 좀 보여 달라는 부탁이라면 한밤중 전화로 자고 있는 사람을 깨워도 수집가들 대부분은 꺼리지 않는 게 상례였다. 추측건대 마스도 자기 수집품을 자랑스레 과시하고 싶은 유혹을 물리치지 못할 거였다. 그에게 이런 기회가 얼마나 자주 주어지겠는가!

"같이 가시지요." 마스가 내 앞에 서서 이층으로 올랐다. 마치 우리가 다른 시대로 입장하는 기분이었다. 통로 가득히 조각상들이 서 있었고 벽은 온통 그림들로 메워져 있었다. 방문이 열려 있었고 그곳 역시도 일대 장관이었다.

"이럴 수가!" 내가 탄성을 발했다. "영락없이 박물관이로군요."

마스 얼굴에 화색이 넘쳐흘렀다. 그가 나에게 윙크를 보낸 다음 그림을 하나 가리켰다. "저 작품 아세요?"

그림의 소재는 자녀 넷을 거느린 농부의 가족이었다. 그들은 식탁에 빙 둘러앉아 있었고 무한의 행복을 누리고 있는 것처럼 보였다. 아닌 게 아니라 분명 어디에선지 본 듯한 썩 눈에 익은 그림이었다.

"한스 슈미츠라고 나치 당국에서 인가한 예술가가 그린 그림입니다. 이 그림은 나치 예술의 가식된 낭만적 측면을 보여주고 있습니다. 아이들 넷을 둔 소박하고 행복한 농촌 부부. 엄숙한 훈시를 담은 그림. 농부는 먹을 양식을 장만하고 어머니는 아이들을 낳고 기릅니다. 그리고 장차 제3제국을 위해 봉사하고 생명을 바칠 아이들. 매년 8월 12일 히틀러 어머니의 생일날마다, 넷 이상의 자녀를 낳은 수천 명의 어머니들에게 메달이 수여되었습니다."

나는 그림을 본 곳이 번뜩 떠올랐다. 히틀러가 1939년 독일 예술의 집의 전람회를 방문할 때 보고 지나간 바로 그 그림이었다. 또 그동안 내가 열 번은 족히 본 1939년의 독일 영화관 뉴스에서 스쳐본 그 그림임이 확실했다.

"이게 정말 1939년에 독일 예술의 집에서 히틀러가 보고 간 그 그림이 맞나요?"

마스가 자랑스럽게 고개를 끄덕였다. 그가 자그마한 유리 진열장으로 걸어갔다. "좀 보세요. 여기 소위 *어머니 십자가 메달*이 몇 개 있어요. 저기 저 금메달은 자녀 8명을 낳은 어머니 앞가슴에 꽂아준 것입니다. 그림에 나오는 농부의 처는 동십자가를 걸고 있지만 머지않은 장래에 문제없이 금메달을 획득하게 될 후보자입니다. 아직 젊은 어머니이거든요. 나는 그 전람회에 출품되었던 그림과 조각상들을 힘닿는 데까지 많이 구입하려고 노력합니다. 외국의 어느 외진 두멧구석에서 열리는 소규모 경매에서 왕왕 한 점씩 발견하곤 하지요. 저 옆에 걸린 독일 농장 그림은 예를 들어 남아프리카에서 발견했고 「러시아 산장」이라는 제목이 붙어 있더군요. 이 모든 예술품의 배경이 망각 속에 묻혀 가고 있어요. 하지만 이것들은 실은 다 박물관으로 가야 마땅합니다. 우리 인류 역사상 가장 피비린내 나는 기간의 시대상을 신랄하게 반영해 주고 있으니까요."

나는 그와 전적으로 동감했다. 나는 방마다 샅샅이 돌아봤고 눈에 익은 그림과 조각들이 갈수록 더 눈에 띄었다. 하지만 안타깝게도 토락의 소형 조각상은 아무데서도 모습을 드러내지 않았다. 마스에게 그냥 대놓고 물어보는 수밖에 없었다.

"그런데요, 히틀러가 그 전람회에서 한스 슈미츠의 이 그림을 보고 있는 장면에 잇달아 몇 초 후에 요제프 토락의 마상 곁을 지났고, 그 동상을 나중에 국가수상부 자기 집무실 아래로 옮기도록 했지요."

"역시 전문가답군요." 마스가 말했다. "히틀러가 제3제국의 우수성이 예술에도 표출되기를 극구 주창했으며, 그런 사상을 토락이 나신의 남자 조상에, 식스팩 복근을 자랑하는 근골형을 통해 탁월하게 반영시 켰다는 점을 상기해 주세요. 훌륭한 토르소와 그가 만든 나신 남자상 의 매섭고 투쟁적인 표정이 그걸 십분 증명해 주었지요. 독일 전사는 어떠한 난관에도 한결같은 불요불굴의 기상을 드러냅니다."

곁눈으로 내가 그를 관찰했다. 그는 내가 방금 꺼낸 화제에 당황해 하는 눈치가 아니었다. 아흐네네르베 박사가 혹시 잘못 알고 있었던 건 아닐까? 아니다, 절대 그럴 리가 없었다. 만약 마스가 숨길 게 없다 면 응당 내게 소형 말을 보여주었어야 했다. 여태껏 다른 것들은 죄다 서슴없이 내보이지 않았는가. 그렇다면 마스가 소형 말을 위조자들에 게 넘겨주었다고밖에는 달리 설명할 수가 없었다. 어쩌면 마스가 이 일의 배후자일 소지가 있었다.

그가 통로로 나가 유일하게 닫혀 있는 문을 향해 걸었다. "이게 우 리 침실이에요. 여긴 원래 타인에게는 입장 금지 지역이긴 한데, 왠지 당신은 그냥 믿고 싶습니다."

내가 방으로 들어섰다. 우리는 다시 21세기로 되돌아와 있었다. 벽 에 걸린 현대 미술 작품들, 빨간색 가죽 소파 그리고 엄청나게 큰 박스 스프링 침대. 불현듯 내 가슴이 뛰었다. 저기 침실용 탁자 위에 토락의 소형 조각상이 놓여 있는 거였다. 나도 모르는 사이에 내가 미니 조각 상 앞에 가 서 있었다.

"이건 정말 믿겨지지 않는데요." 내가 말했다.

마스가 내 곁으로 와 섰다. "뭔지 알아보시겠어요?"

"알아보다 말다요! 이건 국가수상부 정원에 서 있던 큰 조각상의 미니아튀르의 하나입니다. 토락이 이걸 몇 개 만들어서 고관 나치들에게 선물했던 거지요. 내가 잠깐?"

"그렇게 하세요."

나는 조각상을 조심스레 들어 올렸다. 생각보다 무거웠다. 참으로 빼어난 걸작이었다. 이것과 완전히 일치하는 동형의, 다만 그 크기가 3미터나 큰 것을 히틀러가 창가에 설 때마다 응시하곤 했었다. 제2차 세계대전의 시작과 종말을 지켜봤던 한 쌍의 마상. 가슴 아프게도 영원히 사라지고 말았다.

"토락이 나치라고는 해도 조각 솜씨는 정말 완벽하지요." 내가 말했다.

"글쎄요, 좀 특이한 사람이었어요. 그래도 내 생각으로는 전적인 나치는 아니었던 것 같아요. 일종의 기회주의자. 산속에 있는 히틀러의 별장 베르크호프에서 히틀러하고 괴벨과 함께 찍은 토락 사진이 있어요. 그때 만났을 때 토락과 아르노 브레커가 제3제국에서 가장 중요한 조각가가 될 것을 히틀러가 결정했고, 토락으로서는 큰 손해를 보지 않은 셈이지요. 전쟁 말기까지 그가 수백만 라이히스마르크의 수입을 올렸더군요. 17미터 높이의 그의 아틀리에가 아직도 보존되어 있어요. 혹시 거기 가본 적 있으세요?"

내가 고개를 가로저었다.

"남서 전선의 독일 국방군을 대표한 G 군집단이 1945년에 토락의 아틀리에에서 항복 문서에 사인했습니다. 아틀리에는 나중에 미국인들의 차고로 또 장교들을 위한 카지노로도 사용되었지요. 같은 아틀리에에서 청동 마상을 제작했음을 빗대어 그 카지노를 화이트 호스 인이라고 불렀답니다. 잠깐 이리 오세요, 보여줄 게 있어요."

마스가 자기 컴퓨터로 걸어갔다. 그가 영상을 클릭했다. "이게 그 토락의 제작실 사진이에요. 뒷전에 청동 마상 제작에 사용된 최초의 석고 형상이 서 있어요. 보시다시피 저건 10미터가 넘는 높이였어요. 앞쪽에는 실제로 국가수상부에 설치되었던 청동 마상 한 쌍 중의 하나가 서 있어요. 그리고 그 마상의 다리 사이에 이 소형상이 놓여 있거든요."

나는 가까이 다가가 사진을 살폈다. 정말 그랬다. 내가 방금 손에 들고 있던 작은 마상이 진정코 거기에 놓여 있었다. 나는 결코 이보다 더 가까이에서 원형의 사라진 말들에 근접할 수 없을 터였다. 하지만 모사품에는 한 걸음 더 가까이 다가온 성싶었다.

"그런데 어떻게 이 미니아튀르를 구하게 되었나요?"

"여러 해 전에 그러니까 이 관련 서클 내부의… 어떤 지인의 소개로 샀지요."

"그러고 나서 그걸 대여한 적은요?"

마스가 이상한 눈으로 날 쳐다봤다. "대여라니요? 전람회나 전시장 같은 곳에요?"

"아뇨, 내 말은 다른 수집가나 어떤 다른 누구에게요."

마스가 웃었다. "천금을 준다 해도 어림없는 소리! 그랬다간 절대 돌려받지 못할걸요. 혹은 사람들이 그걸 본떠서 별안간 시장에 위작이 나돌게 된다든지. 아님 더 심한 경우는 내게는 위작을 돌려주고 자기들이 원품을 간직하는 거죠."

마스는 정직해 보였다. 그가 자발적으로 나서 내게 미니상을 보여

주지 않았는가.

"이거 말고 혹시 다른 견본이 더 존재하는지 아세요?"

"없다고 보는 게 거의 확실합니다." 마스의 대꾸였다. "다른 견본이 있다면 내가 몰랐을 리가 없으니까요."

일찍이 나는 같은 자리에서 이처럼 희비의 교차를 경험해본 적은 한 번도 없었다. 방금 전 나는 토락의 소형 말을 두 손에 들고서 어린 애처럼 마냥 황홀했었다. 그와 동시에 나는 이로써 탐색 작업을 마칠 종점에 이르렀음을 깨달았다. 훗날 언젠가라도 내가 위조품 한 쌍에 대한 진상을 캐내게 될 확률은 제로로 추락해 버렸다.

"이왕 위조품 이야기가 나왔으니…." 마스가 말을 이었다. 그가 자기 컴퓨터에서 반쯤 불에 탄 꾀죄죄한 외투 사진을 보여줬다. "이게 아돌프 히틀러가 총통 벙커에서 보낸 마지막 무렵에 착용했던 그리고 자살을 할 때 입고 있었던 외투라고들 해요. 그런 반면 일각에서는 히틀러가 남아메리카로 줄행랑쳤고 거기서 고령의 나이에 죽었다고 여전히 고집을 피우고 있는 판이고요."

마스와 내가 웃음을 터트렸다.

"러시아인들이 총통 벙커 안에서 해골 조각을 발견해서 그게 아돌프 히틀러 거라고 주장했었는데, 2009년에 그게 여자의 해골인 것으로 규명되었지요. 그러다 보니 당연히 혼란만 더 커질 수밖에요." 내가 말했다.

마스가 클릭해서 사진 화면을 닫고 영상 파일을 열었다.

"아시다시피 히틀러와 막 결혼한 그의 신부 에바 히틀러 브라운의 시신은 벙커에 마지막으로 남아 있던 독일군 몇이 맞들고서 밖으로 이송해서 불태웠지요. 그것이 외투에 남은 불탄 자국을 해명해 주긴 합니다. 하지만 믿어지지 않거든요. 내게 저 외투를 팔려고 하는 러시아인의 말로는 자기가 그 현장에 일차적으로 도착한 부대의 러시아 장교의 손자라고 내세우더라고요. 내가 1945년 3월 20일에 국가수상부 정원에서 녹화된 아돌프 히틀러의 마지막 동영상을 다시금 유심히 관찰했어요. 심지어 내가 그 영상의 화질을 디지털로 깔끔하게 바꿔 놨어요." 마스는 내가 꿈에서라도 그릴 수 있는 그 유명한 영상 장면을 재생시켰다. 히틀러의 모습이 마냥 초췌했다. "보세요, 여기 외투가 화면에 선명하게 나오거든요."

"잠깐!" 내가 말했다. "화면을 뒤로 조금만 돌려주세요."

마스가 화면을 돌려 지난 화면을 다시 보여주었다. 스크린에 얼굴이 거의 닿을 정도로 내가 몸을 앞으로 굽혔다. 세상에 이럴 수가, 내가 속으로 외쳤다. 이건 있을 수 없는 일이었다!

Amsterdam

6장

암스테르담, 일요일 오후 사무실에서

단과 알렉스는 빔 프로젝트를 작동하려고 애를 쓰는 내 모습을 보면서 깔깔대며 웃어댔다. - '내가 기막힌 발견을 했어!' - 라며 흥분한 내 전화를 받고 그들은 일요일 오전인데도 사무실에 출근했다. 그들은 상체를 뒤로 젖혀 소파 등받이에 기대고서는 널브러져 앉아 영상이 나타나기만을 기다리고 있었다. 단은 한 손으로 가리고 하품을 하는 한편, 알렉스는 간간이 자기 손목시계를 들여다봤다.

"자, 너희들 다 준비됐어?"

"우리야 진즉에… 근데 넌?" 소파에서 들려오는 반응이었다.

"커피라도 한 모금 더 마시도록 하라고. 맑은 정신으로 주의를 집중해야 하니까."

내가 마스한테 가서 본 그리고 다시 유튜브에서 찾아 놓은 영상을 재생했다. 당시 실황 중계의 방송을 맡은 독일 영화관 뉴스의 아나운서가 해설을 달았다. "총통 각하께서는 조국 방위에 뛰어난 공적을 세운 철십자가 메달 수상자로 지정된 20명의 히틀러 청년단 단원을 총통 본부에서 환영하시면서…"

군복의 옷깃을 한껏 바로잡아 세우고 지척지척 등장한 아돌프 히틀러의 형색은 10년 전에 온 군중을 열광의 도가니로 몰아넣는 열변을 토하던 남자의 유령이었다. 유니폼 차림의 젊은 사내아이들이, 아직 나어린 어린애들이 벽을 등지고 서 있었다. 이들은 말하자면 기필코 이룩했어야만 했던 천년 제국의 최후 전투자인 셈이었다. 히틀러가 소년 병사들과 악수를 나누고 어깨를 토닥토닥 두드려 주었다. 그는 떨리는 왼손을 등 뒤에 감추고 있었다.

"너희들 이거 봤어?" 내가 들뜬 목소리로 외쳤다.

"아르뛰어," 알렉스가 일렀다. "우린 이 히틀러 영상이 꿈속에서도 선히 떠오르거든. 제3제국에 관한 기록 영화가 나올 때마다 번번이 접하는 장면이잖아. 네 요점이 뭐냐?"

나는 그들을 나무랄 수 없었다. 나도 역시 그걸 한 번도 제대로 보지 못했었고 그것은 누구에게도 눈에 띄지 않았었다.

"이 영상이 3월 20일에 촬영되었거든. 히틀러가 자살하기 몇 주일 전에. 본격적인 *베를린 공격*은 그 후인 4월 16일에야 시작했고. 물론 그 전부터 이미 베를린 도시는 적군의 맹렬한 폭격을 받고 있었지만, 이 영화에는 국가수상부가 아직 거의 손상되지 않은 상태야. 영상을 다시 한 번 더 잘 보라고."

내가 다시 처음부터 시작했다. 이번에도 단과 알렉스가 아무것도 간파하지 못했다. 내가 9초 후에 정지 상태 버튼을 눌렀다.

"나는 여태껏 한 번도 이 촬영 현장이 국가수상부 정원이라는 걸,

즉 말들도 서 있었던 바로 그 현장이라는 걸 의식하지 못했었거든. 그런데 이제 이 장면에 좀 주목하도록. 당연 말들이 서 있어야 할 지점에 아돌프 히틀러의 호위병이 서 있잖아! 나아가서 국가수상부가 아직 흠한 점 없이 멀쩡하다는 점으로 미루어 보아 말들이 폭격을 당해 파괴되었다고 할 수 없는 형국이야. 그렇다면 단 하나의 해명이 나오는 셈. 즉 히틀러가 베를린 함락 이전에 말들을 안전한 곳으로 대피시키도록 사전 조치를 취했다는 말이지."

단과 알렉스가 입을 벌린 채 날 응시했다.

"그리고 그 말은 다시 말해 우리가 위작으로 치부한 컬러 사진의 말 두 필이 원형 말일 수 있다는 뜻이고. 한 걸음 더 나아가 난 그렇다고 확신해. 히틀러의 말들이 아직 건재하다고! 게다가 또 그 수집가들이 더 많은 유품을 가지고 있을지 누가 알아."

알렉스가 자리에서 일어서 내 뺨을 꼬집었다. "우리는 네가 대견스럽다."

나는 친구들이 날 얼간이 취급하는 걸 증오하고 있지만 이번만은 그들이 뭐라 해도 개의치 않았다.

"참으로 가상할지어다." 단이 맞장구쳤다. "아무리 눈에 콩깍지가 씌었어도 유분수지 그처럼 오랜 기간 이 소중한 세부 사항을 놓치고 있었다니!"

나는 순간적이나마 가슴속에 뿌듯하게 벅차오르는 충만감을 만끽했다. 단과 알렉스가 도무지 믿을 수 없다는 표정으로 서로를 응시했다.

"이제 우리는 말들이 히틀러의 엄명으로 어디로 옮겨졌는지를 알아내야 해." 내가 제안했다.

　제2차 세계대전에 대한 건이라면 알렉스가 우리 회사의 전문가였다. "음…." 그가 말했다. "그게 베를린 외각에서 별로 떨어지지 않은 장소에 보관되었을 거라고 장담해. 첫째, 그 무겁디무거운 쇳덩이 조각상은 운반이 거의 불가능하거든. 그렇지만 그보다 더 중요한 점은 사기고양에 입각해서 히틀러가 그걸 너무 먼 곳으로 보내지 못했을 거라고 봐. 그랬더라면 영웅심에 찬 그에게는 자신이 더 이상 최후의 승리를 믿지 않는다는 신호가 되었을 테니까."

　"그 말은 곧 말들이 결국 러시아인들의 손아귀에 들어갔다는 뜻이 되겠는데." 내가 결론 내렸다. "러시아인들이 베를린 포위 작전을 썼거든. 히틀러는 사형 선고를 공포하면서 아무도 도시를 떠나지 못하도록 했어. 러시아인들이 4월 25일에 완전히 포위망을 친 이후에는 아무튼지 더는 누구 한 사람도 도시를 빠져나갈 수 없게 되었고."

　러시아인들이 말을 압수했을 가능성이 아주 타당하게 보였다. 스탈린은 소위 '전리품 대원'을 결성해서 최전선에 투입시켰었다. 그들의 임무는 가급적 많은 양의 값진 물건들을, 특히 예술품을 몰수하는 거였다. 따라서 우수한 작품들이 무수히 소련연방국으로 자취를 감추었고, 거기에는 나치들이 유대인들에게서 빼앗은 예술품들이 포함되어 있었다. 이 전리품이 아직도 여전히 독일과 러시아 양국 간의 긴장을 높여 주고 있었다. 6개월 전에도 이 첨예한 쟁점을 놓고 독일 수상 앙겔라 메르켈과 러시아 대통령 블라디미르 푸틴 사이에 마찰이 빚어졌다. 만약 러시아인이 지금 - 공식적으로는 엄연히 독일 정부의 소유품인 - 토락의 말을 암시장에 내다 팔려는 의도라면 이는 유례없는 대형 스캔들이 되리라 예측했다. 이런 문맥에서 볼 때 이건 우리의 생명까지 위협을 받을 만한 사건이기도 했다.

보아하니 단도 역시 같은 결론에 이른 모양이었다. "잘 됐구먼. 얼마 후 KGB 공작원들한테서 꽤나 시달림 받게 생겼구먼. 푸틴 자신도 KGB 출신 아니던가?"

알렉스가 고개를 끄덕였다. "그 KGB가 1995년부터 FSB러시아연방보안국로 개명됐어. 푸틴이 예전에 거기 책임자였고."

단이 덜퍼덕 소파 위에 주저앉아 상반신을 뒤로 젖혔다. 그는 앞으로 일어날 사태를 정확히 감지했다. 한곳에 앉아서 문서 열람이나 하는 게 그의 적성에 제일 맞았고 이런 식의 모험은 딱 질색이었다. 하지만 그는 소수였다. 사건이 더 복잡하고 위험할수록 알렉스와 나는 더욱더 신이 났다. 단은 이미 기권을 해버린 상태였다.

"그래, 너희들끼리 알아서 해. 내가 돕긴 돕겠는데, 이곳 사무실에 이렇게 죽치고 앉아서."

알렉스와 나는 계속 의견을 나누었다.

"우리는 먼저 러시아인들이 그 말들을 이미 1989년, 장벽 붕괴 이전에 나치 패거리에게 팔아넘겼을 개연성을 고려해야 해." 내가 말을 이었다. "하다못해 슈타지를 통해서, 러시아 군대가 몰수해온 예술품을 비밀리에 서부의 갑부 수집가들에게 팔라는 공식 허가를 모스크바로부터 받은 동독의 비밀정보기관을 통해서 말이야."

"얼씨구, 그자들까지 끼어 사건의 위험도를 한층 더 가중시켜 주겠다는 거지." 단이 말을 받았다. "전직 나치들에다 KGB도 모자라서, 이젠 또 슈타지까지. 모조리 다… 흥, 관련되지 않은 게 없는 모양이로군.”

"말만 들어도 절로 살맛이 나는 걸." 알렉스가 말하면서 자기 양손을 비벼댔다.

나 역시도 흥분을 억누를 수가 없었다. 만인이 하나같이 더는 존재하지 않는다고 확신하고 있는 히틀러의 보물찾기, 이것이야말로 정말 영화 각본 같은 이야기였다. 그러면서도 다른 한편으로는 마음이 무거웠다. 우리가 보물을 찾아 나섰다는 것을 그들이 알아채는 건 한낱 시간문제로 보였다.

Berlin

Eberswalde

7장

베를린과 에버르스발데

국가수상부는 그 형태도 자취도 없이 사라져 버렸다. 하다못해 벽이 있었던 작은 흔적이라든지, 파편 조각이라든지 하는 그 과대망상적인 건물을 회상하게 해줄 만한 것은 한 점도 남지 않고 인멸되어 버렸다. 그 자리에는 이제 아파트 단지가 들어서 있고, 그 안에는 북경 오리 간 판이 달린 중국집과 탁아소 등이 있었다. 고작해야 몇 개의 왜소한 팻 말이 이 지점이 한때 소정의 의미를 지녔던 장소였음을 시사해 줄 따름이었다.

이 초라하기 그지없는 부근 일대는 적막했다. 공중에는 당장이라도 쳐들어올 듯한 먹구름이 깔려 있었다. 한때는 정원이었던 자리가 이제 는 주차장이 되었다. 외투 안에서 프린트 해온 국가수상부의 지도를 꺼내 가지고 차량 사이를 지나다니면서 말들이 서 있었던 위치를 헤아려 봤다. 몇 분을 그렇게 지도의 구석구석과 대조하고 나자 건물의 윤곽이 되살아났다. 나는 지금 히틀러의 집무실 아래 서 있었다. 여기 내

96

앞의 이 지점에 토락의 말 하나가 서 있었다. 바로 이 지점에서 시작된 전쟁이 세상을 일종의 아마겟돈의 전투지로, 인류 최후의 대결 전장으로 변하게 만들었었다. 그런가 하면 지금은 모퉁이에 있는 슈퍼마켓에서 피망 맛 감자칩 봉지를 카트에 담을까 말까 고민하며 주춤거리고 있는 사람들의 차가 서 있었다.

히틀러의 최후의 순간이 다시 나의 뇌리에 떠올랐다.

1945년 4월 29일 일요일 오후 4시에 히틀러가 고작 세 페이지에 불과한 개인적인 유언장에 사인을 했다. "투쟁 도중에 결혼하는 것은 무책임한 일이었기에, 나는 이제 내 현세의 삶을 거두기 전에 오랫동안 참된 우정을 나누었고 나와 운명을 함께하겠다는 자유의사로 거의 완전히 차단된 도시의 봉쇄망을 성공적으로 뚫고 들어온 아가씨를 아내로 맞아들이기로 결심하였다. 그녀는 내 아내로서 나와 함께 죽을 것을 자의로 선택했다. 나의 민족을 위해 혼신의 노력을 바치느라 그간 우리 두 사람이 빼앗긴 그것을 죽음이 우리에게 다시 베풀어 줄 것이다."

그 아가씨는 33세의 에바 브라운이었다. 그녀의 기나긴 기다림에 대한 보상은 단 하루의 결혼이었다.

1945년 4월 30일 오후였다. 이제 바야흐로 결혼한 에바 브라운과 그간 반송장이 되어 버린 아돌프 히틀러가 소수의 '충신열사들'과 하직 인사를 나눴다. 그런 다음 두 사람은 히틀러의 사적 공간으로 물러났다. 광신적인 공보 장관의 처, 마그다 괴벨스는 그 경황 중에도 히틀러의 방으로 들어갈 기회를 틈타 히틀러에게 베를린을 떠나기를 애걸했다. 헛수고였다. 한 시간 내내 굳게 닫힌 히틀러의 사적 공간의 문틈으로 숨소리 하나 새어나오지 않았다. 연이어 깊은 정적을 깨뜨리는 총소리가 울렸다. 3시 반경 히틀러의 수종이 방 안으로 들어갔다. 매캐한 아몬드 냄새가 났다. 히틀러와 에바는 세상을 떠난 뒤였다. 그들은 독약인 시안화물을 먹고 자결했다. 그들의 개 블론디도 같은 독약을 받아먹고 죽어 있었다. 히틀러는 의식을 잃기 전에 확실을 기하기 위해 권총으로 자기 머리를 쏜 것이었다. 조금 후에 군인들이 두 시신을 들어 밖으로 운반했다. 국가수상부 정원에서 불살라 달라는 게 히틀러의 마지막 유언이었다. 군인들이 마지막 남은 석유통의 휘발유를 시신 위에 쏟고 나서 불을 붙였다.

나는 200미터 떨어진 총통 벙커를 향해 걸으면서 자문해봤다. 히틀러가 생애의 마지막 시기를 지하에서 보내기 직전, 마지막으로 바로 지금 이 길을 지나가면서 무슨 생각을 했을까 하고. 그는 여전히 언젠가 다시 광명을 보게 되리라는 희망을 안고 있었을까? 그 밑에 시멘트 벙커가 있던 잔디밭은 진흙탕이 되어 있었다. 이 아래 지하에서 보낸 최후의 날들이 영화 「다운폴」^{Der Untergang}에 그토록 생생하게 재구성되었다. 천벌을 받아 마땅한 자들. 다만 여기 이 진흙탕 몇 미터 아래에서 죽음을 당한 마그다 괴벨스의 자녀 여섯 명에게만은 깊은 동정이 갔다. 모두 다 히틀러의 히용으로 시작하는 이름을 가진 이 나어린 아들딸들은 어머니에게서 독약을 받아먹었다. 마그다는 죽음에 이르기까지 총통을 일편단심으로 섬기고자 했으며 자신의 자녀들까지도 제물로 바친 셈이었다.

그곳을 떠나면서 나는 다시금 국가수상부 쪽을 뒤돌아봤다. 히틀러도 아마 꼭 이렇게 뒤돌아봤을 것 같았다. 그의 말을 빌리자면 결국은 그를 배반하고만 독일 민족처럼 그토록 당당하고 그토록 의기에 찬 청동 마상은 이제 사라지고 없었다. 그는 이제 홀로 서게 되었다.

베를린 고문서 관리소는 예상과는 달리 그리 고리타분하지 않았다. 열람실은 흰 책상과 편한 의자 등의 현대적인 시설을 갖추고 있었다. 대다수 고문서 관리소의 특징인 옛날 문서 더미에서 풍기는 곰팡이 냄새는 어떤 방식을 썼든지 간에 여기서는 중화시켜 놓았다. 열람실은 나 하나를 빼고는 텅 비어 있었다. 열람자가 행여 문서를 슬그머니 자기 가방에다 훔쳐 넣을까봐 감시하는 사서가 한 단 높게 놓인 책상 뒤에 앉아 꾸벅꾸벅 졸고 있었다. 내가 열람하는 문서는 너무 무거웠을뿐더러 나는 가방도 지참하지 않았다.

나는 지도책을 펼쳤다. 첫 장에 고트 문자로 쓰여 있었다. '폭격으로 *파괴된 도시 복구사업을 위한 위원회*'. 이건 최후의 승리를 거둔 후 전시 중에 심하게 파괴된 독일 도시들의 재건을 도모하여 1943년 말에 설치된, 별반 알려지지 않은 건축가들로 구성된 다소 애매모호한 위원회였다. 다섯 명으로 구성된 위원회 회의가 어떻게 진행되었을까를 나는 상상해봤다. 참가한 위원들이 더는 최후의 승리를 액면 그대로 받아들이지 않았던 1944년의 회의였다. 오로지 서류상의 요식 행위에 불과하지만, 아무튼 그들로서는 주어진 임무를 수행하는 척할 수밖에 딴 도리가 없지 않았을까? 이 지도책에서 나는 말들의 행방에 대한 해답을 찾아내기를 바랐다.

나는 차츰 고트 문자에 익숙해져 갔고 가건물 건축 및 재정적 대책 등에 대한 따분하기 이를 데 없는 논고를 읽었다. 쓸데없이 나는 토락이라는 이름이 나오는 장들은 잇따라서 스캔했다. 소수점 이하의 유효

숫자를 넘어 제시된 수치들이 나열된 목록과 서기가 코고는 소리가 신경을 거슬렸다. 그나마 몇 장 안 되는 사진에도 번번이 하얀 와이셔츠에다 까만 넥타이 차림을 한, 대머리가 되어 가는 동일한 남자들이 나타나곤 했다. 마지막 사진은 식사를 하고 있는 광경이었다. 이젠 어쨌든지 동부 전선의 지옥으로 추방될 염려가 없다는 안도감에서 느슨한 기분으로 남자들이 긴 식탁에 마주 앉아 있었다. 광원이 과다 노출된 사진을 뜯어보느라 시간이 다소 걸렸는데, 내가 그것을 본 것은 그때였다. 사진의 회색빛 배경에 나오는 계단을 따라 오른 층계참 위에 토락의 말 둘 중 하나가 서 있었다. 오른쪽 다리를 위로 쳐들고 입을 벌린 채로. 히틀러가 정말로 말들을 옮겨다 놓도록 지시했다는 실증이었다!

사진은 베를린에서 북동쪽으로 약 70킬로미터 떨어진 브리에젠에서 찍은 것이었다. 브리에젠이라면 내게 생소한 곳이 아니었는데, 아르노 브레커의 아틀리에가 있는 곳이기 때문이었다. 브레커가 경쟁자인 요제프 토락의 동상에 대해 어떻게 생각했을까? 그가 거기서 마상을 봤으리라는 건 의심할 나위가 없었다.

사서는 날 주목하지 않았다. 이 사진을 그냥 외투 속으로 쓱 쑤셔 넣어 버리는 것은 차마 못할 노릇이었다. 반면 '사진 촬영 금지'라는 행동 수칙은 너무 과하게 여겨졌다. 필요 앞에선 법도 무력한 법. 나는 소형 카메라를 꺼내 찰칵 셔터를 눌렀다. 불현듯이 사서 쪽에서 꼼지락대는 기척이 나는가 싶더니 그가 어느새 일어서서 나를 향해 걸어왔다.

"저, 한 가지… 지금 열람하고 계시는 고문서는 제가 여태까지 여기에서 일하는 동안 서너 차례밖에는 열람 신청을 받지 않았지요. 언제나 같은 사람에게서요. 그자는 구동독 내 자치적 예술가들의 반체제 단체에 속했습니다. 혹독한 고문으로 악명 높은 여기 베를린에 있는 슈타지 형무소 호헨쇤하우젠에서 극심한 고통을 겪은 분입니다."

듣던 중 반가운 소식이었다. 이런 따분한 문서에 관심을 보일 자가 나 말고 누가 또 있었을까?

"그분 주소를 드릴까요?"

"제발."

비에 흠뻑 젖은 채로 나는 베를린에 올 때마다 항상 투숙하는 호텔에 도착했고 처벅처벅 안으로 들어갔다. 무슨 이유에선지 날 미워하는, 짜증스럽게도 간간이 내 발꿈치를 물곤 하는 호텔 여주인의 무턱대고 짖어대는 강아지가 어디에도 눈에 띄지 않았다. 나는 위층을 향해 계단을 올랐고 살그머니 이 구석 저 구석을 두리번거렸다. 그 애물단지는 내 방문 앞에도 없었다. 후유, 숨을 내쉬며 열쇠 카드를 집어넣고 문을 열었다. 나는 그만 기절초풍하고 말았다.

"이거 어떻게 된 거야? 네가 어떻게 안에 들어와 있어?" 내가 방 한 구석에 놓인 의자에 앉아 있는 알렉스에게 외쳤다.

그의 무릎에서 뭔가가 획 튀어나오는가 했더니만 어느 틈에 벌써 강아지가 내 바지에 달라붙어 있었다. 나는 다리를 흔들어서 놈을 떼어 내어 밖으로 내쫓아 버렸다.

"어떻게 저놈의 강아지 새끼가 안으로 들어왔지?"

"쟤가 여기 네 방문 앞에 떡 앉아 있더라고. 그래서 너희들끼리 두

터운 정분인 줄로 알고." 알렉스가 웃으면서 말했다.

내가 바지를 가다듬었다. "저 짐승이 내게 유감이 많거든. 왠지는 몰라도. 근데 넌 어떤 별난 꼼수를 써서 안으로 들어왔냐?"

"그저 호텔 여주인을 좀 다정스레 쳐다본 것밖에는."

난 알렉스가 이렇게 일찍 돌아오리라고는, 더구나 내 호텔방에 와 앉아 있으리라고는 전혀 기대하지 못했다. 우리가 소련의 붉은 군대가 청동 마상을 몰수해 간 것이 틀림없다는 결론을 내리자마자 알렉스는 모스크바로 출장을 갔다. 제2차 세계대전 참전 용사들을 기리기 위한 사업을 추진하고 있는 그의 협회는 참전 용사를 아직도 영웅으로 대우하고 있는 러시아와 아주 긴밀한 관계를 맺고 있었다.

"마상 사진을 발견했어." 내가 말했다. "국가수상부에서 이동된 그 이후의 사진을."

알렉스가 사진을 살펴봤다. "사진 상태가 선명하지는 않지만 아무튼 이게 토락의 말 중 하나라고 봐야겠군." 그가 중얼거렸다.

하지만 이 사진은 중요한 단서가 되긴 해도 사실 아무것도 증명해주지 못했다. 그 이후 전쟁이 끝날 무렵에 마상이 파괴되었을 가능성은 엄연히 존재하고 있었다, 말하자면 베를린에서가 아니라 브리에젠에서. 그렇다고 치면 스테이번의 컬러 사진에 나오는 말들이 다시금 위조품이라는 결론이 나왔다.

알렉스가 일어섰다. "자, 우리 움직이자. 내가 차를 임대했어."

내가 부리나케 마른 바지를 챙겼다. "어디 갈 건데? 그리고 모스크바에 간 일은 어땠어?"

"저절로 다 알게 돼. 서둘러. 내가 약속해놓은 데가 있어." 알렉스는 베를린 사정을 속속들이 꿰고 있었다. "이 거리가 일방통행일망정 신호등이 네 개나 차이가 나는 지름길이거들랑."

나는 교통 신호판을 통해 우리가 베를린의 북쪽을 통과했음을 파악했다.

"지금 브리에젠을 향해 가는 거야?"

"아니, 잠깐만 더 기다리라니까."

나는 기분이 상해 더는 한 마디도 건네지 않고 전방만 쳐다보고 있었다.

한 시간 동안 주행한 후에 우리는 작은 마을 안으로 들어갔다. 마을 변두리에 위치한 커다란 건물 앞에 우리가 정차했다. 보아하니 나이가 지긋해 보이는 남자가 우리가 도착하기를 기다리고 있었던 모양이었다.

"자, 이제 명확해질 거다." 알렉스가 빙그레 미소를 지으며 말했다. "질문은 다 나한테 맡기도록 해. 넌 그저 죽은 척 입을 봉하고 있으라고. 그게 그렇게 어렵지는 않겠지? 아, 마이어 씨?" 알렉스가 악수를 청했다.

"네, 그렇습니다. 어서 오십시오." 마이어 씨가 독일어로 응수했다.

나는 본명으로 나를 소개했다. 마이어 씨는 친절해 보였다. 흰머리가 성깃성깃하고 안경을 낀, 어딘지 서글퍼 보이는 눈초리의 그는 이상적인 할아버지상이었다.

"두 분 다 이전에 여기 에버르스발데에 다녀가신 적이 있으세요?"

알렉스와 내가 아니라고 고개를 흔들었다.

"그럼 마침 잘 됐군요. 이곳은 독일에서 가장 운치 있는 옛 고장의 하나랍니다."

내가 주위를 휘둘러봤다. 시멘트 건물들이 내 눈에는 전형적인 러시아식으로, 아무튼 공산주의식으로만 보였다. 흉측한 건축물들. 마이어 씨가 앞장서 걸었다. "이건 제2차 세계대전 중의 병영 건물이었어요. 괴링이 자기 별장 카린할에 가는 길에 여기에 잠깐씩 들러 가곤 했었지요. 그는 에버르스발데의 명예시민이기도 했고요. 전후에는 너나 없이 다들 그걸 잊어버렸습니다. 그러다가 1991년에야 이 명예 자격이 사후 박탈되었지요."

우리는 걸어서 제일 큰 병영 건물의 둘레를 한 바퀴 빙 돌았다. 마이어 씨의 전쟁 이야기는 끝날 줄을 몰랐다.

"히틀러가 소련 붉은 군대 수중에 에버르스발데가 들어갔다는 소식을 듣고 모든 게 다 종말이라고 말했다고 하더라고요. 그리고 잇따라 자결을 했고요."

나는 과연 이 남자의 정체는 무엇이며 우리가 여기에 온 목적이 무엇인가를 나름대로 헤아려 보려고 했다. 다행스럽게도 알렉스가 대답을 주었다.

"그러니까 마이어 씨께서 1989년 장벽 붕괴 후에 에버르스발데의 시장님을 지내셨다지요."

마이어 씨가 고개를 끄덕였다. "네, 장벽이 붕괴되었을 때 해방된 기분이었습니다. 에버르스발데의 많은 주민들은 전혀 자유를 누리지 못하고 살아왔습니다. 처음에는 히틀러 밑에서 그리고 연이어 공산주의 밑에서 신음했습니다. 요컨대 여기 대다수 주민들에게는 나치 사상이나 공산주의나 다 매한가지였답니다."

마이어 씨가 육상 경주로로 빙 둘러싸인 을씨년스럽기만 한 운동장 한 가운데에서 발길을 멈췄다.

"이 운동장은 러시아 사람들이 사용했습니다. 일찍이 소련의 붉은 군대가 이 병영을 점령했을 때 자기들이 직접 이걸 사용하기로 정했거든요. 그 후 약 천여 명의 러시아 군인들이 가족을 거느리고 여기로 와서 1994년까지 집거했습니다. 그동안 내내 이곳은 우리 독일인들에게는 일체 금지 구역이었지요. 저는 단 한 번 출입 허가를 받아 이 안에 들어온 적이 있었습니다."

알렉스가 주머니에서 사진을 꺼냈다. "제가 전화로 말씀 올린 것처럼 저희들은 공산주의 예술에 대해 연구하는 역사학자입니다."

나는 어리벙벙한 눈으로 그를 바라다봤다. 공산주의 예술? 공산주의 예술보다는 하다못해 수중 발레에 대해 아는 게 더 많았다.

마이어 씨도 그에 대해 별로 조예가 깊지 않은 걸로 드러났다.

"전 솔직히 말씀드려 그 분야에는 전연 문외한이랍니다." 그가 고백했다. "제가 여기 운동장에 한 번 왔을 적에 우연히 공산주의 조각상들, 그 웅대하고 강고한 인간 형상들 몇 개 본 것 밖에는요."

알렉스가 그의 코 밑에 사진을 내밀었다. "이걸 본 기억이 있으세요?"

나도 거저 전직 시장의 어깨 너머로 사진을 눈동냥 했다. 그 사진을 보고 얼마나 소스라지게 놀랐던지 나는 그만 마이어 씨와 부딪쳤다. 사진에는 토락 마상 중 하나가 서 있고, 의심할 여부없이 러시아 군복을 입은 어떤 군인이 마상에 기댄 채 서 있는 것이었다.

"네, 이 말을 본 기억이 납니다. 저기 저 숲 언저리에 서 있었는데 두 개였어요. 이 사진은 여기서 찍은 거예요. 전형적인 공산주의 예술, 웅대하고 강고한 동상이었답니다."

나는 귀를 의심하지 않을 수 없었다. 이건 한 마디로 언어도단이었다. 알렉스가 만면에 미소를 머금고 듣고 있었다. 내가 자칫하다 우리 정체를 노출시키기 전에 자리를 떠나는 게 현명했다. 나는 마이어 씨가 방금 가리킨 숲 언저리의 빈터를 향해 걸었다. 그러니까 그것들이 여기 서 있었던 것이었다. 약삭빠르게 공산주의자들의 병영에, 극비밀리에. 자그마치 45여 년 동안이나. 항간에서는 내처 조각상들이 스탈린의 지시로 제작된 것으로 치부하고 있었던 모양이었다. 하기야 그 자체는 그리 생뚱한 일도 아니었다. 왜냐면 나치 예술과 내가 대한 적이 있는 공산주의 예술 사이에 그다지 큰 차이가 없지 않은가? 아르노 브레커는 1946년에 스페인 독재자 프랑코와 스탈린으로부터 그들을 위해 일하러 오라는 간청을 받았으나 그 제안을 거절했다. '내게는 독재자 하나로 충분합니다.'라는 응답과 함께.

알렉스와 마이어 씨가 내 쪽을 향해 다가왔다.

"다시 말해서 이 조각상들 네 개도 다 이곳에 서 있었군요." 사진을 한 장 한 장 넘겨 보이면서 알렉스가 말했다.

"네, 이 운동장 둘레에도 서 있었지요."

내가 사진을 알렉스 손에서 빼앗아 들었다. 오른손을 위로 번쩍 치켜들고 있는 나신의, 근육이 팽팽한 남자는 「예언자」였다. 나치당이, 국가사회주의 독일 노동자당이 해마다 대중 집회를 여는 뉘른베르크의 행사장 잔디 위에 세우기 위해 제작된 아르노 브레커의 유명한 조각상. 장장 지난 70년 동안 모두들 이 작품이 사라져 버린 것으로 간주했었다. 다음 사진은 물결 모양의 두발과 심각한 표정을 짓고 앉아 있는 나신의 청년이었다. 그는 오른손을 느슨하게 다리 위에 얹고 있었다. 이것도 역시 아르노 브레커의 작품 「사명」이었다. 비록 '부역자 예술'일망정 이 조상은 브레커의 영묘한 장인 기술을 증명해 주고 있었다. 뿐만 아니라 나 개인적으로는 이 작품을 훌륭한 예술품으로 높이 평가하고 싶었다.

다른 사진 두 장은 프리츠 클림쉬의 작품이었다. 공보 장관 요제프 괴벨스가 그의 일기에서 클림쉬를 천재라고 칭송했다. 무릎을 구부리고 앉은 자세를 하고 있는 나체 여자들 조각상이었다. 그중 하나는 국가수상부 정원에 서 있었다.

나는 경악을 금치 못했다. 여기 이 벌판에, 나치 시대에 온갖 영광을 누리던 3대 조각가들의 조각상들이 몇 십 년 동안 감쪽같이 숲가에 숨어 있었다니. 요제프 토락의 마상 두 점, 아르노 브레커의 청년상 두 점. 프리츠 클림쉬의 나체 여상 두 점.

"러시아인들이 1994년에 에버르스발데를 떠날 때 저 조각상들은 어떻게 했는지 아세요?" 내가 물었다.

"알다마다요. 러시아 부대장이 의례적인 작별 인사를 나누러 시장인 저를 찾아왔을 때 조형물들은 다 1989년에 철 조각으로 분쇄해 버렸다고 말해 주더군요. 그 청동을 판 수익금은 러시아인들이 지진을 당한 아르메니아의 빈민 아동들을 돕는 데 희사했다고 하고요."

나는 터져 나오는 웃음을 가까스로 참았다.

"일례에 불과하지만," 마이어 씨가 말을 이었다. "하물며 공산주의자들 중에도 이처럼 선량한 사람들이 더러 있었지요."

마이어 씨가 우리와 작별을 하고 - "제 처가 실은 몸져누워 있는 형편이라서요." - 건물 영역을 빠져나갔다. 그러는 가운데 다시 비가 내리기 시작했다.

"너한테 설명을 들을 게 한두 가지가 아니다." 만면에 미소를 머금고서 전직 시장이 가는 것을 지켜보고 있는 알렉스에게 내가 말했다. "이걸 다 어떻게 알게 됐지?"

알렉스가 딱 자기 한 몸만 얌체같이 가려주는 우산을 폈다. "모스크바의 내 정보통을 통해."

"그자들이 너한테 이런 정보를 술술 불더라?"

"응, 근데 그렇게 수월치는 않았고. 의례를 치를 때마다 틈틈이 그 당시 베를린을 점령한 전직 장교들에게 이 화제를 꺼냈지. 그들은 사실상 전혀 아는 게 없거나, 혹은 없는 척 시치미를 떼거나 했어. 한 장교는 내게 심지어 경고를 주더라고. 그자 말로는 국가수상부의 조각상들이 소련 붉은 군대 손에 들어간 게 사실이고 아직도 존재할 거라고. 하지만 KGB의 이전 첩보원 중의 일부는 지금도 계속 그 후신인 FSB에서 일하고 있고 이 비밀이 공개되는 걸 별로 달가워하지 않을 거라면서."

"그렇겠지, 그야 충분히 짐작이 가고도 남아. 물론 그 철 조각 분쇄 이야기는 순 엉터리고. 저자들이 1989년에 나치 조각상들을 그냥 팔아치운 게야. 십중팔구는 전직 나치 패거리에게. 더구나 이건 어디까지나 독일 정부의 소유물이거든. 공산주의자들 얼굴을 더럽혀도 유분수지…"

"그래, 네 말대로야. 어느 날 저녁 참전용사들과 만찬을 하는 자리였는데, 어떤 90대 노인이 내 곁으로 바싹 다가왔어. 이미 세상을 떠난 전우가 토락의 말들에 대해서 자기에게 들려준 얘기가 있다고 그이가 귀엣말로 속삭이더라고. 그 전우가 예술품을 찾아다녔던 '전리품 대원'의 일원이었대. 대원들이 브리에젠에서 다른 조형물들과 함께 말들을 찾았는데 나한테 그 말을 하면서 노인이 초조해서 안절부절 못하더라고. 누가 우리 곁에 다가오거들랑 얼른 화제를 바꾸곤 했어. 그러면서도 결국은 전후 사정을 다 듣게 됐어. 그의 전우가 말들과 다른 조각상들을 여기 이 지역으로 옮기라는 지시를 받았대. 이 병영에 주둔한 부대장은 이게 유명한 나치 조각상이라는 걸 극비에 붙여 여하한 일이 있어도 누출되어서는 안 된다는 특명을 받았대. 그래서 조형물들 겉에다 칠을 했는데, 그것도 금빛으로. 그렇게 해서 그동안 내처 공산주의 작품인 것처럼 보이게 했고."

금빛… 원래 공산주의자들의 미적 감각이 뛰어나지 않은 건 익히 알려진 사실이라지만, 그래도 이건 정말 수준 이하였다.

"비밀 보장이 철두철미하게 지켜졌어. 그런데 1986년에 하마터면 일이 틀어질 뻔했대. 어떤 외부인 중 하나가 자전거에 작은 엔진을 장착한 모터바이크를 타고서 이 영역에 무단으로 침입했대. 새로운 영감을 얻겠다고 동독 전역을 유랑하는 프랑크 란젠되르퍼라는 예술가였대나 봐. 그는 국가 안보를 위협하는 위험인물로 낙인찍힌 일종의 '이단자'로, 사회 구석구석에 침투해 있었던 보안부의 단골손님이었대. 당국에서는 그를 걸핏하면 불러다가 가두어 놓고 족치기 마련이었대. 그자가 우연히 이곳을 지나가다가 모터바이크에서 내려서 주위를 이쪽저쪽 둘러보더니만 금빛 조각상들을 알아보고는 기겁을 했다는 거야. 이건 그 유명한 나치 조각상이라고 하면서. 그는 그 현장을 촬영하고 펑크 음악을 배경으로 깔아 좀 더 긴 예술 영화를 만들었고, 그 결과를 1987년 5월과 6월에 걸쳐 자기 측근들을 대상으로 시사회를 열었다고 해."

"와," 내가 외쳤다. "용감한데. 또 무모하기도 하고. 베를린에는 밀고자들이 득실거렸잖아. 그래서 어떻게 됐어? 그 필름이 아직도 남아 있대?"

"그건 몰라."

우리가 차에 올랐다. 나는 다시 비에 흠뻑 젖었다. 란젠되르퍼가 여기서 촬영한 필름이 그에게 말썽거리가 되진 않았을까 나는 궁금했다. 그 필름이 아직도 존재한다면 그걸 찾아야만 했다. 알렉스가 보여준, 러시아 군인이 마상 하나에 기대고 서 있는 사진은 어디서라도 찍을 수 있는 문제였다. 그리고 마이어 씨의 기억에 허점이 있을 수도 있었다. 아님 무슨 사유가 됐든지 간에 그가 진상을 실토하지 않았을 수도 있었다. 그때 국립 고문서 관리소의 사서가 내게 그 반체제의 자치적 예술가 단체의 일원이라던 자의 주소를 준 기억이 되살아났다.

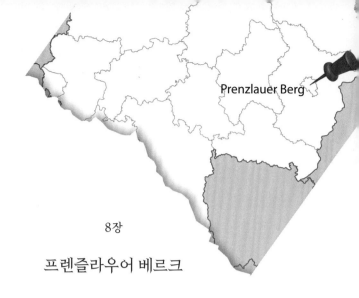

Prenzlauer Berg

8장

프렌즐라우어 베르크

프렌즐라우어 베르크 구역에 있는 시민 공원을 따라 걸어가는 참에 나는 노년층의 미국 관광단으로 에워싸인 가이드의 설명을 곁들었다. "우리가 지금 서 있는 곳은 *트뤼메르휘겔*, 즉 폐허 언덕 앞입니다. 베를린은 종전 후에 파괴된 가옥과 건물의 잔해 더미를, 약 8천만 입방미터에 상당하는 잔해 더미를 치워야 했습니다. 그 청소 작업은 주로 '폐허 여성들원래는 종전 후 베를린에서 잔해 청소 작업에 강제 투입된 여성들을 가리켰지만 차차 분단 체제와 통일을 거치는 과정에서 독일의 재건에 앞장선 '여성 세대'로 그 개념이 확장되었음'이 주동이 되어 이뤄졌으며 그들은 한 줄로 길게 늘어서서 잔해를 가득 담은 양동이를 옆사람에게 차례로 넘겨주는 식으로 청소를 했습니다. 이런 폐허 언덕이 베를린만 해도 14개나 생기게 되었고, 언덕 높이는 91미터에 달했지만 이제는 공원으로 변모했습니다."

관광단 곁을 지나가면서 나는 미군이 베를린 상공에서, 그들의 주력 폭격기인 보잉 B-17 플라잉 포트리스에서 투하한 폭탄들을 떠올렸다. 이 관광단 중에는 어쩌면 그와 유사한 폭격기에서 폭탄 투하 장치를 맡았던 아버지의 자녀가 끼어 있을지도 몰랐다.

고문서 사서에게서 받은 전직 예술가의 이름과 주소를 근거로 전화번호부에서 그의 번호를 알아냈다. 나도 그처럼 독일군 최후의 승리 후에 그간 초토화된 도시 재건설 사업을 추진해야만 했던 그 '폭격으로 *파괴된 도시 복구사업을 위한 위원회*'에 지대한 관심을 갖고 있는 사람이라고 나를 소개했다. 그가 내게 서로 만날 장소를 지정해 주었다.

나는 주로 최신식 가게들과 의상실들, 그리고 훈훈하게 보조 난방장치가 설치된 테라스에 앉아서 유행의 첨단을 달리는 옷차림을 한 젊은이들이 민트 차를 마시고 있는 작은 최신형 카페들이 즐비한 대로를 가로질러 걸었다. 깔끔하게 복구된 몇몇 다세대 공동 주택과 슈퍼가 자리한 골목길을 걷다가 적갈색으로 실내가 장식된 술집으로 들어갔다. 한 탁자에 노년층 단골손님들이 둘러 앉아 있었다. 의자 하나는 몸을 둥글게 말고 낮잠을 자는 개가 차지하고 있었다. 두 남자가 나직하게 이야기를 주고받았고 나머지는 듣고 있었다. 창가 탁자에 앉은 남자가 내게 눈짓을 보냈다. 지난 세기 80년대 반체제의 자치적 예술가에 대해 내가 상상한 모습과는 전연 딴판이었다. 나는 얼굴에 피어싱을 한 펑크족을 예상했다. 그런데 약속 장소에는 짧은 흰머리에 다박수염을 한 남자가 앉아 있었다. 그는 목폴라 스웨터 차림이었고, 그가일어서서 악수를 청할 때 보니까 가죽 바지에다 그 밑에는 까만 부츠를 신고 있었다.

내게는 뭐라고 묻지도 않고서 그가 외쳤다. "볼프강, 여기 두 잔요."

그 말에 유일하게 반응을 보인 건 개였다. 개가 의자에서 벌떡 뛰어나와 나무 바닥에 가더니 한 다리로 귀 뒤쪽을 성마르게 긁어댔다.

"내 이름은 한스인데요. 무슨 일로 오셨는지요?"

나는 물론 '폭격으로 *파괴된 도시 복구사업을 위한 위원회*'에 대한 내 관심을 운운할 수도 있었지만, 프랑크 란젠되르퍼에 대한 호기심이 그보다 한발 앞섰다.

"제가 듣기로는 댁이 구동독 시절 반체제의 자치적 예술단의 일원이셨다고요. 제가 그 당시의 예술가 한 분을 찾고 있는 중인데, 그 예술 단체가 그리 크지 않았던 걸로 짐작되어 댁이 제게 그분에 대한 이야기를 들려주시기를 바라고 왔습니다. 그분 성함은 프랑크 란젠되르퍼입니다."

한스는 일어서서 자리를 떠나려는 동작을 취했다.

"제발, 절 좀 도와주세요. 프랑크라는 분을 꼭 만나야 합니다."

한스는 잠깐 생각하는 눈치였고 다시 자리에 앉았다. 술집 주인이 초대형 유리 맥주 컵을 탁자 위에 갖다 놓았다.

"프랑크 이야기를 꺼내지 않은 지 몇 년 됐습니다."

그가 맥주를 단숨에 벌컥벌컥 들이켜고 나서 앞을 응시했다.

"프랑크와 저는 여기서 수시로 술을 나누곤 했습니다. 하지만 이 근방 일대가 변했습니다. 원래는 노동자들이 사는 빈민 구역이었으며, 80년대에는 여러 분야의 예술가들, 시인들과 음악가들이 빈 가옥을 불법 점거하고서 몸서리치고 숨 막히는 동독 정부에 항거 운동을 벌였던 지역이었습니다. 이젠 고가의 초현대식 건물이 들어선 일대로 변해가고 있습니다. 더는 집세를 치를 길이 없는 원래 살던 주민들은 그간 거의 다 쫓겨났지요. 저 나머지 주민들도…" 그가 단골 탁자에 앉아 있는 무리를 가리켰다. "살고 있는 아파트의 계약을 중단시켰답니다. 저들의 소외감이 큰데, 여기 새로 입주한 이웃들 틈에서 완전히 격리되어 살고 있답니다. 같은 공동 주택 안에 살면서도 이웃 간의 친목은 고사하고, 심지어는 서로 인사도 없이 스치는 지경이라서요."

한스는 내가 모르는 상호의 담배를 꺼내 들었다. 아마도 구동독 시절의 상호, 여태껏 살아남은 몇 개 안되는 상호 중의 하나인 것 같았다.

"프랑크는 기발한 친구였고 독일에서 유례없는 대가 시인으로 성장할 장래가 촉망되는 인재였으나, 원통하게도 시운을 잘못 만났지요."

란젠되르퍼가 요절을 했다는 뜻이었다.

"80년대는 심한 정신 분열증에 시달리던 시대였습니다. 우리가 국가 안보의 위험인물로 지목되었으므로 슈타지가 촉각을 곤두세워 우리 동태를 염탐했지요. 마치 우리가 시와 그림으로 공산주의의 유토피아를 전복시킬 수라도 있는 양…" 한스가 빙그레 웃었다. "슈타지는 소위 *비공식 공작원*, 다른 시민의 첩자 역할을 하는 시민 요원을 두었고, 그들을 통해 동독에 사는 모든 주민들에 대한 기밀 정보를 문서로 작성했지요. 나에 대한 문서는 급기야 0.5미터가 되더군요."

"슈타지 눈에는 말썽깨나 피우는 골칫거리셨던 게로군요."

"실은, 솔직히 말해 실망했답니다. 내 '반체제적인 행각'에 대해 보다 더 많은 내용을 재확인하고 싶었는데, 나에 대해 정보를 제공해야 했던 내통자들이 대개가 다 하잘것없는 짓에 대해서만 보고를 했더라고요. 아세요? 그자들이 우리 동독 시민들에 대해서 180킬로미터에 달하는 문서를 보유하고 있었다는 사실을요."

그가 내게 계산해볼 시간을 주었다. 예컨대 0.5미터짜리 서류가 줄 잡아 36만 부라는 셈이 나왔다.

"근데 어떻게 생각하세요? 내 측근자가 요원 노릇을 하고 날 밀고 했다면요?"

"자신들이 속한 예술가 집단 내에서 그랬다는 겁니까?"

"네. 우리 단체의 설립자 중 하나이고 80년대의 동독 예술계에서 가장 중대한 인물이었던 자가 다른 회원들을 내탐하고, 심지어 회원들이 집을 비운 틈을 타서 슈타지 요원을 집안으로 들여보내기도 했답니다. 그래서 요원들이 마음 놓고 가택 수사를 벌이고 도청기를 장치하도록 배려했더랍니다."

심지어 자기의 가장 친한 친구들을, 그렇다. 어떤 경우에는 하물며 자기 가족과 근친들마저 더 이상 믿지 못했다면 얼마나 비참했을까를 나는 상상해 봤다.

"프랑크도 끊임없이 뒷조사를 받았습니다. 그가 집에 들어가 보니까 의자가 다른 데 서 있을 때도 더러 있었대요. 슈타지가 그런 실수를 했다고 오해하지 마시기 바랍니다. 그자들이 일부러 그렇게 자기들이 다녀갔다는 표시를 남기면서 그들의 감시망을 빠져나가리라는 생각일랑 아예 갖지 말라는 경고였지요. 프랑크는 그로 인해 우울증을 얻게 되었고요. 다소나마 자유감을 맛보기 위해 자기 미니 스쿠터을 집어타고서 전국 곳곳을 순회했답니다."

이건 프랑크가 여행 도중에 우연히 에버르스발데에 있던 러시아 병영 부근에 이르게 되었다는 알렉스의 이야기와 맞아떨어졌다.

"프랑크 씨가 에버르스발데에도 들렀던 것 같더군요." 내가 말했다.

한스는 다시 맥주 한 모금을 들이켰다.

"어떻게 잘 아시네요. 네, 그래요. 뿐만 아니라 프랑크가 자기 슈퍼 8 카메라 필름으로 거기 영상을 찍어 왔더군요. 무슨 일이 생겼던 게 분명해요. 왜냐면 그 여행 후 슈타지 요원들이 그 친구를 불철주야로 미행했거든요."

"그분이 그 영상 자료를 가지고 뭘 했나요?"

한스가 잠시 생각에 잠겼다.

"그걸 영화로 제작했어요. 「철로 된 부리를 가진 까마귀」라는 제목의 영화로요. 그리고 그걸 시험 삼아 한정된 관객들과 시사회를 했습니다. 그러나 댁도 짐작하시다시피 슈타지가 와서 샅샅이 뒤져 필름을 찾아냈고 모든 비디오테이프도 죄다 파기해 버렸지요."

"안타깝네요. 그 영상을 꼭 보고 싶었는데."

한스가 미소를 머금었다. "슈타지가 있는 영상 자료를 깡그리 파기시켜 버렸다손 쳐도, 영화 상영 중에 누군가가 그 화면을 녹화했다는 건 알 리가 만무하죠. 제가 그걸 간직하고 있는데, 전 원래 절대로 뭘 버리는 성미가 아니라서…."

그는 내 눈빛에서 내가 그에게 청하려는 부탁을 읽어냈다.

"같이 가시지요. 전 바로 여기 모퉁이에 살고 있습니다."

나는 서둘러 계산을 치르고 그를 따라 거리로 나섰다.

"프랑크 씨는 그 후 어떻게 됐지요?"

"1988년 8월 5일 등대에 기어 올라가서 뛰어내려 죽음을 맞이했지요. 자살이지요. 그렇지만 우리 친구들은 그걸 살인이라고 불렀습니다. 슈타지가 프랑크를 오죽이나 못 견디게 괴롭혔던지 걔에게는 그 길밖에는 살아갈 다른 도리가 없었지요. 그리고 그게 곧 저자들의 목적이기도 했고요."

나는 슈타지가 살인이라는 단어 대신에 '강요된' 자살이라는 표현을 사용할 때가 있었다고 읽은 적이 있다. 검거된 시민들이 범하지도 않은 범죄에 대해서 신물이 나도록 검질기게 문초를 당한 끝에 감옥에서 자살을 하는 사례가 빈번했다.

한스가 쓰러져가는 집의 대문에 열쇠를 꽂았다.

"이 집도 철거 명단에 올라 있습니다. 머잖아 날 여기서 쫓아내러 사람들이 올 겁니다."

곰팡이 냄새가 코를 찔렀다. 바닥에는 종이 더미들, 책들, 큼직한 커피 잔들이 여기저기 어지럽게 널브러져 있었다. 책장에는 먼지가 센티미터 두께로 뽀얗게 가라앉아 있었다.

"죄송합니다, 방이 워낙 지저분해서." 비디오테이프 무더기를 뒤적뒤적 찾으면서 한스가 양해를 구했다. "아, 이거로구나."

의기양양하게 그가 FL이라는 머리글자가 적힌 비디오테이프를 보였다. 그가 책 무더기를 한쪽으로 옮기자 그 뒤에 비디오테이프 플레이어가 나타났다. 내가 비디오테이프 플레이어를 못 본 지도 벌써 몇 년이 지났다. 그가 플레이어에 테이프를 넣었고, 텔레비전을 켰고, 그러곤 내게 소파에 앉으라고 권했다.

"음악에는 신경을 쓰지 마세요. 프랑크는 취향이 독특했거든요."

80년대의 전형적인 지하 운동 비디오였다. 우중충한 영상, 흔들리는 카메라, 야릇하게도 클래식 음악과 번갈아 가며 나오는 펑크 음악.

10분쯤 지난 뒤에 나는 에버르스발데 러시아 병영의 주변을 알아볼 수 있었다. 무단출입으로 엄금된 구역에 들어갔다는 걸 프랑크 자신은 과연 의식하고 있었을까? 돌연 나는 꼿꼿이 자세를 바로잡았다. 과립 상태의 뿌연 화면에서 나는 아르노 브레커의 「예언자」를, 오른손을 위로 번쩍 치켜들고 있는 나신의, 근육이 팽팽한 남자상을 봤다. 그 뒤에는 국가수상부 정원에 서 있던 프리츠 클림쉬의 나체 여자상이 서 있었다. 프랑크가 빈터 위로 몇 발짝을 떼기 무섭게 불현듯이 히틀러의 말들이 당당하게 서 있는 모습이 나타났다. 모든 게 사실이었다! 공산주의자들이 제3제국에서 가장 탁월한 조각상들을, 만인이 파괴되었다고 철석같이 믿고 있었던 조각상들을 그들의 병영 중 한 곳으로 옮겨다 놓은 것이었다. 말들은 들었던 대로 금빛으로 칠해져 있었다.

"여기 조각상에서 좀 정지시켜 줄래요?" 내가 청했다. "이 조각상들이 지닌 막대한 의미를 알고 있나요?"

그가 담배에 불을 붙였다. 그의 손이 떨렸다.

"늘 짐작은 하고 있었지요, 프랑크가 에버르스발데에서 뭔가를 발견했다고요. 그 까닭에 내가 국립 고문서 관리소에 찾아가곤 했던 겁니다. 한 가지 문제는 그 뭔가가 뭔지를 종잡을 수가 없었지요. 그런데 지금 댁이 내게 그걸 밝혀 줄 것만 같은 예감이 드는데…."

9장

암스테르담

우리 사무실 분위기가 일껏 고조돼 있었다. 단은 알렉스가 모스크바에서 가져온 사진들을 스테이번의 컬러 사진들과 비교했다. 러시아인들이 말들을 50년대에 한 번 과녁으로 사용했던 흔적, 즉 그 총알구멍들이 스테이번의 사진에서도 역력히 드러났다. 다만 한 가지 차이라면 그간의 그 금빛 칠이 벗겨져 있다는 점이었다. 그리하여 마상들은 이제 다시 히틀러가 집무실 창문에서 응시하던 모습과 정확히 일치했다.

"이거 참, 어떻게 말머리를 끌고 가야 좋지?" 알렉스가 물어왔다. "자칫 하다 스테이번이 조금이라도 구린내를 맡게 될 경우엔 그 마상들이 영원히 사라져 버리고 말 텐데."

알렉스 말대로 우리 입장이 난처했다. 스테이번은 그가 말들을 팔려고 했던 환 레인과 내가 가까이 지내는 사이라는 걸 알고 있었다. 그가 일전에 환 레인에게서 뭔가 찝찝한 기미를 느끼고 협상을 중지해 버린 상황이었다.

"임기응변으로 내가 한번 적당히 해 볼게." 내가 말했다. 과거 예를 보면 아무리 주도면밀하게 짠 계획이더라도 실행 첫 단계에서 무산되어 휴지통 신세를 지는 사례가 허다했다. 현실이란 언제나 계획과 다르기 마련이었다. 내가 핸드폰을 집어 들자 알렉스와 단이 내 옆으로 와 앉았다. 스테이번은 매사에 아주 신중한 자라서 인터넷 어디에서도 그의 이름을 찾기 힘들었다. 그럼에도 나는 어떤 웹사이트에서 그의 전화번호를 찾는 데 성공했다.

내가 번호를 누르자 신호 가는 소리가 들렸다.

"스테이번입니다."

나는 스피커폰으로 전환했다. "네, 스테이번 씨, 저 아르뛰어 브란트인데요."

스테이번이 잠시 머뭇했다. "아, 그래요, 아르뛰어 씨, 우리가 그러니까 미헬을 통해 서로 소개를 받았었죠?"

"미헬, 미헬… 아, 환 레인 씨 말씀이시군요."

"맞아요, 그 무뢰한." 스테이번이 웃었다. "그 사람 요즘 어떻게 지내고 있나요?"

"근래 소식이 통 캄캄합니다." 내가 거짓말로 둘러댔다. "만난 지가 근 1년이 넘었거든요."

"근데 무슨 용무로 이렇게 내게 전화를…."

내가 시간을 벌기 위해 기침을 한 번 했다. "실은 몇 년 전에 제가 회사를 하나 차렸어요. 우리 회사는 부유한 수집가들을 대리하고 구매에 대한 자문에 응하고 있습니다."

"재미있군요. 그래서 지금 나도 고객으로 유치해 보겠다?" 스테이번이 깔깔대고 웃어대는 바람에 스피커에서 부서지는 듯한 크래킹 소음이 났다.

"네, 그렇게 된다면 더 바랄 게 없겠지요." 내가 농담조로 던졌다. "헌데 그건 아니고요. 전 스테이번 씨에게서 돈을 벌 생각은 없습니다. 다만 서로 힘을 합쳐 같이 돈을 벌어보자는 겁니다."

미술 시장에서는 어떤 일이든 예외 없이 언제나 돈에 귀착된다. 하루는 서로 머리통이 터지도록 싸우다가도 그 다음 날 서로가 돈 벌 일이 생기면 세상에 둘도 없는 짝꿍이 됐다.

"그럴싸하게 들리는군. 그렇담 어떤 구상을 하고 있는지?"

"저, 우리에게 수준 높은 예술품을 찾고 있는 고객들이 상당수 있습니다. 그리고 스테이번 씨 명성이 워낙 알려져 있기에, 이를테면 중개상으로서…."

"권위 있는 미술 중개상으로서."

"네 그렇죠, 권위 있는 미술 중개상으로서요. 그래서 우리가 동업을 해보는 게 어떨까 하는 생각을 갖게 됐습니다. 그렇게 해서 스테이번 씨와 제가 각자의 몫을 받는 거지요."

"말이 나왔으니 말인데 나는 언제나 수준 높은 작품들만 취급하고 있거든. 자네의 고객들이 찾는 게 뭔가?"

"이것저것 여러 가지요. 어떤 자들은 기천 유로로 예산을 세우고 있는가 하면, 우리 단골손님 하나는 백만 유로 이하 가지고는 아예 전화도 하지 말라고 하거든요."

"그래, 그런 부류의 고객들이라면 내가 빠하지. 난 실은 백만장자나 억만장자들하고만 상대하고 있으니까. 내가 그네들의 생각을 훤히 꿰뚫어 보고 있자니 그네들이 날 맹목적으로 따르고 신뢰할 수밖에 없는데…."

알렉스가 손짓으로 날 저지했다. 그가 지레 겁을 먹은 거였다. 스테이번이 그런 허세와 허풍으로 내 비위를 뒤틀어 놓은 나머지 그에게 매섭게 쏘아붙이고도 남을 내 성미를 잘 알고 있었다.

"여봐 아르뛰어, 자네 단골손님이라는 자, 혹시 네덜란드 사람?"

내가 아는 미술상들은 누구나 자기들 고객 명단이 누출될까봐 벌벌 떨었다. 왜냐하면 미처 눈치도 채기 전에 경쟁자가 어느새 자기 고객들과 전화로 흥정을 하고 있기 일쑤였기 때문이었다.

"아뇨, 미국 사람이에요. 하지만 잘 알고 계시다시피, 그에 대해선 더 언급하기 곤란한데요."

"음." 스테이번이 말했다. "그가 뭘 수집하는데? 조형? 그림?"

대부분 수집가들은 특별한 한 가지 종목에 전념했다. 내가 지금 그림이라고 말한다면 그가 절대 마상 이야기를 꺼내지 않을 터였다. 하지만 내가 조형이라고 말하면 그가 분명 수상하게 여길 것만 같았다.

"뭐 이것저것 가리지 않고 다요."

"이것저것 가리지 않고 다라니? 무슨 말이지?"

"표현을 달리 바꾸어 설명드리자면, 그분은 진기한 골동품만 수집하세요. 의미심장한 역사가 담긴 독특한 품목만요."

결판의 순간이었다. 의미심장한 역사가 담긴 그 무엇이 있다면 그건 바로 히틀러의 말들이었다.

"돈은 문제가 되지 않습니다." 내가 덧붙였다.

"좋아요. 제가 그 사람한테 적당한 걸 소개하지요."

알렉스와 단이 희망에 찬 눈으로 날 주시했다.

"내가 좀 생각해 보고 연락을 주지요."

스테이번이 전화를 끊자 알렉스가 손뼉을 치며 축하해 주었다.

"꼼짝없이 넘어갔어. 네가 그자 머릿속에 넌지시 암시를 심어 주어 그자가 제 발로 자진해서 올 수 있도록 말이야…."

그러나 스테이번은 오지 않았다. 덧없는 시간이 경과했다. 처음 며칠 동안 우리는 전화가 울릴 적마다 그게 스테이번이려니 했다. 그러나 시간이 흐름에 따라 우리는 차츰 우리의 평상 업무로 되돌아왔다. 내가 독일에 가서 제2차 세계대전 중 중요한 역할을 한 지역을 방문할 때면 이 일이 다시 생생하게 되살아났다. 히틀러의 보물들이 아직도 잔존했다. 그러나 어디에? 뮌헨에 가서는 아흐네네르베 박사와 접촉해 보려 재차 노력해 봤으나 그녀 편에서는 아무 반응도 보이지 않았다. 스테이번이 내 속셈을 간파했다고 볼 수밖에 없었다. 그러나 다른 이유가 있었던 걸로 드러났다.

"아르뛰어, 나 스테이번. 이제야 다시 연락을 하게 돼 미안해. 혹시 방해가 되진 않는지?"

"괜찮습니다." 머리에 잔뜩 샴푸를 바른 채 의자에서 벌떡 일어서면서 내가 말했다. 나는 터키인 이발소의 뒷방으로 걸어갔다.

"내가 자네 단골손님한테 적당한 게 있다고 했던 말 기억해요?"

"음…, 아, 네, 그런 말씀을 하신 기억이 어렴풋이 남아 있어요."

"자, 각설하고 그간 내가 어떤 셰이크하고 흥정하고 있었는데, 아무래도 영 마음이 놓이지 않거든. 이게 실은 이만저만한 극비가 아니라서요. 장차 구매할 자가 이걸 절대로 외부에 새어 나가게 해선 안 되거든. 수집가들이란 으레 자기 수집품을 과시하려는 경향이 강함에도 이런 제약이 따르다 보니… 문제의 심각성이 좀 이해가 되나?"

"그럼요. 이해가 가고말고요. 제 고객은 역사적 가치가 높은 진기한 물품들만 수집하고 있어요. 주로 도굴꾼들이 막 땅에서 파낸 것들이죠. 그건 흑사병만큼이나 무시무시하고 흉악한 수단으로 입수한 물건들이지요. 그게 일단 발각되었다 하면 모조리 다 압류되잖아요. 게다가 명망을 누리는, 높은 지위의 인사이십니다. 그런 분이 스캔들을 자청할 까닭이 없지요."

스테이번이 잠깐 생각에 잠겼다. "내 판단으론 자네 고객이 이번 매물에 이상적으로 보여. 이게 마침내 제 임자를 만난 것 같구먼. 오늘 저녁 자네한테 메일을 보내도록 하지요. 하지만 신중하게 다뤄야 할 극비라는 점 유념해 주길."

그날 저녁 알렉스, 단 그리고 내가 회사에 앉아 긴장 속에서 기다렸다. 9시경에 스테이번의 메일이 도착했다.

친애하는 아르뛰어에게,

이미 강조한 대로 이건 극비라네. 이게 외부로 샐 경우에는 자네는 물론 나에게도 큰 문제가 될 걸세. 단순히 사법적 문제에 그치지 않고, 이 매물의 배후자들이 물불을 가리지 않는 위인들이거든.

그간 항간에서 파괴된 걸로 치부해오던 나치 시대에서 가장 의미심장한 조각상 두 점이라네. 보면 자네도 자네의 눈을 의심할 걸세. 1945년 이후 당해 가문의 수중에 들어오게 되었다고 해.

소유자는 독일에서 널리 알려진 명문가(플리크)로서, 전쟁 중에는 열렬한 나치 지지자였어. 프리드리흐 플리크가 뉘른베르크 재판 때 유죄 선고를 받았으나, 이내 독일 유수의 부호로서 명망을 되찾았다네. 그래서 전쟁 당시를 연상시키는 모든 걸 매각하기로 가문에서 결정했다고 하더군. 그러니까 자연 이 조각상들을 포함해서 모든 걸 다.(첨부 파일을 참조 바람.)

판매는 나와 직접 연락이 닿는 중간인을 통해 진행될 걸세. 그런데 재정 보증서나 위탁서, 아울러 극비 보장을 위해 변호사의 인증서를 요구하고 있네. 그렇지 않고서는 매물의 사전 관람이 불가하네. 3개월에서 4개월까지의 정규 보관 기간이 적용되지 않고, 매도인은 정치적인 이유에서 시급한 기간 내에 이 일을 정리하기를 원한다네. 요청가는 8백만 유로.

안부를 전하면서,
스테이번.

첨부 파일로 컬러 사진과 함께 상세한 설명서가 왔다. 국가수상부에 대한 역사의 전모가 서술되었고 마상이 지닌 역사적 가치가 재삼재사 강조되었다.

"이자 사족을 못 쓰고 홀딱 빠져 버렸구먼." 단이 낄낄대며 말했다. "근데 이상한 건 이 마상들이 벌써 1945년부터 이 집안의 수중에 들어갔다고 이자가 믿고 있거든. 그게 몇십 년 동안 동독의 러시아 군영에 있었다는 걸 이자가 정말 모르고 하는 소릴까? 어쨌든 간에, 우리가 이자를 낚은 건 사실이야."

하지만 나는 그가 그렇게 호락호락하게 당할 위인만은 아니라고 예상했다. 스테이번은 자기 역량을 턱없이 과시하긴 할망정, 어수룩한 자는 결코 아니었다. 그가 조각상의 사진을 가지고 있다는 점 하나만으로도 그가 더없이 광범위한 인맥을 형성하고 있음을 충분히 증명해 주었다. 게다가 이 사건의 배후 인물들은 꾀가 비상해서 중개인이라는 형식의 완충 장치를 이용함으로써 무슨 말썽이 나더라도 익명으로 남게 될 터였다. 그리고 또 스테이번이 플리크라는 실명을 언급했다는 점에도 나는 놀라지 않을 수 없었다. 플리크라면 독일에서 두루 알려진 유명인이었다. 프리드리호 플리크는 전후에 징역 7년 형을 받았다. 죄목은 전쟁 범죄였으며, 특히 그의 수많은 공장에 만여 명의 강제 노동자를 사역한 혐의였다. 헤르만 괴링과의 남다른 친교 덕분에 그는 전쟁 기간 동안 최대한의 수익을 올릴 수 있었다. 1950년 석방이 된 후 그가 눈 깜짝할 사이에 새로운 대기업으로 키워낸 결과 일약 독일 최고의 재력가로 부상했다. 죽는 그날까지 끝끝내 그는 강제 노역에서 살아남은 피해자들의 손해 배상 청구를 일절 무시했다. 그의 재산 대부분은 손자인 프리드리호 크리스천이 물려받았으며 세계 굴지의 광대한 현대 미술품들을 수집했다.

"플리크 집안이라는 말이 맞는다면 이건 정말 감당하기 어려울 만큼 충격적인 대사건이야." 알렉스가 말했다.

"우리 신중을 기하도록 하자고. 배후자들이 짐짓 조각상이 플리크의 수중에 있는 양 스테이번을 교묘하게 조종했을 가능성도 있거든."

내가 의견을 피력했다. "플리크 가문은 이만저만 위력을 떨치고 있는 판이 아니다 보니 가까이 접근하기조차 불가능하거든. 그럼직한 오도된 길로 유인해서 진짜 소유자를 보호하려는 전술이겠지."

Amsterdam

10장

암스테르담

어느 날 저녁, 독일의 저명한 주간지 「슈피겔」 기자로부터 전화가 왔
다. 그는 미헬 환 레인과 내가 1년 전에 세상에 공개한 대규모 예술품
매매 사건에 대한 기사를 취재하고 있는 중이었고, 그 매매 중 일부가
독일에서 벌어졌기 때문이었다. 콜럼버스 이전 시대에 속하는 라틴 아
메리카 보물 수집품의 약탈과 관련된 사건으로, 추정액 6천만 유로에
상당하는 수집품이 우리 보조에 힘입어 독일 경찰에 의해 압류된 바
있었다.

   기자가 콘스탄틴 폰 하머르슈타인이라고 자신을 소개했다. 우리의
대화는 그리 오래 걸리지 않았다. 폰 하머르슈타인이 조만간 문화재
불법 거래에 대한 인터뷰에 응해줄 수 있느냐고 내게 부탁했다. 그는
중동 지역의 고기古器 유품 밀수와 그 수익금으로 폭력 단체를 지원하
고 있다는 뉴스에 대해서도 언급했다.

나는 몸을 사렸다. 자칭 기자라고 밝히는 자들이라고 해도 그들이 전부 기자인 것은 아니었다. 또 설령 정말 기자라고 하더라도 그가 과연 우리의 복잡다단한 일속을 독자들에게 제대로 전달할 수 있는지 그 역량 또한 의문이었다. 내가 폰 하머르슈타인에게 제안하길 다음 날 내가 그의 편집부로 전화하는 게 어떻겠냐고 했다. 그가 내게 베를린 소재의 「슈피겔」 편집부 전화번호를 줬다.

인터넷에서 나는 그에 대한 호기심을 유발하는 정보를 얻었다. 요 얼마 전까지만 해도 그는 「슈피겔」의 편집장을 역임했다. 그러나 이제는 다시 독일 국내 유수의 주간지 「슈피겔」에 실릴 기사를 손수 쓰고 있었다. 폰 하머르슈타인은 사진으로 봐서는 50세가량의, 귀족적 이목구비를 가졌고 서글서글해 보이는 외모였다.

다음 날 아침, 내가 그에게 전화했다. 그는 벌써 많은 자료를 취재해 놓은 상태였다. 그래서 그는 문화재 불법 매매가 수십억 대의 사업이며, 유물들은 자주 대량의 마약 운송에 사용되는 트럭에 실려 밀수되고 있다는 것도 알고 있었다.

대화 중에 나는 남미의 불법 보물을 대량으로 매수하는 독일인의 이름도 그에게 일러주었다. 그 독일인의 부친이 제2차 세계대전 때 독일 병사들을 위한 장갑을 생산했다는 것도 덧붙였다. 그러자 폰 하머르슈타인은 내가 말한 부친이 누군지 즉각 알아맞히면서, 자기 나라에는 나치 과거를 지닌 가문의 후손들 중에 불법 미술품을 매매하고 있는 자가 상당수 있다는 것을 인정해야만 했다.

"그들이 제3제국의 미술품도 거래하나요?" 내가 물었다.

"네. 브란트 씨, 그야 두말할 나위가 없지요. 오래전부터 여러 가지 물품의 매매가 성황리에 지속되어 왔었지요. 예를 들어 나치 기와 군기들, 군인들의 메달과 배지, 에바 브라운의 화장품류 등등의 사소한 물건들요. 하지만 요즘에 들어서는 특히 제3제국의 조형물들이 물의를 일으키고 있어요. 이런 예술품들의 전시에 대한 찬성자와 반대자 간의 반목과 대립이 심화되고 있답니다. 암시장에 중요한 나치 미술품이 매물로 나왔고 공급보다 수요가 우세하다는 풍설이 떠돌고 있지요. 심하게는 명성을 떨치던 나치 조각가들의 주요 작품들이 아직도 존재한다는 유언비어가 나돌 지경이랍니다. 제가 그에 대한 조사에 이미 착수했고 우리 사내 문서고에서 제 전임자들이 쓴 기사들을 차근차근 정리하고 있는 중입니다. 그 나치 미술 시장, 그야말로 암흑천지지요."

이 기자를 우리의 비밀 사건에 끌어들일 것인지 말 것인지 나는 고민하기 시작했다. 그는 우리 조사 활동에 도움이 될 뿐만 아니라, 그의 참여 자체가 만약에 빚어질지도 모르는 독일 경찰과의 문제로부터 우리를 보호해주리라 전망했다. 우리는 다름 아닌 약탈된 독일 문화재의 불법 매수를 추적하고 있기 때문이었다. 최악의 경우 우리가 암시장에서 마상을 팔아먹으려고 했다는 혐의를 받게 될 것이었다. 만약 기자가 관여되었다면 우리는 '언론 조사'라는 명분 아래 우리의 모든 수색 활동을 합법화할 수 있었다.

"브란트 씨, 혹시 알고 계시는지요? 70년대와 80년대에 모스크바로부터 허가를 받아 슈타지의 특별 부서에서 개인 수집가들에게서 압류한 예술품을 부유한 서독인들에게 비밀리에 팔았다는 걸요? 공산주의 동독 번호로 전화 한 통만 하면 됐지요. 그럼 호텔에 자리 잡은 예술품과 골동품 유한회사가 전화를 받았습니다. 동독은 외화가 필요했

습니다. 그 밀수한 예술품 중에는 물론 러시아인들의 분쇄기를 교묘히
빠져나온 이른바 '갈색 예술'도 끼여 있었지요."

갈색 예술… 나는 나치 예술을 뜻하는 이런 명칭은 여태껏 들어보
지 못 했다. 하지만 자명한 명칭이었다. 갈색이라면 물론 나치 돌격대
SA의 제복 색깔이 아니었던가. 돌격대 대원들이 몽둥이를 휘둘러서
독일 도시의 거리거리를 장악했었다. 또 그 덕분에 스스로도 갈색 옷
차림을 선호했던 히틀러가 나아갈 길을 닦아주지 않았던가.

"네. 폰 하머르슈타인 씨, 저도 그 내용을 알고 있습니다. 기자님에
게 제가 뭘 보내 드렸으면 합니다. 단, 기자님 혼자만 그걸 보셔야 한다
는 조건이 붙습니다. 여하한 일이 있어도 저와 사전 상의 없이는 어떤
일도 독자적으로 시도하시면 안 됩니다."

폰 하머르슈타인이 그렇게 하겠노라 언약했다.

"좋습니다. 30분 내에 제가 이메일을 보내도록 하지요."

나는 컬러 사진과 함께 스테이번한테서 받은 메일을 찾았다. 그리
고 거기에 히틀러의 마지막 동영상에 나오는 사진을 첨부했다. 말 중
의 하나가 서 있어야만 한, 그러나 지금은 호위병이 서 있는 위치를 내
가 동그라미로 표시했다.

10분이 채 지나기가 무섭게 폰 하머르슈타인으로부터 전화가 왔다.
"브란트 씨, 만일 이게 사실이라면 우리는 지금 세기적 발견에 대해 이
야기하고 있는 겁니다. 이게 사실이라고 정말 믿기 어렵습니다. 하지
만 브란트 씨가 보낸 증거에는 조금도 의심할 여지가 없습니다. 한 마
디로 히틀러의 말들이 아직도 존재하고 있군요. 긴급히 르네 알론져
경감에게 연락을 하시기를 권합니다. 예술범 전담 수사대 팀장이며,

제가 잘 아는 친구입니다. 브란트 씨가 이 사건에서 성가대원 아동들을 상대하는 게 아니라는 점이 우려가 되기 때문입니다. 네오나치 운동의 영향력이 날로 확대되어 가고 있고 그자들은 폭력도 꺼리지 않습니다. 제가 친구 전화번호를 메일로 보내드리겠습니다."

며칠 후 내가 스테이번에게 전화해서 기쁜 소식을 전했다. 나는 고객으로 가공한 자가 토락의 말에 지대한 관심을 보였노라고 말했다. "다만 한 가지, 제 고객님께서는 자신의 명성에 악영향을 끼칠 만약의 경우에 대해 무척 회의적이십니다." 나는 절대 눈에 불을 켜고 달려드는 듯한 느낌을 주어서는 안 되었다. 게다가 나는 현 소유자가 이 일이 밖으로 샐까 봐 숨을 죽이고 있다는 걸 알고 있었다. 내 고객을 신중한 인물로 묘사함으로써 보다 더 큰 신뢰감을 불러일으킬 수가 있었다. "고객께서는 소유자가 행여나 조형물들에 대해 허풍을 치고 다니거나 아님 차후 당신에게 공갈 협박을 할지도 모른다는 두려움에 차 있습니다. 그럴 경우 그분의 위상을 실추시키는 결과를 낳게 될 테니까요. 아주 평판 높은 기업가이셔서 무슨 일이 있어도 당신의 기업에 해악이 될 만한 일은 절대 피하십니다."

스테이번이 상대방 고객도 동일한 생각을 하고 있다고 대꾸했다. 그동안 그가 중개인에게 연락을 취했으며 8백만 유로 선에서 사고 싶어 하는 사람이 나타날 것 같다고 보고했다고 했다. 그러니 중개인이 그 소식을 소유자에게 전달했을 터였다. 동시에 매수인의 신원 조회가 선행될 것이며 비밀 보장에 대한 인증서에 사인을 하고 또 소위 재정 보증서 혹은 위탁서를 제시해야 함을 다시금 강조했다. 이는 우리 고객이 구매가 성사될 만한 충분한 자본을 갖고 있다는 내용의 은행 신용장이었다. 하지만 중개인 말로는 심지어 그 같은 요청 서류들이 완비된 상황에서도 협상이 파기될 수가 있었다.

Berlin

11장

베를린

나는 베를린에서 만나기로 한 약속 시간보다 너무 일찍 도착했다. 주변 어디에도 카페 같은 것은 찾아볼 수가 없었다. 이 기회를 이용해서 드디어 그 부근에 위치한 템펠호프 공항을 구경하기로 마음먹었다. 콘크리트 건축물들은 전쟁을 견뎌냈고 활주로들은 이제 바람이 기승을 부리는 광활하고 허허한 도시 공원으로 탈바꿈되어 있었다. 히틀러와 전직 비행사였던 헤르만 괴링은 그 당시로서는 발전 초기 단계였던 비행기가 장래성이 있다고 미리 앞을 내다보고는 기존의 비행장을 템펠호프로 증축하여 세계에서 으뜸가는 대규모 건설 단지를 조성했다. 서베를린이 러시아인들에 의해 봉쇄된 1948년, 템펠호프는 수백만 주민들에게 식량과 기타 생필품을 공급해주는 이른바 '하늘의 다리'의 종점으로서 기여했다. 공항은 2008년에 폐쇄되었다. 2010년, 모터 하나 달린 항공기 한 대가 비상 착륙을 했다. 한때 위세를 떨치던 공항에서의 마지막 비행 기록. 옛날에 본관 건물의 지붕을 장식했던, 그러나 지금은 입구 앞 네모난 받침대 위에 서 있는 *국가수리가* 그나마 나치 시절을 회상케 해 주었다.

경찰청 청사는 템펠호프의 본관 건물을 마주 보고 있었다. 안내 데스크에 가서 신원을 밝히고 통행증을 받았다.

"엘리베이터로 3층까지 올라가시면 거기로 누군가가 마중 나올 겁니다."

르네 알롱져 *수사단 팀장*이 환한 미소를 머금고 대기하고 서 있었다.

"드디어 이렇게 만나 뵙게 되었군요."

알롱져는 내 나이 또래로 보였다. 나는 그가 유니폼 차림을 하고 있으리라 기대했으나 신사복 상의와 그 밑에는 하얀 와이셔츠를 받쳐 입고 있었다. 맨 위의 단추는 풀려 있었다. 그의 친절한 표정과 상냥한 동작 그리고 자세가 안정감과 신뢰감을 주었고, 취조관으로서도 썩 적절해 보이는 유형이었다. 우리가 길고, 휑댕그렁한 복도를 통과해 그의 사무실 안으로 들어갔다. 공간은 순백색이었다. 벽에는 몇 장의 도난당한 예술품들 그림과 포스터가 걸려 있었다.

"저거 벨트라치 위작들 아니던가요?" 내가 놀라서 물었다.

알롱져가 고개를 끄덕이며 의자에 앉았다. 볼프강 벨트라치는 자신의 아내와 함께 온 미술계를 어지럽게 휘저어 놓은 지상 최고의 위작 화가 중 하나였다. 그들은 많은 전문가들을 우롱했으며, 심지어 화가 막스 에른스트의 과부까지 희생자가 됐었다. 그녀는 벨트라치의 모작을 두고 고인이 된 그녀의 남편이 창작한 가장 아름다운 작품이라고 지적한 적도 있었다. 2010년, 벨트라치와 그의 아내는 르네 알롱져의 손에 의해 수갑을 차게 되었고, 그것은 이때까지의 그의 경력 중 가장 큰 성공 사례였다. 바라건대 머지않아 기록 경신을 세우기를.

"브란트 씨에 대해서 그간 많은 이야기를 들었습니다."

수사관이 그런 언급을 할 때는 온갖 의미가 내포되어 있다.

"긍정적인 말만 들으셨기를 바랍니다."

알론져가 웃었다. "그럼요. 브란트 씨가 과거에 뮌헨 소속의 제 동료들과 협조하신 적이 있었잖아요. 그네들이 브란트 씨에 대한 찬사를 아끼지 않더군요."

우리는 이런 식의 정담을 주고받은 다음 공통 취미로 화제를 돌렸다. 왜냐하면 한 가지가 확실해졌기 때문이었다. 이 일은 알론져에게도 역시 단순히 하나의 직업에 그치지 않았다.

"저기 저 상자들 보이죠?" 알론져가 사무실 한구석에 수북이 쌓인 30여 개의 상자들을 가리켰다. "저게 다 슈타지의 은폐 수단이었던 예술품과 골동품 유한회사와 관련된 문서들입니다. 그자들이 그저 수집가들의 예술품만을 압류했던 것이 아니고, 슈타지 내부의 한 부서에서는 전적으로 위작을 만드는 일에 종사하였고, 그걸 진품처럼 서구 시장에 내다 놓았지요. 확신하건대 슈타지의 수많은 위작품들이 아직도 서구 박물관에 걸려 있습니다. 다만 실정이 여의치 않아 아직 그에 대한 본격 수색 작업을 펼치지 못 했지요."

저 상자 속을 들여다봐도 된다면 나는 만사를 다 제쳐 놓고 달려들 준비가 되어 있었다.

"근데 이렇게 찾아와 주신 이유가 궁금합니다. 전화로 국가수상부에 대한 일이라고 하셨는데…." 알론져가 지도를 펼쳤고 사진을 한 장

꺼내 내 앞에 놓았다. 나는 내 눈을 의심했다. 그건 스테이번의 사진이었다.

"세상에, 어떻게 그 사진을 가지고 계시지요?"

알론져가 미소를 지었다. "브란트 씨가 제게 전화를 해서 국가수상부에 대해 이야기를 시작할 때 제가 즉시 감을 잡았지요, 토락의 말들에 관한 건이라는 걸요. 이 사진은 벌써 2년 전에 우리 수중에 들어왔답니다."

"어떻게 이걸 입수하게 되셨는데요?"

"예전에 미술상이었던 어느 노령의 부인한테서요. 왕년에는 막대한 재산가였는데, 남편이 그분 곁을 떠났고 연이어 어떤 인도의 가짜 왕자에게 사기를 당한 뒤에 사양길에 들어서게 되었답니다. 요즘은 모아비트 지역의 초라하고 외풍이 심한 단칸짜리 아파트에서 사는 신세를 면치 못하게 되었답니다."

"그런데 그런 여자분이 이 사진을 가지고 있더라고요?" 내가 얼떨떨한 눈으로 물었다.

"그 부인이 이제 돈이라곤 한 푼도 가진 게 없으나 옷차림은 여전히 부유한 마나님 같거든요. 그리고 늘 도서관 같은 주변을 맴돌면서 도서관에서 예술 책을 읽는 게 소일거리였지요. 어느 날 미술상이라는 어떤 남자가 부인에게 접근했고 서로 이야기를 주고받는 가운데 서로 친구로 사귀게 되었답니다. 부인은 당연히 자신의 누추한 아파트에서는 절대 약속을 잡지 않았대요."

"그 미술상이라는 사람, 네덜란드 사람이었대요?"

"아닙니다. 독일인이었습니다. 내가 그자 신원 조회를 했지요. 지난

날 자동차 대리 판매점을 운영했는데, 서너 차례 파산하고 나서 요즘에는 예술품을 다룬답니다. 더군다나 그자의 웹사이트에는 자기가 각종 전염병과 아물지 않은 상처 등의 치유에도 유효한 처방을 해준다고 서술했더라고요."

"미술 시장은 가지각색 다채로운 유형의 군상들이 망라된 곳입니다."

"우리 돌팔이 의사님께서 그 부인을 부귀한 마나님으로 오인하고서 묻더래요. 혹시 국가수상부 히틀러의 집무실 아래 서 있던 토락의 조각상 두 점을 살 만한 사람을 알고 있느냐고요. 물론 모든 진행을 다 극비 중의 극비에 부쳐야만 한다고 하면서요. 근데 그자가 몰랐던 점은 부인이 우리의 밀정이었다는 것입니다."

"요청가가 얼마나 되었지요?"

"310만 유로."

스테이번은 내게 8백만을 요구했다. 만약 310만 유로가 실제 요청가라면, 그가 거의 5백만은 자기 주머니에 챙겨 넣겠다는 이야기였다.

"그자가 마상이 성전 기사단 단장의 소유물이라고 주장하더랍니다. 분명 댄 브라운의 소설을 너무 열심히 읽은 모양입니다. 그밖에 아들러라는 이름도 나왔고 독일에서 가장 유력한 재력가 집안의 하나에 대해서도 언급했답니다."

"그럼 지금은?"

"그자가 그간 연락을 끊어버렸답니다. 그자의 불신을 사게 된 게지요. 그자가 아마도 아파트까지 부인의 뒤를 밟았고 알고 보니 부인도 자기와 똑같이 순전한 사기꾼이라는 걸 깨달은 것으로 판단합니다. 그 이래로 자취를 감추어 온데간데없습니다. 그래도 언젠가 조사를 재개할 예정입니다. 보나마나 마상이 위작임에는 틀림이 없겠으나 위작을 매각하려는 행위에도 상당한 형벌이 적용되거든요."

"위작이라고 하셨나요?"

"네. 원작이 이미 오래전에 파괴되었다는 건 삼척동자라도 알 만한 일이 아니겠어요?"

내가 내 노트북을 집어 들었고, 로그인을 하고 유튜브 채널에서 영상을 재생했다. "이건 아돌프 히틀러의 마지막 영상입니다. 국가수상부 정원에서 1945년 3월 20일에 촬영한 것입니다." 나는 9초 후에 영상을 정지시켰다. "이 지점에 원래 마상 중 하나가 서 있었는데, 보시는 바와 같이 지금은 호위병이 서 있습니다. 히틀러가 1943년 말에 말들을 안전한 곳으로 이동해 두도록 했습니다. 러시아인들이 베를린을 포위했을 때 그들은 우연히 말들을 발견했습니다. 1989년까지 이 마상들은, 또 다른 네 개의 다른 조각상들과 함께, 극비밀리에 에버르스 발데에 있는 러시아 병영의 터에 서 있었습니다. 그리고 나서는 이게 행방불명입니다."

알론져가 눈을 크게 뜨고서 화면을 들여다봤다. "이걸 추적하고 계시는군요, 제 짐작이 맞습니까?"

"네, 그렇습니다. 안트베르뺀에 거주하는 네덜란드 미술상이 내게 그걸 8백만 유로에 팔려고 내놓았습니다. 그자 말로는 그게 플리크 집안의 소유물이라고 합니다." 나는 알론져에게 내가 어떤 플리크 집안에 대해 말하는지 설명할 필요가 없었다.

"맙소사."

"제가 지금 사전 관람을 조율해 보도록 노력하는 중입니다. 수월치는 않을 것 같습니다. 워낙 불신감이 지독해 가지고요. 바라건대 경감님과 제가 서로 협조해서 공동 수사를 펼쳤음 해서요."

알론져가 잠시 생각에 잠겼다. "당연히 그렇게 해야지요. 근데 한 가지 문제가 있습니다. 제가 직접 나서서 수사를 주관할 수 없는 입장이랍니다. 브란트 씨는 네덜란드인이시고, 외국인을 침투원으로 파견하는 건 법적으로 금지되어 있거든요. 반면 한 자유 시민으로서 수집하신 정보를 저와 공유하는 건 당연히 허용됩니다. 심지어 그렇게 해주시길 바라마지 않겠습니다."

나는 그때그때 알맞게 사태의 추이를 낱낱이 알리겠다고 알론져에게 약속했다. 입 밖에 내지는 않았으면서도 우리는 둘 다 이것이 우리의 재직 기간 중에 경험할 수 있는 가장 큰 사건의 일례가 되리라는 걸 절감했다.

12장

암스테르담

우리끼리 먼저 암스테르담 빌름스파르크베흐에 있는 카페 흐뤼터에서 만나기로 약속했다. 알렉스가 맨 뒤쪽 창가의 테이블에 앉아 있었다. 카페에는 우리를 제외하고는 다른 손님들은 없었다. 내 동료가 미리 나와서 잠복해 있으면서 거리의 동태를 살피고 있었다.

"우산을 하나 사든지 해. 정 뭐하면 카페에서 하나 슬쩍 집어 가든지."

난 비에 젖은 것 따위는 아무래도 상관없었다. 무엇보다도 기계가 걱정스러워 마음이 불안했다.

"근데," 내가 물었다. "안심해도 좋겠어?"

알렉스가 자기 핸드폰으로 찍은 사진 몇 장을 보여 줬다. "만약 이자들이 조금 후에 다시 레스토랑 주위에 나타난다면, 네가 미행을 당하게 될 거다."

내가 사진의 얼굴들을 요모조모 뜯어봤다. 인도에 서서 담배를 피우고 있는 두 사내, 다소 지루한 표정으로 어슬렁대고 있는 젊은 청년 그리고 식당 앞에 주차한 차 속에 앉아 있는 전형적인 암스테르담 남부의 부잣집 여사님. 내 눈에는 마냥 무고해 보이는 얼굴들이었다.

"맥주 한 잔 부탁합니다."

종업원이 고개를 끄덕이고 나서 바를 향해 걸어갔다.

"지금 이 상황에서 꼭 그래야만 해? 맥주를 마셔?"

"응, 한 잔만. 나 초조해서 미칠 것 같아."

"저자들이 정말이지 널 살해하진 않을 거라고," 알렉스가 타일렀다. "아무튼 지금 당장은."

"고맙다." 알렉스는 자기 깜냥에는 진정시켜 보려 던진 말로 날 언제나 더 초조하게 만드는 재주가 있었다. "그래서가 아니라, 나 지금 카메라 때문에 여간 신경이 날카롭지가 않거든. 너도 알잖아, 내가 기계에 얼마나 먹통인지를."

증거 자료로 삼기 위해 대화를 녹음할 계획으로 가져온 카메라가 내 양복 상의 안주머니 속에 들어 있었다. 렌즈는 가슴 주머니에 달린 단추 뒤에 숨겼다. 기계의 시스템 자체는 기발하고 참신했으나, 음향 기능이 무척이나 민감하고 까다로웠다. 가짜 단추에 매어 둔 가는 선이 자꾸만 옴지락옴지락 대며 핀으로 고정된 단추만큼 작은 렌즈 앞으로 기어 나왔다. 그렇게 렌즈를 가리면 영상의 질이 떨어지기 마련이었다. 거기에다 테스트 녹화 중에 경험했던 것처럼 자칫하다가 단추가 떨어질 가능성도 있었다. 또 뭐니 뭐니 해도 가장 큰 애물단지는 정지 버튼이었다. 어찌나 예리한지 예사로운 동작 중 엉겁결에 한 조그만 부주의로도 그만 자동 정지되어 버릴 수 있었기 때문이었다.

내가 몰래 카메라를 사용하는 경우는 드물었다. 나의 근본 원칙에 어긋나는 일이기도 했다. 예를 들어 도난당한 그림을 소유하고 있으며 그걸 반환하기를 원하는 자들이 나에게 접근했을 경우 내가 그들에게 올가미를 씌우지 않겠다는 선약을 반드시 지켜 왔다. 그림은 모름지기 원래 주인에게 돌아가야 하기에 누가 혹 무엇을 등등은 어찌됐건 문제 삼지 않았다. 그리고 또 도난당한 예술품은 범죄자들의 사회 내에서 엄청난 속도로 유통되고 있다는 문제도 가미되었다. 나에게 접근한 자들은 거의 다 도난 자체에는 결코 책임이 없었다. 그들은 대개 다 그게 도난품이라는 걸 모른 채, 이러저러한 경로를 통해 담보로서 그걸 수중에 넣은 것이었다.

그러나 히틀러 보물의 사례는 그와 사뭇 달랐다. 이 사례의 상대자들은 본주인에게, 이 경우엔 독일 연방 공화국에 예술품을 돌려주려는 의도가 애당초부터 완전히 결여된 자들이었다. 전직 나치들, 네오나치들 혹은 슈타지와 KGB의 이전 첩보원들, 누가 여기에 연관되었든지 간에 토락의 마상들은 영원히 사라지고 말 터였다.

나는 맥주를 한 모금 마셨다. 알렉스가 레스토랑 죠지 W.P.A.의 실내 지도를 탁자 위에 얹었다.

"저 실내가 꽤 일목요연해. 네가 옆쪽 벽에 붙인 탁자로 가서 좌석을 택하도록 해. 난 거리 쪽으로 등을 돌리고 앉는 좌석에 앉을게. 그렇게 해서 완전히 다 내 시야에 들어오도록 말이야."

알렉스가 자기 시계를 들여다봤다. "12시. 내가 미리 가서 자리를 잡도록 할게." 그가 일어서서 카페를 나갔다. 그는 거리를 건너 레스토랑 안으로 들어갔다. 나는 아직 반 시간 남았다. 그러나 스테이번이 안트베르쁀에서 오는 길이라서 어쩜 교통 사정이 예상보다 원활할지도 몰랐다. 나는 다시 한 번 더 기계를 점검하고 계산을 치르고 나서 죠지 W.P.A.를 향해 걸었다.

입구 앞에서 나는 멈춰 섰다. 그 사이에 가랑비가 좀 뜸해진 틈을 타 나는 담뱃불을 붙이느라 무진 애를 썼다. 만약 스테이번이 동정을 염탐하도록 누군가를 보냈다면 지금의 내 모습을 눈여겨볼 터였다. 나는 느긋한 태도를 보여야 했다. 나는 이런 상황을 자주 겪었고 그로 인해 약간의 편집병 증상을 보였다. 무려 50미터가 넘게 떨어진 거리에서 누가 내 쪽을 바라보기만 해도 별안간 의심이 갔다. 느닷없이 하얀 금속판에 빨간 일련번호가 적힌 벨기에 번호판을 단 진청색 볼보 한 대가 모퉁이를 휙 돌아 모습을 드러냈다. 스테이번임에 틀림이 없었다.

볼보가 천천히 내 곁을 지나쳤다. 그의 곱슬머리를 보고 나는 스테이번임을 확인했다. 그가 한 손을 가볍게 흔들었고 몇 미터 앞으로 더 나가서 주차했다. 스테이번이 차에서 내려서 나에게 상냥하게 인사를 보냈다. 그는 대략 2미터, 기억보다 더 컸다. 그의 까맣던 곱슬머리가 이제 희끗희끗해졌고 그의 안경은 신형으로 바뀌어 있었다. 하지만 나머지는 그가 금박 후식을 먹어치우던 그때 내가 어이없는 눈길로 관찰했던 스테이번 그대로였다. 그는 또 세련된 스카프며 값비싼 '회중시계'를 위시해서 일반인들이 으레 '미술품 브로커'에게서 기대하는 모습에 딱 맞아떨어지는 외모였다.

"스테이번 씨, 여전히 참 근사하십니다."

"고맙네. 내가 좀 시차에 시달리고 있네. 두바이에서 막 돌아왔거든."

우리가 선수를 써 알렉스가 일러준 자리를 잡으려고 내가 앞서 레스토랑 안으로 들어갔다. 우리는 TV 탤런트들의 전문 미용사인 레코환 자덜호프가 앉아 와인을 마시고 있는 바를 따라 쭉 걸어서 식사하는 구역을 향해 직행했다. 알렉스는 전화에 열중이었다.

"우리 그냥 여기 앉을까요?" 내가 짐짓 무심코 던지는 투로 물었다.

"그러지."

스테이번이 등을 벽에 돌리고 앉았다. 나는 내 외투를 의자 위에 걸쳤다. "잠깐 실례하겠습니다." 내가 말했다. "화장실에 좀 다녀오겠습니다." 나는 계단을 내려갔고, 아무도 없나 하고 서둘러 주위를 살피고 나서 거울 앞에 서서 카메라를 켰다. 녹화 용량이 2시간밖에 되지 않았기에 1분도 놓치지 않고 녹화할 요량이었다. 모든 게 다 제대로 작동되었다. 나는 거울 속의 나 자신을 날카롭게 노려봤다. 조심조심 나는 카메라를 다시 안주머니로 사르르 집어넣었고, 상의 단추를 잠그고 그리고 위층으로 올라갔다. 놀랍고 놀랍게도 스테이번이 좌석을 옮겨 버렸다. 그가 그 사이 알렉스의 옆 탁자로 가서, 창문 쪽으로 등을 돌린 채 앉아 있었다. "스테이번 씨, 우리 다시 저기에 앉는 게 어떨까요? 외부에서 비쳐 드는 저런 자극적인 광선에는 전 두통이 생기거든요."

스테이번이 나를 빤히 올려다봤다. 비밀 대담을 갖는 상황에서 앉을 좌석을 가지고 까탈을 부리는 행위는 금단이었다. 그럴 경우 상대방 측으로서는 뭔가 석연치 않다는 의혹을 품을 법했다.

있는 대로 늑장을 부리며 스테이번이 몸을 일으켰다, 입을 굳게 내걸고 서. 그가 다시 우리가 방금 잡았던 위치로 발을 옮겼다.

"죄송합니다." 내가 변명했다. "하지만 제가 지금 여기 있는 누구도 믿지 못해서요. 저 옆자리에 앉은 자가 경찰인지 기자인지 누가 알겠어요?"

스테이번이 여전히 스마트폰에 대고 이야기하고 있는 알렉스에게로 시선을 던졌다. "다소 과민 반응으로 보이긴 하나, 자네의 신중을 기하는 태도를 높이 사지 않을 수 없군 그래. 요컨대 우리가 중고차를 가지고 이렇게 만나는 게 아니거든. 이 일을 망치는 날에는 우리는 피차 다 형무소 신세를 지거나 아님 온데간데없이 사라져 버리고 말 처지지." 스테이번이 웃었고 나도 따라 웃었다.

스테이번은 격식을 중시하는 상류층답게 점심 식사 메뉴판과 와인 카드를 정성스레 읽어 내렸다. 그러면서 그는 자기보다 약 30세는 더 젊은 웨이트리스에게 추파를 던졌다. 그는 생선 요리와 와인을, 나는 샌드위치와 환타를 주문했다.

"아르뛰어, 먼저 한 가지 짚고 넘어갈 게 있는데, 자네가 몇 년 전에 브뤼셀에서 짤막한 영상을 한 편 만들지 않았잖소? 저 사람들이 새삼스레 그 이야기를 끄집어내서 내 입장이 좀 뭐하거들랑."

내 심장이 고동치기 시작했다. 스테이번은 내가 협조한 벨기에 방송국의 기록 영화 「피 묻은 골동품」에 대해 말하고 있었다. 몰래 카메라를 이용하여 나는 몇몇 미술상들이 불법으로 도굴한 골동품을 일말의 거리낌 없이 탈레반의 꼭두각시에게서 사들이는 현장을 보여주었다. 그 자금으로 폭력 조직단의 테러 공격을 지원했다. 그 당시 벨기에 의회에서 그와 관련된 질의가 이루어졌고 「피 묻은 골동품」은 같은 해 최고의 다큐멘터리로 격찬 받았다.

"아하, 무슨 말씀인지 알겠어요. 그날 제가 우연히 미헬 환 레인 씨를 만나러 갔었지요. 원래 그분이 촬영을 하기로 선약이 되어 있었는데 공교롭게도 몸이 좀 편찮으셨어요. 어디에 관한 건지도 전연 캄캄한 상태에서 제가 따라 가지 않으면 안 될 상황이었지요."

스테이번이 내 궁여지책의 대답에 완전히 설득이 된 것 같지 않았다.

"스테이번 씨, 원하시면 제 몸수색을 해 보셔도 좋습니다."

다행히도 마침 그 순간 웨이트리스가 때맞춰 우리가 주문한 음식을 가지고 왔다. 스테이번의 관심은 이제 전적으로 젊은 아가씨와 와인으로 쏠렸다. 그가 와인 맛을 봤다. "야, 이거 괜찮은데."

"우리 잠깐 화장실로 갈까요? 그래서 제 몸수색을 하실 수 있게요."

"아냐, 이 사람아, 내가 그저 농담으로 그래 본 거야."

처음 몇 분간은 이런저런 잡담을 나누었다. 스테이번은 자기 거물급 거래처에 대해 한껏 거드름을 부렸고 계약 체결 직전에 있는 몇몇 묵직한 거래를 장황스레 떠벌렸다. 나는 화제를 마상으로 돌릴 기회만을 엿보고 있었다.

"제 고객이 8백만 구매가의 8퍼센트를 커미션으로 주겠다고 언질을 주셨습니다. 64만 유로가 되는 셈입니다. 그걸 스테이번 씨하고 반반씩 나누는 게 공평하다고 생각합니다." 내가 전했다.

스테이번은 생선을 먹느라 별 경황이 없었다. "그야 좋을 대로. 하지만 알다시피 자네 고객은 일단은 신원 조회를 완전히 통과해야 한다는 점 명심해 주길. 서류 다 준비해 왔나?"

내가 가방에서 몇 개의 서류를 꺼내서 그걸 식탁 위에 놓았다. "제 고객은 스테이번 씨 의뢰인보다 훨씬 더 신중하세요. 이 일은 절대로 우리끼리만 알고 있는 걸로 해야 합니다."

"당연한 말씀." 스테이번이 대꾸했다. "대체 어떤 친구야?"

"대단한 분이세요. 모스 씨는 댈러스에 사시고 석유업을 하십니다. 동시에 그 속마음도 까마귀처럼 시커멓지요."

스테이번이 웃었다. "재밌군. 우리와 배짱이 잘 맞을 것 같구먼."

나는 그동안 존재하지 않는 내 고객의 정체에 대해 고민에 고민을 거듭했다. 결국 나는 80년대에 대인기를 끌었던 미국 연속극 「댈러스」에 나오는 석유 재벌로서 수단 방법을 가리지 않는 목적 추구형인 J. R.의 패러디 캐릭터, 그 이상은 도달하지 못하고 말았다. 나는 알렉스가 마련해준 모스의 여권 사본을 제시했다.

"이자가 말하자면 우리에게 노령 연금을 보장해줄 장본인이라고." 스테이번이 익살을 부렸다. "적어도 밑천이 든든한 재력가라는 게 증명된다면 말이야. 재정 보증서를 가져왔어? 아니면 위탁서를 가져 왔어?"

나는 스테이번에게 미국에서 가장 권위 있다는 모 공인회계사의 공증서를 보여줬다. 모스의 재산은 은행의 예금 잔고와 부동산, 예술품까지 다양했고, 그 총액이 2억6천6백만 달러로 추산되었다. 스테이번이 감격한 눈치였다.

"이건 불과 회계사들이 찾아낸 것에 지나지 않습니다." 내가 덧붙였다. "비자금은 당연 공식 기록에는 누락되었겠지요."

스테이번이 공증서를 유심히 들여다봤다. "이걸 내가 가져가도 괜찮겠지?"

"아닙니다. 절대 안 됩니다. 이 서류를 넘겨주어서도 안 된다고 하셨습니다. 그저 보여만 주라는 지시였습니다." 나는 서둘러 다른 화제로 넘어갈 요량이었다. "근데 스테이번 씨의 고객이라는 분 말이에요. 저명한 기업가인 바로 그 플리크 씨가 맞나요?"

스테이번에게서 대답이 나오기까지는 약간의 시간이 걸렸다. "내 생각으로는 그런 것 같아. 어쨌든 플리크라는 성을 가진 사람이야. 내가 전해 들은 바로는 여러 기업을 운영하고 있고 투철한 국가사회주의적 배경을 지닌 집안이라 하더라고. 그런 면에서 자네가 말한 저명한 가문과 혼연일치하다고 봐야지. 문중의 일부는 아직까지도 언론을 통해 공공연하게 국가사회주의를 옹호하고 있기 때문에 손자 손녀들이 가급적 빨리 마상과 나머지 물건들을 처분하기를 원한다고 하더라고."

"나머지 물건들요?" 간절히 바라건대 네 점의 다른 조형물들을 - 마상들과 아울러 에버르스발데의 병영 마당에 서 있던 아르노 브레커의 작품 두 점과 프리츠 클림쉬의 작품 두 점을 - 두고 하는 말이기를. "그들이 조각상을 더 가지고 있나요?"

"거기까진 모르겠네. 아마 히틀러의 메르세데스를 가지고 있다는 것 같지. 아무튼 거기에 여러 가지 다른 물건들도 있다고 들었어."

"마상을 직접 보셨나요?" 내가 물었다.

스테이번은 내가 마치 당치 않은 것을 물어본 양 날 이상한 눈으로 쳐다봤다. "어림없는 소리. 보는 건 고사하고 근처에서 구경이라도 할 수 있게 해주면 다행이지. 그게 어디 있는지조차도 난 모르고 있다네. 내가 그걸 물어봤을 때 불필요한 질문은 삼가는 게 좋을 거라고 날 타

이르더라니까. 봐요, 이런 부류의 자들이란 희대의 잔악무도한 정권에서 일익을 담당했던 위인들이야. 저자들이 살인 한두 명쯤일랑은 눈도 깜짝하지 않을 거라는 걸 자넨 몰랐다는 건가?"

"네, 저도 짐작은 하고 있었지요. 누구보다 KGB는 물론이고 슈타지도 역시 그런 면에서는 둘째가라면 서러울 정도였으니까요."

나는 곁눈으로 알렉스가 웨이트리스에게 계산하는 걸 봤다. 그가 자리에서 일어서서 내 뒤를 거쳐서 레스토랑을 걸어 나갔다.

"또 한 가지 문제가 있는데," 스테이번이 말했다. "물건 높이는 3미터나 되고 무겁기는 천근만근인데, 그걸 어떻게 미국으로 수송할 거지?"

그 질문에도 나는 준비되어 있었다. "모스 씨께서 중국에 주재하는 선박 회사들과 이해관계가 깊답니다. 말들을 그런 선박에 실으면 될 것 같습니다."

"음, 그것도 가능한 얘기로구먼. 그리고 만약 우리 매매가 성사될 경우 결제는 스위스의 내 계좌 중 하나를 통해 마무리 짓는 게 좋을 것 같네."

나는 다 좋다고 말했다. 여하튼 결제에는 이르지 못할 거였다. 스테이번은 이런 식으로 마지막 남은 단물까지 다 빨아먹겠다는 심사였다. 들은 바로는 마상들의 요청가가 훨씬 낮았으므로 그는 몇 백만 유로를 자기 주머니에 넣을 수 있었다. 거기에 또 나한테 받을 커미션까지 합쳐서.

"앞으로 일을 어떻게 진행해야 할까요?" 내가 물었다.

"내가 곧바로 중개인에게 전화할게. 그래서 자네가 매물을 프리뷰

하도록 우리가 주선하고. 그럼 자네는 모스한테 마상이 진품이라는 보증을 설 수 있게 될 거고. 게다가 나도 그 실물을 꼭 보고 싶거든. 그런 다음 모스가 스위스의 중간 계좌로 전액을 송금하고 난 뒤에 우리끼리 마무리 작업에 들어갈 수 있겠지. 하지만 상당한 시일이 걸릴 거라는 점 염두에 두라고. 일이 제대로 잘 진전된다 해도, 심지어 그런 경우에도 아직 결승선을 통과했다고 볼 수 없거든. 이 거래의 골자는 한 마디로 신용이니까."

그러고 나서 우리는 둘 다 알고 있는 예술계의 지인들에 대해 얼마간 이야기를 나눈 후에 자리를 떴다. 스테이번이 내게 계산서를 맡겼다. 레스토랑 앞에서 내가 그에게 악수를 청했다.

"정말 훌륭해요. 그 말들요. 그런데 참, 도대체 어떻게 그걸 내게 권할 생각을 하시게 되었지요?" 나는 스테이번이 자진해서 그 말들에 대해 말머리를 끄집어냈던 사실을 그에게 상기시키고 싶었다. 혹시라도 그가 다시 아무래도 함정이 아닐까 하는 의구심이 생길 경우, 이 같은 사실이 그를 안심시켜 주리라 예견했다.

"아, 자네가 자네 고객의 성향에 대해 이야길 꺼냈잖아. 진기한 사연이 얽힌 작품만 수집하고 있다고. 그렇담 이 말들보다 더 합당한 게 세상 어딜 가도 없어 보여서…."

스테이번이 자기 차 안으로 들어가서 시동을 걸고 떠났다. 나는 그가 달리는 모습을 잠깐 지켜보다가 박물관 광장 쪽으로 발길을 옮겼다. 가는 도중 알렉스에게 전화했다.

"뒤돌아보지 마. 왜냐면 확언컨대 너 지금 미행 당하고 있거든."

나는 내 발에 걸려 거의 넘어질 뻔했다. "무슨 소리야?"

"내가 레스토랑을 떠날 때 어떤 여자가 내 뒤를 따라붙는 걸 눈치 챘어. 약 100미터 정도 간 후에 내가 왼쪽으로 돌아 어느 계단 위로 올라가서 몸을 숨겼거든. 여자가 부랴부랴 그 지점을 지나쳐서는 내가 간 곳을 찾느라 두리번거리더라고. 확실해."

"정말 난감한 소식인데." 내가 말했다. "그렇담 저들이 애당초부터 우리가 한통속이라고 짐작했다는 말이잖아. 그리고 스테이번이 그걸 듣게 되면 우리 일은 결딴나는 거다."

"스테이번이 아니라, 다른 사람이 그걸 듣게 된다면?" 알렉스가 지론을 폈다.

"그럼 누가?"

"아무튼 곧 보자고." 알렉스가 전화를 끊었다.

나는 전차를 탔고, 세 정거장을 지나 내렸고, 택시로 갈아탔다. 택시로 가는 도중 연신 뒤를 돌아봤다. 내가 관찰한 바로는 나는 미행 당하지 않았다. 알렉스는 약속 지점에 와 앉아 있었다. 스빠위 광장에 있는 카페 룩셈부르크의 뒤쪽 한구석에.

"방금 그거 무슨 말이야?" 내가 물었다.

"내 생각에 스테이번은 혼자 왔어."

"그럼 그 여자는 누구라는 거지?"

"그건 몰라. 하지만 여자가 내 뒤를 밟았다는 건 그 여자 소속이 스테이번과 다르다는 뜻이야. 독일 경찰이기를 바라자고. 아님 부득이한 경우엔 독일 정보부, 즉 독일 연방헌법수호청 BfV. 어쩜 허위 경보일지도 모르고."

"독일 경찰은 그렇게 제멋대로 네덜란드 영토에서 수사를 펼치면 안 되는데도."

알렉스가 딱하다는 듯한 웃음을 보내면서 날 쳐다봤다. "야, 안 되는 게 어디 한둘이냐."

우리는 내가 찍어온 비디오를 봤다. 다행히 대화가 온전히 녹화되었다. 화장실 거울 앞에서부터 스테이번의 차가 떠나는 순간까지 전부다. 영상의 질도 완벽했다. 다만 음향은 다른 손님들의 와자지껄하는 소음에 시달려야만 했다.

"난 연속 녹화하지 않았어." 자기 핸드폰을 집으면서 알렉스가 말했다. "오직 중요한 순간만. 좀 봐."

스테이번이 전화하는 장면이 보였다. 아마도 내가 카메라를 작동시키려 화장실에 간 사이 같았다. "전화에다 대고 뭐라는 거지?"

알렉스가 어깨를 들썩하면서 내게 자기 무선 이어폰을 건넸다. 무슨 말인지 알아들을 때까지 나는 서너 차례 반복해서 같은 대목으로 테이프를 되돌렸다.

"아들러 씨, 나는 지금 거기에 와 있습니다. 그럼 이따 만납시다."

Münchhen

13장

뮌헨

퍼즐을 온전히 완성하려면 아직 갈 길이 멀었지만 나는 당분간 맞추어 볼 조각 몇 개는 모은 셈이었다. 알론져 경감이 내게 털어놓았다. 마상을 부인에게 팔려고 한 미술상 및 돌팔이 의사에 대한 조사에서 세 명이 소유자 후보 명단에 올랐다. 독일 갑부에 드는 집안의 누구, 아들러라는 이름을 가진 자, 그리고 성전 기사단 단장. 그 갑부는 스테이번도 언급한 플리크 집안사람일 가능성이 컸다. 아들러라는 이름도 나왔으며, 더더욱 스테이번이 그와 통화를 했다. 성전 기사단 단장에 관한 한 난 아무런 실마리도 찾을 수가 없었다. 이건 순전히 신비로운 느낌을 주려고 지어낸 얼토당토않은 패설이었다.

나는 알론져 경감에게 나와 스테이번의 접선에 대한 상세한 보고서를 보냈다. '저명한 플리크 집안이 이 사건에 관련되었을까요? 아들러의 정체가 무엇일까요?'라는 문장으로 보고서를 끝맺었다. 이 두 개의 질문이 당분간 우리에게는 결정적 단서로 여겨졌다. 마냥 하찮고 무의

미하게 보일지언정.

내가 아흐네네르베 박사에게 전하는 쪽지를 건넬 때 뮌헨의 카페 주인이 날 알아보면서 친절하게 인사했다. '*저에게 연락해 주실 수 있으세요? 사정이 다급합니다. 이번에는 납치되지 않기를 간절히 바라면서.*' 아울러 호텔 주소와 핸드폰 번호를 적었다. 우선 쪽지가 전달되는 데 걸리는 시간 관계상 오늘은 자유 시간으로 간주했다.

나는 택시를 타고서 뮌헨 외곽 지역 퓌르스텐리트로 향했고, 중심 상가에서 내렸다. 퓌르스텐리트는 많은 아파트 단지들에도 불구하고 시골 마을의 정취를 자아냈다. 나의 목적지인 이 구역의 남부 일대는 일세대용 소형 단독 주택들이 양쪽으로 줄지어 서 있으며, 내가 점점 좋아하게 된 바이에른 지방의 훈훈한 분위기가 느껴졌다. 내가 지나가다 길을 묻자 홀란드에서 온 이방인을 도와주려는 사람들이 떼를 지었다. 내가 주소를 대면 여러 사람들이 눈살을 찌푸릴 것만 같아서 지레 걱정했는데 다들 아무런 내색도 하지 않았다. "*저 세 번째 큰길에서 오른쪽으로 도신 다음에 첫 번째 큰길에서 다시 왼쪽으로 도세요.*"

햇살이 따사롭게 비쳤다. 수소문 끝에 몹시 어렵사리 구하게 된 주소 속의 집이 자리 잡고 있는 거리 안으로 발을 내딛었다. 소위 '한 지붕 아래 두 가구 주택'이라고 일컫는, 하얗고 정갈하게 잘 관리된 조촐한 집들은 그 속에 잠적해 있는 음침한 비밀과 대조를 이루었다. 내가 주택의 번호들을 살폈다. 아직도 열 채쯤 더 가야 했다. 추측컨대 나는 지금 정보부 BfV가 여기에, 나무속이나 어느 집의 처마 밑에 설치해 둔 카메라가 촬영하는 범위 안으로 들어서고 있었다. 왜냐하면 정보부의 감시를 받는 독일 내 모든 지역을 총망라할 때 이 지점이 어엿이

서열 제1번을 차지하고 있기 때문이었다. 나는 약간의 거리를 두고 집을 관찰해 볼까 해서 길 맞은편으로 갔다. 담이 둘러싸인 수수하고 아담한 가옥이었다. 유리창의 덧문은 닫혀 있었다. 아마도 집에 아무도 없는 모양이었다. 잘 가꾸어진 정원에 배치된 의자들에는 담요가 놓여 있었다. 작은 박새들이 땅콩이 가득 찬 덧먹이 줄에 거꾸로 매달려 있었다. 마치 우연히 지나가는 행인인 양 나는 집을 그냥 지나쳤다. 약 50미터 걸어간 후 나는 숲속으로 들어가서 떡갈나무 뒤로 자리를 정했다. 이곳에서는 집과 오가는 사람들의 전경이 한눈에 들어왔다.

저기 저 유리창 덧문 뒤에 그녀가 살고 있었다. 원래 성은 힘플러, 별명은 나치의 공주인 구드룬 부르비츠. 베일 속에 감춰져 수상하기 그지없는 단체 슈틸레 힐페의 표상. 누구도 그 단체의 회원 수가 얼마나 되는지 몰랐다. 정보부는 100여 명쯤으로 추산했다. 알맹이에 해당하는 이 정수분자들을 단체에 지원금을 희사하는 - 추정컨대 - 천여 명의 동조자들이 싸안고 있었다. 그들은 방방곡곡에 퍼져있는 나치 사상에 공감하는 기업가들을 위시하여 용케 군사 재판을 모면하고 가명을 써서 학자, 정원사 아님 교사 등으로서 새로운 삶을 살아가고 있는 전직 나치들에 이르기까지 그 동조자들의 신분 역시도 각양각색이었다. 부근의 아이들에게 그처럼 다정다감했다는 우리 헤르만 아저씨.

나는 구드룬에게 흠뻑 빠져 있었다. 영국 군대에게 체포당한 그날 시안화물 알약을 먹고 자살한 *나치 무장 친위대의 제국 지도자* 하인리히 힘플러. 그녀가 그를 오늘날까지도 변함없이 아버지로 섬기는 것은 일면 이해가 갔다. 그러나 그녀가 끝끝내 그의 야수적 만행에 대해서 한 치도 양보하지 않는 건 한 마디로 파렴치였다. 수백만 명의 사상자를 낸 홀로코스트의 설계자인 그 남자에 대해 그녀는 언젠가 인터뷰에서 언급한 적이 있다. 아버지의 명예를 회복시키는 일이 자기 인생의 궁극적 목적이라고.

내 어깨 위에 어떤 손이 얹히는 순간 나는 소스라치게 놀랐다. 내가 뒤를 돌아보았다. 한 노인네가 힘상궂게 두 눈썹을 곤추세우고서 불길한 눈초리로 날 쏘아봤다.

"당신 여기서 뭐하는 수작이요?"

나는 그만 전신이 빳빳하게 경직되었다. 다음 순간 손이 내 어깨를 얼마나 억세게 틀어쥐던지 내가 그 손을 힘껏 뿌리쳤다. 노인이 나를 살기등등하게 노려봤다. 그의 왼쪽 뺨을 온통 뒤덮은 흉터가 경련했다. 보아하니 아마도 내가 그의 정원 안에 들어와 있으며 그가 경찰에 전화하면 문제가 컸다. 독일에서는 차 운행 중에 가운뎃손가락 하나만 잘못 펼쳐 보여도 4천 유로의 벌금을 물어야 했다.

"제가 실은 한 다리가 좀 불편해서 여기서 좀 쉬고 있는 참이었습니다."가 내가 지어낼 수 있는 최상의 대응책이었다.

돌연 그의 표정이 변했다. 그는 하물며 미소를 지어 보이기까지 했다. "나 참, 그렇게 미덥지 않은 핑계는 여태껏 듣다 처음이로구만."

"여태껏요? 무슨 말씀이세요?"

"이렇게 우리 정원에 숨어서 부르비츠 여사를 염탐하는데, 당신이 그래 첫 번째 사람이라 생각하오? 밑을 좀 내려다보쇼."

땅바닥 도처에 담배꽁초가 너저분하게 널려 있었다. 나는 겸연쩍게 씨익 웃어 보였다.

"엉겁결에 그만 달리 둘러댈 말이 없었습니다. 저 여기서 조금만 더 있다 가도 될까요?"

남자가 한 손을 내밀었으나, 내가 그 손을 마주 잡고 흔들자 그가 얼른 자기 손을 뺐다. "아니, 이 사람 좀 보게. 내가 어디 당신하고 악수를 하자고 합디까? 돈을 내라는 거요."

무안스럽게 나는 바지 주머니를 더듬거렸다. "십 유로면 될까요?"

남자가 고개를 끄덕였다. "부르비츠 씨는 지금 장 보러 나갔고 곧 돌아올 겁니다."

"어떤 분이세요?" 이왕 십 유로나 지불한 판이니 밑천을 뽑고 싶은 심사였다.

"누구하고도 대화하는 법이 없습니다. 기껏해야 지나가는 인사말 한마디 정도지요. 남편은 그보다 말수가 많다고 봐야지요. 그야 뭐 당연지사이긴 하지만. 그가 예전에 국민당에서 정치 활동을 했으니까요. 정치가들이란 원래 말하는 걸 좋아하잖아요."

독일국가민주당은 많은 독일인들의 눈에는 히틀러의 나치당, 즉 국가사회주의 독일 노동자당의 후신으로 간주되는 극우 정당이었다. 2003년에 독일 당국에서 선동적인 발언을 한 혐의로 정당 활동 금지를 시도했었다. 하지만 신원을 공개할 수 없는 정보부 비밀 요원들이 국가민주당 전역에 걸쳐 침투되어 있었기 때문에 법정으로서는 그 선동적인 발언의 일부가 비밀 요원들에 의해 행해졌음을 전적으로 배제할 수 없는 처지였다.

"그만큼 여사께서는 방문객도 일체 거절한다는 말씀인가요?"

"아니죠. 네오나치 세계에서는 저 여자를 무슨 여자 대주교쯤으로 추앙하고 있다고 해요. 청소년들이 수시로 들락거리고 고령층 신사분들도 이따금 출입하지요."

내가 일전에 읽은 바로는 구드룬이 몇 년 전 참전 용사들 모임에서 열병식을 가졌다. 그녀는 그들을 정렬로 세워 놓고서 그들이 종사한 각각의 소속 부대를 검열했다. 돌격대 최고지도부 소속의 전직 *상급 집단 지도자*가 마치 하인리히 힘믈러가 친히 참렬하고 있는 양 그녀 앞에서 벌벌 떨었다고 했다.

"부르비치 씨가 늙고, 결백하게 보일지는 몰라도," 이웃집 노인이 말했다. "그건 가면입니다. 내 생각으론 저 여자가 저 떼거리들의 왕초인 셈이지요. 또 아직도 수배 중인 나치들의 거처를 전부 다 저 여자가 환히 꿰고 있다 해도 난 놀라지 않을 게요."

"그리 많이는 남지 않았을 겁니다." 내가 소견을 밝혔다. "그들 연령으로 봐서요."

"그자들이 얼마나 남았냐가 요지가 아니지요. 그건 다른 자들로 대체될 수 있으니까요. 이념이란 끈질기고 집요하거든요. 아, 참. 나 의사하고 약속이 있는데, 그럼 하시는 일이 잘 되길 바랍니다."

노인이 이번에는 내게 악수를 청했다. 나는 다시 건너편 집으로 신경을 집중했다. 저기 저 덧문 뒤가 어쩌면 슈틸레 힐페의 신경 중추 역할을 하고 있을 것 같았다. 아이흐만, 멩겔레와 바르비 같은 악명 높은 자들이 도주하도록 도왔던 비밀스런 조직. 당시 불과 16세였던 구드룬 힘믈러를 그런 만행에 연관시킬 수는 없다손 치더라도, 그녀는 훗날 슈틸레 힐페를 통해 여전히 전범 재판에 회부되어야 할 도피 중인 나치들을 위해 진력을 다하고 있는 것이었다. 바로 지금 이 시각까지도.

내가 힘믈러의 딸이 뮌헨의 주변 지역에 산다는 걸 발견했을 때 나는 잠깐 망설였다. 그녀가 절대 인터뷰에 응하지 않는다는 걸 신문 기사를 통해 알게 되었으며, 또 만에 하나라도 내가 그녀와 대담할 기회를 얻게 된다 하더라도 그녀가 응당 토락의 말들에 대해 알고 있음을 결코 붙지 않을 게 뻔했다. 설령 그녀가 그걸 알고 있다 하더라도. 그녀에게 플리크나 아들러에 대해서 물어보는 것 역시도 가망 없는 노릇이었다. 그럼에도 불구하고 이 집으로 귀결되는 어떤 인맥이 존재한다는 가정을 나는 접을 수가 없었다. 슈틸레 힐페는 두말할 여지없이 전직 나치들을 지원하고 네오나치를 후원하는 사업에 필요한 자금 조달을 위해 쉴 새 없이 노력하고 있었다. 그리고 마상 가격인 8백만 유로는 큰돈이었다. 아주 큰 사업 자금이었다.

거리에는 그득 찬 장바구니를 든 어머니가 아이 셋을 데리고 모퉁이를 돌아 나타났고, 그 밖에는 다른 인적이 뜸했다. 나는 떡갈나무 뒤에 몸을 숨긴 채였다. 저기 중간쯤에서 여자가 장바구니를 땅에 내려놓고 뭔가를 꺼내 아이들에게 나눠 줬고, 그러자 아이들은 폴짝폴짝 뛰면서 다시 모퉁이를 돌아 사라졌다. 그녀가 더 가까이 왔을 때 멀리에서 본 것보다 나이든 여자라는 걸 알아챘다. 그녀가 주위를 두리번거렸다. 그 순간 내가 그녀를 알아봤다. 그녀가 저기 서 있었다! 구드룬 부르비츠, 본성은 힘믈러. 생각할 겨를도 없이 나는 거리를 건넜다. 다리에 쥐가 나서 남의 살 같았다. 구드룬 부르비츠가 열쇠를 찾고 있는 중이었다.

"부르비츠 여사님?"

그녀가 고개를 뒤로 돌렸다. 그녀는 길게 내리운 백발의, 구식 안경을 낀 평범한 할머니로서 나무랄 데 없는 외양이었다. 다만 하나, 그녀의 시선이 얼음장 같았다. 얼추 싸늘한 주검을 방불케 했다. 그녀는 자기 아버지와 같은 연청색 눈동자였다.

"누구시죠?"

"저는 네덜란드에서 왔는데요."

"아, 그러세요. 저 네덜란드에 사는 친한 여자 친구가 있어요."

그게 사악한 과부로 알려진 플로렌티너 로스트 환 또닝헌이라는 걸 난 짐작하고도 남았다. 네덜란드 나치당원으로 악명을 떨치던 그녀의 남편 메인아우트가 죽은 뒤 사악한 과부는 남편의 명예 회복을 위해 자기 여생을 바치겠노라 했다. 하지만 주로 남편의 이념을, 국가사회주의를 고수하는 데 전력을 쏟았다. 네덜란드의 구드룬.

"무슨 일로 그러세요? 기자예요?"

"아닙니다. 여행 중에 우연히 들렀습니다. 그런데 제가 여사님과 연관된 슈틸레 힐페에 대해서 많은 걸 읽었습니다."

구드룬 부르비츠가 손에 열쇠를 쥐었다. "슈틸레 힐페에 대해서 숱한 허위 보도가 판을 치고 있어요." 그녀가 말했다. "과거 언젠가 범했을 거라고 가정하는 그 무엇 때문에 몇십 년이 지난 후에도 여전히 기소 대상이 된 자들을 돕는 게 언제부터 죄라는 겁니까? 모든 게 아득한 오래전에 일어난 일들이에요. 제발 저네들 좀 편히 노후를 즐기도록 놔두세요."

나는 아예 그녀에게 반박하고 싶지도 않았다. 언지무익. 나 자신만 괴롭힐 따름이었다. "그럼 청소년단은요? 슈틸레 힐페가 네오나치의 신세대 육성에도 괄목할 만한 활약을 벌이고 있다고 알고 있습니다."

"아직도 끊임없이 새로운 독일을 위해 대대적으로 투쟁하고 있는 젊은이들은 우리 민족의 미래입니다."

정말 구제할 길이 없는 여자였다. 그녀는 회피하려는 대답으로 일관했으며, 오로지 그녀 나름의 진실을, 아버지로부터 물려받은 과거의 그 진실을 고지할 수 있는 길을 맹신적으로 추종하고 있었다.

"더는 언급하고 싶지 않습니다. 안녕히 가세요." 그녀가 문으로 걸어가 열쇠를 자물쇠 구멍에 끼어 넣었다.

"부르비츠 여사님? 저 마지막으로 질문 하나만 더."

그녀가 몸을 돌렸다.

"슈틸레 힐페는 자금 조달을 어떻게 하시는지요?"

그녀의 얼굴에서 온화한 미소가 피어올랐다. "세상에는 아직도 변함없이 우리를 잊지 않은 선한 사람들이 있답니다…."

친위대 제국지도자인 힘믈러의 딸이 안으로 발걸음을 뗐고 문을 뒤로 잡아당겨 버렸다.

퓌르스텐리트에서 발트함까지는 반시간밖에 걸리지 않았다. 기차가 도심 터널을 지난 후에 다시 지상을 달리는 동안 나는 히틀러가 언젠가 그를 위해 일할 예술가들에 대해 언급했던 말을 떠올렸다. "나의 예술가들은 앞으로 다락방에서가 아니라 군주처럼 생활하게 될 것이다."

그 말마따나 토락은 군주와 같은 호화로운 생활을 영위할 수 있었다. 그가 국가수상부에 설치된 말들처럼 제3제국의 주문으로 제작한 조각상들에 대해 엄청난 액수를 대가로 받았을뿐더러 그의 작품은 나치 수뇌부들에게도 인기가 대단했다. 히틀러는 개인적으로도 자그마치 5천 라이히스마르크를 치른 니체의 흉상 등과 같은 토락의 작품들을 구입하기도 했다. 나아가서 조각가들은 작품을 제작하는 데 필요한 시설 및 자료들을 지원받았다. 예를 들어 히틀러는 토락이 그의 거대한 조형물을 이음새 없이 온전히 통째로 제조할 수 있는 작업장을 건축해 주도록 특별 지시했다. 그 사이 뮌헨 예술아카데미의 교수로 임명된 토락이 그 근방에서 마땅한 터를 고르던 끝에 바이에른 주의 수도에서 15킬로미터 거리에 있는 발트함으로 정했다.

역에는 디터 뮐러의 딸 잉게 뮐러가 나를 마중 나와 있었다. 그녀는 구김살 없이 환하고 상냥한 표정으로 날 다정스레 맞이해 주었다. 나는 발트함에서 보낸 청소년 시절에 대한 그녀 아버지와의 인터뷰를 감동적으로 읽었고, 또 그가 토락에 대해서도 개인적인 경험을 언급하고 있었기 때문에 그를 만나보고 싶었다. 하지만 안타깝게도 디터 뮐러는 6개월 전에 세상을 떠났다. 딸이 아버지에게서 직접 들은 이야기에서 뭔가를, 신문에는 실리지 않았던 다른 내용을 기억해 주기를 나는 바랐다. 신문에서 읽은 회고담이 인상적이었다고 전하면서 그녀와 만날 약속을 했다. 뮐러는 어릴 적에 여러 차례 히틀러가 - 되도록이면 갈색의 - 새로 맞춘 유니폼을 입어 보기 위해 발트함에 있는 그의 단골 재봉사 가게에 들를 때마다 그를 봤다. 총통이 오는 중이라는 친구의 전화를 받자마자 그는 부리나케 자신의 히틀러 청소년 유니폼으로 갈아입고서 친구와 함께 재봉사의 가게 앞에 서서 기다렸다. 히틀러의 운전기사가 까만 메르세데스 차량의 뒷자리 문을 열면 디터는 배운 대로 히틀러 만세 인사를 올렸다. 오른팔을 비스듬하게 위로 번쩍 뻗어서. 히틀러는 소년들에게는 한 마디도 던진 적이 없었지만, 총통을 눈앞에서 대한다는 그 사실만으로도 그들 가슴에 더없는 감명을 아로새겨 주었다. 뿐만 아니라 디터와 그의 친구는 다른 아이들에게 선망의 대상 이 되었는데, 그들은 아무도 총통 각하의 곁에 그토록 가까이 가 본 적 이 없었기 때문이었다.

뮐러는 토락도 자주 봤다. 예를 들어 그는 히틀러 청소년단의 친구 들과 같이 기차역으로 아가씨들을 마중 나가야 했다. 그런 다음 그들 은 새 조각상을 만드는 데 나체 모델을 설 그 아가씨들을 교수님의 아 틀리에로 데려다 줘야 했다. 그리고 또 뮐러는 밤이면 토락의 아틀리 에에서 고위 장교들과 함께 벌이는 시끌벅적한 파티에 대해서도 알고 있었다. 뮌헨 중심가의 라츠켈러에서 출장 나온 예쁜 여종업원들이 접 대를 맡았다. 자정부터 시작하는 파티에는 앞가슴을 그대로 들어낸 토 플리스 접대부들이 고위급 나치들의 잔을 채우느라 걸어 다녔으며 거 나히 취한 남자들이 취흥에 겨워 부르는 노랫가락이 건물 밖으로 울 려 퍼지곤 했다. 내가 먼지에 뒤덮인 고문서에서 찾아낸 1945년의 미 군 보고서에는 요제프 토락 교수가 성적인 면에서는 어떤 형태의 자제 력도 보이지 않았다고 적혀 있었다. 그의 예술가로서의 자질은 논쟁할 여지가 없다 하겠으나, 그의 성격은 교활, 지배적, 몰염치로 서술되어 있었다.

먼저 커피라도 한 잔 나눈 뒤에 토락의 아틀리에를 방문하는 게 어 떠냐고 내가 잉게 뮐러에게 제안했다. 우리는 역에서 고작 50미터 간 격의 간이음식점 안으로 들어갔다. 케이크 진열장은 온갖 종류의 타르 트들로 채워져 있었다. 내가 카푸치노 두 잔을 주문하면서 - 무척이나 먹음직스럽게 보이는 타르트들을 가리키면서 - 입맛이 당기지 않느냐 고 그녀의 의향을 물었다.

잉게가 아니라고 고개를 살살 흔들었다. "고맙습니다, 브란트 씨. 그런데 저 지금 엄격한 다이어트 중이라서요." 나는 여간 실망스럽지가 않았다. 나 혼자 먹겠다고 타르트를 고르고 자시고 하기가 좀 뭐했다.

그녀는 자기 아버지가 살아온 내력에 대해서 들려줬다. 히틀러를 향한 청소년기의 경외감은 젊은 병사 시절 지옥 같은 스탈린그라드에서 참혹한 경험을 한 뒤에 쓰디쓴 증오로 변했다고 했다. 요행히 케셀에서 온 마지막 비행기로 - 포위된 스탈린그라드를 - 탈출하게 되었고, 그 뒤에 탈영했고, 러시아인들의 포로가 되었고, 다시 탈옥했고, 몇주 동안 독일에서의 위태로운 편력 끝에 구사일생으로 살아 발트함에 돌아왔고 마을이 미군에게 점령될 때까지 은신처에 숨어 지냈다 했다.

" '히틀러가 전 국민을 기만하여 기백만의 병사들과 시민들의 죽음을 초래했단다. 그자가 국가 방위대의 부상병과 전사자들의 자리를 채워야 했던 청소년들에게서 그들의 젊음을 빼앗아가 버렸지, 그리고 나의 젊음도 역시.'라고 아버지가 늘 읊조리셨어요. 브란트 씨, 있잖아요. 아버지께서 몸서리치는 체험에 대해서 무척이나 많은 이야기를 들려주셨어요. 저는 아버지의 경고를 마음속 깊이 새겨 두었답니다. 하지만 이런 비참한 전쟁에 말려든 사람들을 너무 성급하게 심판하면 안 된다는 것도 제게 주지시켜 주셨어요."

나는 고개를 끄덕였다. 많은 독일인들이 뒤늦게야 히틀러의 숨겨져 있는 본뜻을 간파했다. 그리고 그때는 더 이상 돌이킬 길이 없었다.

"브란트 씨가 관심을 가지고 있는 토락의 말을 보세요. 조금 이따 그의 어마어마한 작업실을 보시게 될 거에요. 아버지 말씀으로는 그 건물 자체만 해도 백만 오천 라이히스마르크가 들었다 해요. 아버지와 그 당시 다른 사람들이 토락과 브레커의 조형물을 아주 좋아했어요."

나는 그녀의 말이 맞다고 인정했다. 당대 대중의 눈에는 아방가르드, 현대 미술이 난해하고 추악하게 보였다. 현대 예술 사조를 꺼리는 사람은 히틀러 하나만이 아니었다. 유럽 전역에 걸쳐 대개의 사람들은 납득이 가고, 현실을 가능한 한 찬미하는, 낭만적인 시각에서 묘사하는 예술을 선호했다.

"아버지께서는 2차 대전과 관련된 독일 위인전기에 아주 큰 관심을 갖고 있으셨어요. 요제프 토락은 그중 한 사람이었고요. 그런 관심은 물론 여기 발트함에 있는 아틀리에 때문이었지요. 토락은 이미 나치가 정권을 잡기 전부터 유명했어요. 그는 나치 사상을 신봉하는 자가 아니었습니다. 그는 자기 밥줄인 새 상전들에게 그들이 원하는 걸 제공하는 순전한 기회주의자였습니다. 그런 면에서 그는 무수한 여타 독일인들과, 허구한 날 기차 가득히 전선으로 무기를 실어 나르던 기관사들과, 혹은 같은 기차에 실려 전선에서 돌아온 부상병을 간병하는 의사들과 조금도 다를 바가 없었지요. 게다가 이들 중의 다수가 나치당원은 아니었을지라도 이들이 잔악무도한 정권의 명맥을 유지하는 기틀이 되었었지요."

이 점이 바로 제3제국에 대한 토론의 주요 현안의 하나였다. 독일 전 국민에게로 죄를 돌려야 하는가? 물론 주범은 히틀러와 그의 추종자들, 그리고 혹독한 범행에 가담한 병사들이었다. 그러나 부역을 치르고 전시 경제를 돌아가게 일조한 평범한 민간인들 역시도 일부는 죄가 있었다. 물론 불복종 시에는 사형이 따랐다는 점도 절대 잊어서는 안 된다 하더라도.

"아버지께서는 요제프 토락이 나치 정권에 일익을 담당했음을 결코 인정하고 싶어 하지 않으셨어요. 아버지 안목에는 토락이 수려한 예술을 창조하고 나치에게 이용당한 것이었습니다. 그러던 훗날 어느 책에서 토락이 그의 처 힐다와 헤어지기를 원했다는 대목을 읽으셨어요. 그녀가 유대인이었기 때문에 그의 출세에 걸림돌이 되었던 거지요. 그 이래 조각가에 대해서 한 마디도 거론하지 않으셨어요. 하다못해 토락의 요절조차도 힐다를 저버린 천벌로 치부하셨지요."

힐다에 관련된 이야기는 내게도 알려진 사실이었다. 유대인 처와 이혼한 그의 결정은 그의 명성에 큰 누가 되었다. 히틀러의 또 다른 총아, 아르노 브레커는 전후 비교적 빠른 시일 안에 명예를 회복했으며, 하물며 독일 정부로부터도 주문을 받는 정상적인 예술가로 복귀했다. 그런 반면 토락의 위치에서는 구태여 이혼까지 할 필요는 없었다. "누가 유대인이고 누가 아닌지는 내가 알아서 결정한다."를 입에 달고 다니던 헤르만 괴링이 힐다에게는 십분 예외적인 특혜를 베풀었음 직했다. 그와 유사한 사례들이 비일비재했었기에. 이제까지 알려진 바로는 힐다와 그들 사이의 아들은 전쟁에서 살아남지 못했다. '전쟁 중 행방불명.'

"노트북을 가지고 오셨군요. 제가 뭐 하나 꼭 보여 드리고 싶은 게 있어요. 제가 잠깐만 사용해도 될까요?" 놀랍도록 민첩한 속도로 그녀가 간이식당의 와이파이 코드를 입력했고 그러곤 연이어 구글에다 '힐다 토락의 여행증'이란 문구를 타이핑했다.

작은 그림을 클릭하자 화면에 힐다 토락이라는 이름이 적힌 여권이 나타났다. 전부 다 까만색인 글자들 사이에 빨간색으로 표시된 유대인의 유자가 눈에 띄는 순간 그게 1933년 이후에 힐다 토락이 사용했던 여권이었음을 나는 즉각 알아챘다. 나는 감격스런 눈빛으로 내 옆에 앉은 아가씨를 바라봤다. 그녀가 빙그레 미소를 지으면서 화면을 아래로 죽 내린 후 의자 등받이에다 상체를 기운 듯 갖다 대고서 내가 그림 설명을 다 읽을 때까지 기다렸다. 뜻밖의 정보에 내가 완전히 경악 상태임을 그녀는 지켜보고 있었고, 나는 설명을 두 번 읽고 난 후에 이 여권의 발견이 토락과 이혼 후 힐다의 생활에 새로운 시각을 부여하리라는 것을 깨달았다. 토락과 힐다 사이에 연락이 지속되지는 않았을까? 그렇게 보였다. 힐다의 여권에는 여러 나라의 스탬프가 찍혀 있고, 개중에서 1937년 파리의 것이 가장 눈길을 끌었다. 같은 해 프랑스 수도에서 열린 세계박람회 때 독일 전시관 입구에 토락의 초대형 조각 「동지」가 배치되어 있었다. 서로 손을 잡고 있는 두 명의 보디빌더. 보건대 힐다가 토락의 참관 아래 전시관을 방문한 모양이었다.

"브란트 씨, 제가 뭐 하나 더 보여 드릴까요?"

내가 내 노트북을 그녀 쪽으로 밀었다.

"증명사진에 흠이 생겨 힐다 얼굴을 잘 알아보기 힘들어요. 제가 얼굴이 잘 나오는 사진을 하나 찾아냈어요. 이 사진은 1938년 8월 1일에 찍은 거예요. 자, 보세요."

나는 등나무 의자에 앉아 있는, 바이에른의 전통 의상인 드린들 원피스 차림의 여염한 여인을 봤다. 방그레 미소를 띠고서 그녀가 카메라 렌즈를 직시하고 있었다.

"이게 힐다예요. 이 사진은 킴제 부근에 있는 하르트만스베르크 성의 테라스에서 찍었고요. 토락이 1938년에 이 성을 샀고 그의 전처 힐다가 여기 와서 상쾌한 날씨를 즐기고 있는 장면이에요, 이혼한 지 5

년이 넘은 시기에요."

나는 어리둥절했다. 토락이 나치를 위해 일했다는 죄과가 언제나 그의 뒤를 쫓아다녔다. 그리고 그가 힐다를 저버렸고, 그로 말미암아 그녀와 그의 혈육인 아들을 죽음으로 몰아넣은 그의 불륜 행위는 그 누구도 단연코 용서하려 들지 않았다.

"제가 힐다가 쓴 1949년의 편지를 발견했어요. 남편 덕분에 처와 아들이 전쟁의 위기를 순탄하게 넘겼다는 내용이에요. 둘 다 살아 있다고요…."

힐다의 여권이라는 극적인 발견에 대해 여전히 흥분을 가라앉히지 못한 채로 나는 그녀와 함께 아틀리에를 향해 걸었다. 15분이 채 될까 말까 우리는 벌써 그 대문 앞에 서 있었다. 나는 여태껏 그처럼 왜소하게 느껴 본 적이 없었다. 18미터 높이의 이 건물에서 토락이 초대형 조형물을 창작할 수 있었다. 거대한 조형물들이 무상출입할 수 있도록 12미터 높이의 철문 3개가 설치되어 있었다.

"브란트 씨, 토락이 제작하고 독일어로 기간티스무스^{거상}라고 부르던 조각상들이 지금 이 자리에 서 있었어요." 그녀가 양팔을 위로 번쩍 쳐들어 천장 아래의 공간을 가리켰다. "토락 씨가 거대한 말의 머리에 가 닿으려면 무지무지 긴 사다리를 타고 올라가야 했을 거예요. 여담 하나가 생각나요. 어떤 방문객이 아틀리에에서 토락 씨를 찾지 못하고 두리번대자 조수가 말하길 '손님이 오시기 직전에 교수님이 말의 귓속으로 들어가시는 걸 봤어요. 분명 오른쪽 귀의 이도를 작업하시느라 아직도 거기 계실 겁니다.'"

토락이 국가수상부를 위해 제조해야 했던 한 쌍의 말, 그중 한 개

조각상의 모델로 삼았던 말과 함께 찍은 사진을 나는 떠올렸다. 하얀 에이프런을 어깨에 건 조각의 대가가 신체 구조를 분해하느라 아틀리에 옆의 벌판에서 풀을 뜯고 있는 한 미끈한 말에게 날카로운 시선을 던지고 있었다.

"여기 곁에 딸린 한 부속 건물에서 독일군의 부대장이 항복 문서에 사인했어요. 항복 이후 2십만 독일 군인들이 감옥에 들어갔어요. 미군은 토락의 아틀리에와 주변 영역을 군사 물자의 저장 창고와 군용차 주차장으로 사용했어요. 미군 장교들이 아틀리에를 심지어 카지노로도 활용했고요. 화이트 호스 인 카지노. 근무를 마친 군인들이 여기 와서 위스키를 마시면서 다소나마 고국을 그리는 향수를 달랬어요. 화이트 호스 인이라는 이름은 토락이 청동 마상을 만드는데 견본으로 사용했던 석조상에서 따온 거예요. 미국인들이 하얀 석조상들을 아틀리에 옆의 들판으로 옮겨다 세워 뒀지요. 그 후로는 발트함 주민들도 토락의 아틀리에를 화이트 호스 인이라고 불렀답니다. 1947년 미군들이 귀국하기 전에 남은 총탄을 그 석조상들에 대고 난사하는 바람에 안타깝게도 모조리 다 산산조각이 나고 말았지요."

우리는 잠시 일부가 우거진 잡초에 덮여 있는 건물 주변을 돌아다녔다. 나는 눈을 밝히며 석조 파편을 찾으려고 땅바닥을 살폈다. 이끼에 뒤덮인, 어쩌면 토락의 말들이 국가수상부로 이송되기 전에 그 위에 서 있었을지도 모르는 주춧돌과 덤불 틈바구니에서 조각 네다섯 개를 발견했다. 예전에는 히틀러가 토락과 함께 여기서 산책을 했었다. 역대의 승리를 찬양하고 기리는 수 미터 높이의 조형물들이 광장마다 자리를 빛내주는 천만년 제국의 몽상에 빠져서. 이젠 사방이 쥐 죽은 듯 괴괴했다.

나는 전화 소리에 깼다.

"브란트 씨, 택시가 와서 기다리고 있습니다." 호텔 리셉션니스트가
알렸다.

나는 택시를 부르지 않았다. 자명종을 봤다. 저녁 여덟 시였다. 어쩌
다가 깜빡 잠이 들었던 모양이었다. 내가 이 호텔에 투숙한다는 것을
아는 사람은 아흐네네르베 박사 단 한 사람밖에 없었다. 나는 신발을
신고 후다닥 세수를 끝낸 다음 호텔 방문을 뒤로 휙 끌어 닫았다.

호텔 입구에 아흐네네르베 박사의 운전기사가 메르세데스 옆에
서 담배를 태우고 서 있었다. "저런, 저기 드디어 행차하시는구먼."
그가 내뱉었다.

우리가 뮌헨의 거의 절반을 종횡으로 주행하는 동안 나는 시큰둥하
게 차창 밖을 내다보고 있었다. 기사가 음악을 어찌나 세게 틀어 놨던
지 대화는 불가능했다. 나는 가사에 귀를 기울였다. '이름 모를 병사여,
나는 지금 당신의 무덤 앞에 서 있네. 보탄 신이 보낸 죽은 넋을 지켜
주는 사자.'

우리가 커브를 돌아서 막시밀리안 거리로 들어섰고 유명한 피어 야
르스 챠이텐 호텔에서 다시 좌회전했다.

"더 이상은 진입 금지입니다. 이쪽으로 쭉 50미터 더 가시면 호프
브로이하우스가 나옵니다."

나는 차에서 내리기 전에 대쉬보드 위에다 1유로짜리 동전 하나를
얹어 놓는 심술을 잊지 않았다. "잔돈은 그냥 두십시오."

호프브로이하우스가 내 앞에 우뚝 그 모습을 드러냈다. 유서 깊은 유명한 맥주집. 나는 한 번도 안에 들어가 본 적이 없었다. 건물 정면과 둥근 아치 양식의 호프브로이하우스 외형은 동화 속에서 그대로 옮겨다 놓은 듯했다. 게다가 시시 황후와 볼프강 아마데우스 모차르트 같은 역사적 인물들이 이 맥주 궁전을 여러 차례 다녀갔다는 사실이 환상적 분위기를 한층 더 고조시켰다. 그런 반면 그리 아름답지 못한 인물들도 이곳에 발길이 잦았었다. 러시아 혁명이 터지기 몇 년 전에 당시 망명 생활 중이던 레닌이 정규적으로 이 안에 발을 내딛었다. 1919년, 공산당 뮌헨 지부는 바로 이 맥주 궁전에다 본부를 설치했다. 종업원들이 공산주의자들에게 겨우 적응했을 즈음인 1년 후에는 아돌프 히틀러가 국가사회민주당을 창립하고자 당원들을 이끌고 이 안으로 밀어닥쳤다.

홍청대는 실내 분위기는 절로 신명이 나게 했다. 대용량의 맥주잔이 놓인 기다란 탁자들에 손님들이 한데 어우러져 앉아 있었다. 바이에른 지방의 고유 의상을 입은 음악단들이 탁자 사이를 돌아다니면서 주로 아코디언으로 구성된 생음악을 연주하고 다녔다. 진부하기 이를 데 없었지만, 그런데도 왠지 제법 그럴싸하게 보였다. 바이에른 주는 이런 향토적 통속성으로 이름나 있으며 아무도 그걸 수치스럽게 생각하지 않았다.

아흐네네르베 박사가 전략적인 자리를 잡아놓은 덕분에 입구에서 그녀의 위치가 한눈에 들어왔다. 그녀가 나에게 손을 흔들었다. 그녀는 내가 그녀 뒤를 캐고 있는 게 아니므로 굳이 메르세데스 뒷좌석으로 자신을 숨길 필요가 없다는 결론을 내린 게 확실했다. "브란트 씨,

이렇게 다시 뵙게 되어 반갑습니다."

아흐네네르베 박사는 우아한 빨간 모자와 선글라스를 쓰고 있었다. 그녀는 내가 처음 만났을 때 메르세데스 안에서 가늠했던 것보다 약간 젊어 보였다. 눈짐작으로는 70대로 보였으며 그녀는 아무튼 제2차 세계대전을 의식적으로 체험했기에는 너무 낮은 연령대였다.

"나와 주셔서 고맙습니다." 내가 말했다.

나도 모르는 사이에 대용량의 맥주잔이 내 앞에 놓였다.

"여기서는 맥주를 마시거든요. 그래서 여쭤보지도 않고 제가 그냥 시켜 놨지요. 에르푸르트에서 보낸 제 젊은 시절에는 이처럼 멋진 맥주 궁전이 없었지요. 아, 참 궁금해요. 브란트 씨 조사는 어떻게 잘 진행되고 있나요?"

한참 궁리한 끝에 나는 아흐네네르베 박사한테는 우리가 그간 말들이 위조가 아니라는 사실을 확인하게 되었음을 말하지 않기로 마음을 굳히고 왔다.

"여사님께서 주신 정보를 바탕으로 제가 브뤼셀에 사는 수집가를 만나 봤습니다. 예측대로 그분이 토락 마상들의 소형판을 소유하고 계시더군요. 하지만 그분이 제게 더는 도움이 되지 못했어요. 자신은 절대로 그 소형판을 빌려준 내력이 없노라고 펄쩍 뛰며 완강히 부인하더라고요. 그리고 저도 그분 말에 심증이 갔습니다. 그렇담 또 하나의 다른 소형판이 존재하고 그게 위조품의 모델이 되었음에 틀림이 없다고 봅니다."

아흐네네르베 박사가 팔꿈치까지 닿는 빨간 새틴 장갑으로 육중한 맥주잔의 둘레를 꽉 움켜쥐었고 한 모금 들이켰다.

"글쎄요, 저로서는 도통 알 길이 없군요. 말씀드렸다시피 저는 제3 제국 출신의 구세대 몇몇 가문의 일만 대리하고 있거든요. 그게 내가 알고 있는 유일한 소형 조각상이지요."

이 화제에 대해 왈가왈부 더 길게 끄는 건 별 의미가 없었다. 3미터 높이의 조각상이 원작이라는 점이 확인된 이상 또 하나의 다른 소형이 존재하는지 아닌지의 여부는 무관하고 무익했다.

"플리크 집안이 여기에 연관되었을 가능성이 있을까요?"

그녀가 한숨을 내쉬었다. "뉘른베르크 재판 때 전범으로 유죄 판결을 받았던 기업가 프리드리흐 플리크의 후손들을 두고 하시는 말씀이신가요? 제 생각으론 부당하게 들립니다. 그들은 국내의 유수한 명문가에 속한데다가 절대로 또다시 그런 류의 스캔들을 자초할 까닭이 없습니다. 아들 프리드리흐 칼이 80년대 초에 플리크 사건이라 불리는 정치적인 파동을 일으킨 적이 있었거든요. 정책 결정에 영향력을 행사하기 위해 거의 모든 정당에 수년 동안 뒷자금을 상납해왔다는 사실이 발각됐던 때였지요. 심지어 한쪽에서는 플리크 기업에서 각별히 헬무트 콜이 수상에 오르도록 배후 조종했다고 주장할 지경이었으니까요."

나는 돌연 이 집안이 실제로 이 사건에 연루되지 않았기를 비는 입장이 되어 버렸다. 그처럼 막강한 권력과 재력에 대항해서 이길 확률이란 거의 제로에 가까웠다.

"프리드리흐 칼 플리크는 또 그의 아버지가 전쟁 당시에 강제 노동자들에게 입힌 손해에 대한 배상금 지불을 끝내 거절했습니다. 2006년 그가 죽은 지 2년 후에 프리드리흐 칼의 유해가 도난되었다가 1년 후에 부다페스트에서 되찾게 되었지요. 아무튼 방금 말한 대로 지난번 정치 파동 이래 명예를 회복하고 최고의 명성을 누리는 대가에서 이런 식의 위조 건에 관련 되었다고는 생각하지 않습니다."

"그럼 아들러라는 이름에는 뭔가 와닿는 게 있으세요?"

아흐네네르베 박사가 맥주를 벌컥벌컥 들이켰다. "아들러요? 글쎄요, 전혀 아무것도."

나는 그녀가 거짓말을 하고 있지 않다는 느낌이 들었다. 최상급 나치 유품을 거래하는 대표자로서 그녀는 여전히 말들이 자신이 주관하는 진품 거래의 신용을 깎아내리는 위조품이라고 굳게 믿고 있는 상태였다. 그녀가 - '제2차 세계대전 시대의 주요 작품들이 저주의 구석방에서 풀려나와 당당히 박물관의 귀중품으로 격상되어야 할 시기가 왔습니다.' 등의 - 자기 판매 사업에 관련된 지설을 펴고 있는 동안 나는 천장에 그려진 화려한 벽화를 응시했다. 관광객 떼들과 뚜렷이 구별되는 단골손님들이 목청을 높여 어떤 권주가를 합창했다. 큰 맥주 조끼를 위로 치켜들고서. 그들의 여흥은 내 기분과 대조를 이루었다. 마상의 현 소유자를 알아내는 길은 두 개가 있었다. 하나는 그걸 팔려고 하는 스테이번을 통해 경로를 거슬러 올라가는 것이었다. 그러나 지난 몇 달간 모은 해결의 실마리만 쥔 채 나는 그저 제자리걸음만 하고 있는 실정이었다. 플리크 집안은 그 타당성이 무척 미흡했고, 아들러에 대해서는 아는 사람이 아무도 없는 것 같았다. 모든 게 스테이번과의 협상에 달려 있었다. 그가 만일 나에게 마상을 팔도록 의뢰인을 설득시킨다면, 잇따를 사전 관람 시에 르네 알론져 경감으로 하여금 매물을 압수하도록 할 구상이었다. 그러나 일이 거기까지 진전될지 지극히 의문이었다.

현 소유자를 알아내는 다른 방법은 말들이 1989년 에버르스발데 러시아 군영에서 이송될 때 어떻게 했는지 그 행방을 찾아내는 길이었다. 슈타지 혹 KGB가 그에 관련되었을 수밖에 없었다. 그들이 분명코 누구에게 말들을 팔았는지 말해 줄 수 있는 장본인이었다. 그러나 슈타지는 해체되어 버렸고 KGB는 새로운 기관으로 병합되어 버린지 오래였다. 게다가 도대체 어떻게 해서 이에 관련된 예전 정보원들을 찾아내겠는가? 또 설령 연락이 이뤄졌다 치더라도 어떻게 해서 그들이 입을 열도록 유도하겠는가?

나는 아흐네네르베 박사가 장벽이 무너지기 전에도 슈타지와 거래했는지 궁금했다. 일전에 내가 아는 유대인 에브라임의 친구인 네오나치 호르스트가 나치 예술을 비밀리에 동독에서 서독으로 팔고 있는 슈타지의 활약에 대해서 들려 줬었다.

"박사님, 슈타지하고 거래해 본 경험이 있으신지요?"

침묵이 흘렀다. "무슨 말씀이세요?"

"슈타지가 러시아인들이 빼앗아 간 중요한 나치 물품들을 국외로 불법 반출시켜 부유한 서구 수집가들에게 매매했다는 건 주지의 사실이 아니겠어요? 지난번 만났을 적에 말씀해 주셨잖아요. 여사님께서 나치들을 수십 년 상대해 오고 있으시다고요. 그들이 뭔가를 팔고 싶으면 여사님을 통해 일을 진행시키고 있다고요. 반면 그런 집안에서 전쟁 말에 그들이 공산당에게 빼앗긴 바로 그런 그들의 예전 소유물을 되찾기를 원하는 사례도 물론 있음 직해 보이거든요. 바꿔 말해 그들이 매출만 한 게 아니라 매입도 했을…"

그녀가 일어서려는 동작을 취했다. "브란트 씨, 잘 들으세요. 그게 대체 토락의 위조 마상들과 무슨 관계가 있다는 건지 이해가 안 되는 군요. 설령 내가 슈타지와 거래를 했다손 치더라도 그걸 내가 왜 댁한테 털어놓겠습니까? 이게 무슨 애들 장난인 줄 알고 계세요? 절대 적발될 염려가 없는 이전 슈타지 첩자들이 나라 도처에 우글대고 있는 판입니다. 과도한 요구로 일을 그르치지 마시고 자중하시기 바랍니다. 계산은 내가 하겠습니다."

아흐네네르베 박사가 대충 작별 인사를 던지고 계산대로 걸어갔다. 나는 탈진 상태였고 독한 맥주로 머리가 지근거렸다. 계단을 올라 화장실에 갔고 수도꼭지를 틀었다. 찬물을 손바닥으로 받아 얼굴을 문질렀다. 얼굴에서 물방울이 떨어졌고 나는 거울 속을 들여다봤다. 바로 그 순간 머리에 불이 반짝 들어왔다.

젖은 얼굴 그대로 나는 화장실 문을 잡아당겼고 계단을 뛰어 내려갔다. 일본인 한패를 거쳐 밖을 향해 길을 헤치고 나갔다. 왼쪽 그리고 오른쪽을 둘레둘레 살폈다. 그렇다! 운전기사가 나를 내려준 그 지점에서 그녀를 기다리고 있을 터였다. 먼발치에 빨간 모자가 언뜻댔다. 나는 그 방향을 향해 내달렸고, 아흐네네르베 박사가 막 안으로 들어가려는 찰나, 그녀 앞의 차 문을 꽝 닫았다.

"이럴 줄 알고 걱정했지요." 그녀가 말하고 나서 뒤로 돌았다. "아시는군요, 그렇죠?"

내가 고개를 끄덕였다.

"부질없는 말이 튀어나왔을 때 댁이 그걸 그냥 흘려들었기만을 바랐지요."

아닌 게 아니라 소홀히 귓결에 듣고 하마터면 흘려 넘겼을 뻔했다.

"가서 앉도록 하지요." 내가 제안했다. 몇 미터 간격을 둔 텅 빈 테라스를 가리키면서. 아흐네네르베 박사는 더 이상 이야기를 나눌 의향이 없음이 역력했지만, 선택의 여지가 없었다. 맥쩍게 앉아 있던 웨이터가 기신기신 다가와 주문을 받아 갔다. 나는 천연수를, 그녀는 '가지고 있는 제일 독 한 술'을 주문했다.

"내가 이제 늙었나 봐요." 그녀가 한숨을 내쉬었다. "젊을 때는 절대로 그런 엄청난 말실수를 저지른 예가 없었는데." 그녀가 담배에 불을 붙였고 내게 한 가치를 권했다. 그녀의 손이 떨렸다. 어떤 사람들을 보면서 어떻게 그토록 오랫동안 엄청난 비밀을 안고 살아갈 수 있을까 하고 나는 스스로에게 물어본 적이 있었다. 보통 사람들이라면 심리적 파산 상태에 빠지고 말았을 거였다. 시종일관 기만과 위장 속의 삶. 친지와도, 혈연과도 그리고 대개는 하물며 자기 배우자와도 완전 남남인 인생.

"그럼 얼마 동안이나 그렇게?" 웨이터가 주문한 물건을 테이블에 놓고 있는 동안 내가 물었다.

아흐네네르베 박사가 술값을 계산했고 웨이터가 가청 범위를 벗어나기를 기다렸다. "아주 오래 전부터죠." 그녀가 위스키를 꿀컥꿀컥 들이켰다.

"내가 얼른 차 속으로 들어가 버렸더라면 내 평생 다시는 당신을 볼 필요가 없었을 걸…."

"네, 그래요. 제 머리 속에 불이 반짝하기까지 약간의 시간이 걸렸어요. 우리가 나눈 대화를 제가 골똘히 되새겨 봤어요. 그러면서 예전에 에르푸르트에서는 이런 맥주집이 없었다는 여사님 말씀을 떠올렸지요. 그때 불현듯 에르푸르트라면 독일 동부에 위치한 고장이고 1989년까지는 소위 '공산주의적인 이상국'의 관할 아래 있었다는 걸 깨달았지요. 그리고 여사님이 지난 수십 년 동안 동독인으로서 나치 유품을 거래하고 있었다는 말씀은 곧 여사님이 슈타지에서 일했다는 뜻입니다. 슈타지 요원이 아니고서는 담당할 수 없는 일이었지요."

아흐네네르베 박사가 잔을 단숨에 비워 버렸고, 한 손을 번쩍 올렸고, 다시 위스키 한 잔을 시켰다. "당신이 지금 날 슈타지 요원으로 어림 짐작하시는데, 그걸 입증할 증거는 찾지 못할 겁니다. 이 마당에 내가 계속 당신을 도와줄 이유가 있다면 한 가지라도 좋으니 말해 보세요."

"기꺼이 그 이유를 말씀 올리지요. 전에 제가 독일 경찰에서 가장 민완한 예술품 전담 수사관이신 르네 알론져 경감에게 다녀왔습니다. 그분이 제게 수십 개 쌓인 서류 상자를 가리키면서, 미처 끝내지 못한 장벽 붕괴 이후의 수사 사건들이라고 하시더군요. 그 상자 안에는 예술품과 골동품 유한회사에 대한 조서 뭉치도 들어있다면서, 알론져 경감이 저더러 그 내막을 언제 한번 샅샅이 파고들기를 부탁하더군요. 제가 분명 거기에서 여사님과 연결시킬 수 있는 암호를 발견하게 되리라 장담드립니다."

알론져가 나한테 그런 부탁을 한 적은 전혀 없었으나 이게 나에게는 유일무이한 기회였다.

아흐네네르베 박사는 자기가 봉착한 상황을 진단하고 있었다. "당신을 계속 돕는 방향으로 노력하겠습니다." 그녀가 담배에 불을 붙였다. 그녀의 손은 더 이상 떨리지 않았다. 그건 위스키 때문이거나 아님 그녀가 이 새로운 국면을 감수할 수밖에 없다는 체념에서였다. "1973

년 초, 박물관에서 학예사로 일하고 있던 시기였습니다. 어느 날 한 남자가 찾아와서 저더러 새 회사로 와서 일해보지 않겠느냐고 권고했어요. 동독 수준으로 봐서 봉급이 꽤나 높은 편이라서 내가 권고를 받아들였지요. 상호는 '예술품과 골동품 유한회사'였고 약자로 예골, KuA로 통했어요. 처음엔 예술 작품의 목록을 작성하는 업무를 맡았는데, 이내 임무량이 늘어났어요. 그 모든 예술품들이 도대체 어디서 왔을까가 물론 의아스럽긴 했어도 일체 입을 다물고 있었지요. 아마도 그런 내 근무 태도가 믿음직했던 모양인지 입사한지 1년이 되는 날 사장의 호출을 받게 되었지요. 사장이 진급 제안을 했고 저는 물론 흔쾌히 받아들였지요. 사장이 사무실에서 나가자, 여태껏 내처 말 한 마디 없이 묵묵하게 우리 곁에만 앉아 있었던 남자가 나에게 잠깐 이야기를 나누자고 청했어요. 예골이 실은 은폐 수단임을 내게 설명해 주면서 자기가 슈타지 요원이라고 신분을 밝히더군요. 공산당은 외국의 경화가 필수 불가결하며, 중앙 당국의 에리히 호네커 서기장이 수집가들에게서 예술품을 압수하여 그걸 자본주의 서구에 불법 판매하라고 손수 허가를 내렸다고 했어요. 그때만 해도 저는 그 점에 대해 어떤 부정이나 오류를 인식하지 못했습니다. 공산주의 신조에 따르면 소유품이란 다름 아닌 도난품이었거든요. 예술품을 개인 소장하고 있는 수집자들에게 도무지 감당해낼 길이 없는 날조된 세금을 부과시켰어요. 그 결과 그들은 수년간의 징역형을 받게 되었고 국가는 세금 징수를 도모하기 위해 예술품을 압류했답니다."

그런 권모술수는 나치가 유대인 수집가들에게 적용했던 정책을 상기시켰다. 차이라면 유대인들은 그런 후에 또 살해를 당했다.

"소유자들한테서 그 예술품을 강제로 몰수하는 광경은 차마 눈 뜨고 볼 수가 없을 지경이었어요. 수집품이 그들에게는 큰 의미를 지니고 있었으므로 이따금 자살을 하는 사람들도 나왔어요. 몇 년 후에는 예골에서 위조자들도 고용했어요. 그렇게 완벽하게 만들어진 위조품들 역시도 대개는 서구로 반출되었지요."

"그러는 가운데 여사님이 공식적인 슈타지 요원이 되셨나요?"

"네, 야간 강습을 받은 후에요." 아흐네네르베 박사가 대답하면서 마치 수치스럽다는 듯이 고개를 옆으로 돌려 내 시선을 피했다. "그 뒤 1997년에 내가 외국으로의 전임을 신청했지요. 소위 공산주의에 좀 더 깊이 연구하고 싶다는 명분을 내세워. 하지만 실은 저 소핀샤츠가 결정적인 역할을 했습니다."

"소핀샤츠요"

"네, 비극의 극치였죠. 1977년 훤한 대낮에 소핀샤츠소피아의 보물라 불리던 보화의 일부가 드레스덴 박물관에서 도난당했습니다. 그건 성 소피아 성당의 개축 공사 시에 묘지에서 발굴된 유물로서, 옛 귀족들이 생전에 사용했던 금반지와 금목걸이 같은 것들이었어요. 이 박물관 도난 사고는 당시 동독에서 대대적으로 보도된 뉴스였지요. 용의자들의 몽타주 그림들이 전국에 배포되었지만 수사는 완전 미궁에 빠졌지요. 실상 이상할 게 하나도 없었는데, 슈타지에서 직접 도난을 조작했기 때문이지요. 1997년에 도난품의 일부가 오슬로에서 모습을 드러냈어요. 그 내막을 알고 있는 저는 무엇보다도 전직 박물관 학예사로서 이런 정황을 용납하기 힘들었어요."

"그래서 서구로 전임 허가를 받으셨나요?"

그녀의 입가에 씁쓸한 표정이 떠올랐다. "허가라고 하기는 좀 뭐하고요. 그 당시만 해도 제가 아직은 젊고 남의 눈을 끄는 용모였지요."

노령의 마나님인 그녀가 예전에는 용모와 자태가 아리따운 아가씨였음은 의심할 여지가 없었다. 첩자들의 세상에서는 위태로운 무기.

"나는 서구의 미술상에게 접근하도록 투입되었습니다. 물론 부호 수집가들과 접촉하게 되었지요. 그들은 내가 팔려는 물건들에 아무 하자가 없다는 확신이 서야만 했습니다. 하지만 당신도 누구 못지않게 수집자들의 생리를 잘 알고 있겠지요. 제3제국 시기의 예술품들은 극비라는 회사 지침이 붙었고 전직 나치나 친나치주의자에게만 매매하도록 정해져 있었어요. 그자들 스스로도 이런 성격의 거래에서는 비밀 보장이 막중하다는 걸 절감하고 있기 때문이었지요."

"그럼 장벽 붕괴 이후에도 그 고객들과의 관계를 유지해 오셨나요?"

"네, 많은 집안들과는 여전히 거래를 계속하고 있습니다. 하지만 토락의 소형 마상 한 쌍은 아직 한 번도 접해 보지 못했지요. 플리크 집안은 오로지 신문지상을 통해서만 알고 있으며 아들러라는 이름도 내게는 전혀 생소할 따름입니다. 악셀 힐페르트한테 한번 문의해보는 게 어떠세요?"

나는 안주머니에서 수첩을 꺼냈다. "악셀 힐페르트?"

"골동품상 피르나에서 일했던 사람이에요. 그건 예술품과 골동품 유한회사와 동일한 목적을 가진 슈타지의 회사였어요. 악셀 힐페르트 씨가 슈타지 내에서는 중요한 인물이었다는 건 널리 주지된 사실이었지요. 그런데도 어떤 수를 썼는지 법망을 교묘히 빠져나왔답니다. 그

리고 근래에는 이전 수상인 헬무트 콜 씨의 전 고문관과 동업을 하고
있답니다.”

상황이 이쯤 되고 나니 나는 무슨 말에도 놀라거나 충격을 받지 않
을 경지에 이르렀다. 전직 나치들과 거래하는 공산주의자들, 기독민주
당 수상의 고문관과 동업하는 전직 슈타지 첩자. 세상은 정말 요지경
속이다.

“혹시 다른 소유자 후보는 없나요?” 아흐네네르베 박사가 물었다. “그
렇다면 애석하게도 나로서는 당신에게 도움을 주지 못할 것 같군요.”

나는 잠깐 생각에 잠겼다. 그녀가 스테이번을 알 리가 없었다. 그자
가 지금 마상을 팔려고 드는 건 사실이지만 중심적 인물은 절대 아니
었다. 게다가 그녀에게 너무 많은 정보를 흘려주고 싶지 않았다. 아흐
네네르베 박사는 지금도 여전히 마상이 위조인 줄로만 믿고 있는 실정
이었다.

“글쎄요, 별로. 아 참, 성전 기사단 단장이라는 말도 입에 오르내리
고 있지요.” 내가 웃으면서 말했다. “사람들이 제멋대로들 이거저거 지
어다 붙이는 통에.”

그녀가 고개를 약간 앞으로 숙였고 선글라스를 아래로 내렸다. 나
는 처음으로 그녀의 새파란 눈동자를 마주 보게 되었다. 그녀가 놀란
눈으로 바라다봤다. “무슨 단장이라고 하셨죠?”

“네.”

“그렇다면 단 한 사람 말고는 없어요, 조 나센슈타인이라고요. 그는
성전 기사단이 아니라 알렉산더 결사단의 단장이라고요.”

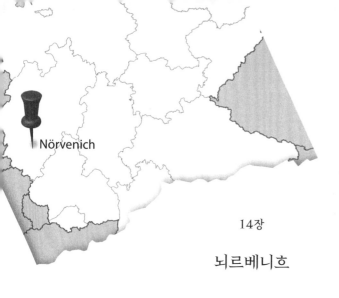

Nörvenich

14장

뇌르베니흐

뮌헨에서 쾰른으로 향하는 기차 안, 조 나센슈타인을 찾아가면서 나는 이 결사단의 단장에 대한 조사에 심혈을 기울였다. *예술과 학문을 위한 알렉산더 결사단*은 알렉산더 대왕의 이름을 따 붙인 명칭이었다. 인터넷으로는 고작 몇 개의 개략적인 내용밖에는 찾지 못했다. 이 결사단의 목적은 존경, 불우 이웃 돕기, 인권, 세계 평화 등등 미스 유니버스 참가자들 입에서 나오는 말들과 엇비슷했다. 결사단과 링크된 것으로 보이는 웹사이트에는 이런 문구가 언급되어 있었다. "20세기 말, 알렉산더 결사단은 어슴푸레한 신비의 베일을 벗고 공개적인 활동을 개시했다." 단원 명단이 자못 눈길을 끌었는데, 명단에는 독일의 마지막 황제의 고명딸이자 프로이센의 공주인 빅토리아 루이제[1892-1980]와 아돌프 히틀러와 협력하여 v2 로켓의 토대를 개발하고 전후에는 미국 항공우주국 프로그램의 터를 닦아 놓은 독일 출신의 쟁쟁한 로켓 과학자 베르너 폰 브라운[1912-1977] 등의 이름이 올라 있었다. 이들은 이미 세상을 떠났으므로 이들이 당시에 비밀 단체였던 결사단의 단원이었는지 진실 여부는 더 이상 규명할 길이 없었다. 단원으로 추정되는 또 다른 인물은 구서독의 초대 연방 총리를 지낸 아데나워 밑에서 의전실 실장 대리를 역임한 에리카 파프리츠[1893-1972]였다. 웹사이트에는 파프리츠라는 이름이 다소 민망스러운 사건에 연루되었다고 기재되었다. 일전에 「슈피겔」에서 보도한 바로는 공식 방문한 국가원수들이 거처하는 독일 정부의 영빈관 홀의 한쪽 벽면이 「물새들이 모여 있는 강가」라는 제목의 양탄자로 장식되어 있었는데, 그것은 헤르만 괴링의 개인 소장품에 속했던 작품이었다. 이는 바꿔 말해 유대인에게서 강탈한 것이었다. 이 같은 폭로로 말미암아 사회적 물의가 분분했었다. 웹사이트에 의하면 알렉산더 결사단의 단원이었던 에리카 파프리츠가 1950년경에 양탄자를 영빈관에 걸도록 했었다. 해당 웹사이트에 파프리츠를 변론하기 위한 글을 올린 글쓴이는 아주 색다른 견해를 제기했다. 여잔지 남잔지 모르겠는 그 글쓴이는 유독 서독만이 예술품을 약탈한 게 아님을 주장했다. 뿐만 아니라 '동독이 몰락할 즈음 러시아인들이 사용했던 병영에서는 제반의 독일 예술품들이 상인들에게 헐값에 팔려 나갔는가 하면….'이라고 정말 문자 그대로 이렇게 쓰여 있었다.

글쓴이가 이걸 어떻게 알았을까? 에버르스발데의 러시아 병영 마당에 서 있었던 토락의 청동 마상 한 쌍, 아르노 브레커의 조각상 두 점, 프리츠 클림쉬의 나상 두 점에도 적용되는 이 같은 정황은 일반에 공개되지 않은 사실이었다. 알고 있는 사람은 불과 손가락으로 헤아릴 정도였다.

나는 온통 흥분에 들떠 조 나센슈타인이 이끌고 있는 알렉신더 결사단에 대해 더 많은 정보를 찾았다. 유명한 영국 배우 피터 우스티노프[1921-2004]도 비밀 단원이었다. 우스피노프의 아버지는 독일 출신 기자였고, 제2차 세계대전 중에는 영국 비밀정보부 MI5의 스파이로 활약했던 외교관이었다. 단원으로 추정되는 일련의 인물들은 하나같이 댄 브라운의 소설 속의 작중 인물만큼이나 다채롭고 스릴 만점이었다. 이 결사단 자체는 별로 대수롭지 않은 단체이고 유명인들이 거절할 겨를조차 없이 단원권을 강요당한 듯한 강한 인상을 풍겼다. 그런 맥락에서 나는 1991년의 사진을 발견했다. 스페인의 황태자 펠리페가 조 나센슈타인 단장의 손에서 그의 손으로 결사단의 '명예 단원권'을 전달받는 장면이었는데 그럼에도 이 결사단에 대해 어딘지 모르게 미심쩍은 느낌을 지울 수가 없었다. 조 나센슈타인이 르네 알론져 경감의 수사 기록에서 부각된 혐의자인 것은 거의 틀림이 없었다. 게다가 그들은 장벽 붕괴 직후 러시아 병영에서 벌어진 예술품 상거래에 대해서 알고 있는 처지였다. 그러나 가장 흥미로운 점은 역시 조 나센슈타인이 아르노 브레커 박물관의 관장이라는 사실이었다. 전후의 탈나치화 재판에서 백 마르크라는 가벼운 벌금형을 받고 난 이후, 아르노 브레커가 새로운 입신양명을 향해 꾸준히 명성을 쌓아가던 시절이었다. 어느 날 뜻밖에 그가 - 위키페디아에 의하면 - 조 나센슈타인와 마주 앉아야 했는데, 나센슈타인이 그의 출판인이 되었기 때문이었다. 그 이후 아켄의 인접 지역에 위치한 나센슈타인의 성곽, 뇌르베니흐 성 안에 아르노 브레커 박물관이 자리 잡게 되었다.

박물관이 주말에만 열고 기차가 연착된 까닭에 나는 쾰른 역에서 뇌르베니흐까지 40km를 택시로 갔다. 아르노 브레커 박물관은 그만 두고라도, 운전기사는 뇌르베니흐라는 성조차도 들어 본 적이 없었다. "저 여기서 그냥 내려 주세요." 마침내 우리가 뇌르베니흐 지역 안으로 들어갔을 때 내가 말했다. 간단히나마 점심 식사를 할 겨를이 없었다. 그래서 나는 *콘디토라이*, 독일인들에게 그처럼 인기가 있는 전통 케이크를 맛볼 수 있는 다과점 안으로 들어갔다. 나는 애플 토르테 한 조각과 단 빵 두 개를 사 들고서 성을 향해 걸어가면서 해치웠다. 내가 박물관으로 가는 길을 묻자 다과점 여주인이 이상한 눈으로 날 쳐다봤다. "거기 찾아가는 방문객은 아주 드물어요. 또 볼 것도 거의 없고요. 하지만 조는 정말 착한 사람이에요." 나는 애당초부터 토락의 말 한 쌍이, 또는 브레커나 클림쉬의 조각상들이 성의 앞뜰에 서 있으리라는 기대는 걸지 않았었다. 그렇지만 여주인의 말이 마지막 남은 한 가닥의 희망마저 무참히 짓밟아 버렸다.

먼발치에서 나는 뇌르베니흐 성을 바라다봤다. 이미 14세기부터 이 자리에 성이 서 있었고, 장구한 세월이 흐르는 동안 파손되고, 개축되고 증축되어 왔다. 1980년에 성이 조 나센슈타인의, 즉 연합통신사 소속의 혈기 왕성하고 정열에 넘치던 기자의 수중으로 들어갔다. 인터넷에서는 나센슈타인을 극우파와 연결시켰지만 나는 그가 기자로 활동하던 무렵에 쓴 집단 학살 수용소의 참상에 대한 기사도 읽었다. 독특한 개성의 소유자, 그것만은 확실했다.

성은 공원 속에 은밀히 들어앉아 있었다. 성을 둘러싼 담에는 전후에 건조된 작품으로 보이는 아르노 브레커의 작은 동상들이 양각으로 새겨져 있었다. 주위는 천하 절경을 이루었다. 그처럼 맛깔스러운 콘디토라이를 코앞에 두고, 여기 이처럼 아름다운 성에 사는 자는 필연 지복을 누릴 수밖에 없어 보였다. 부의 향유와 더불어. 나는 담을 따라 돌아서 입구가 나올 때까지 걸었다. 조약돌로 된 오솔길이 성의 입구를 향해 나 있었고 그 성 양 모퉁이에는 황제 시대의 투구 모양으로 된 탑이 서 있었다. 하지만 일종의 환각 현상으로 성이 그렇게 보이는 것처럼 느꼈을 수도 있었다. 독일의 성들은 네덜란드식 개념으로 볼 때는 예술성이 결핍된 다소 저속한 일면을 지녔으나, 바로 그런 면이 나에게는 황홀감을 자아냈다.

지역 일대는 인적이 전혀 없었다. 어쩌면 내가 잘못 알고 왔으며 박물관 문이 닫혔는지도 몰랐다. 나는 앞 계단을 올랐고 나의 새로운 신분에 대해 예행연습을 했다. 요제프 토락과 아르노 브레커의 예술을 사랑하는, 브뤼셀에서 온 드 프리스. 그렇게 해서 내 네덜란드 억양을 해명하기로 했다. 나는 네덜란드인임을 밝히고 싶지 않았는데, 왜냐하면 나센슈타인이 영락없이 이 사건 전체에 관여되어 있고 스테이번과도 접촉하고 있는 주모자일 수도 있었기 때문이다.

내가 종을 눌렀다. 일종의 황소 방울 같은 종이 떨렁떨렁 박물관 복도 위로 울려 나갔다. 1분쯤 지난 후에 때각때각 대리석 밑바닥에 맞닿은 소리와 함께 발걸음이 다가오는 게 들렸다. 진청색 양복 차림에다 지팡이를 짚고서 - 70대로 추측되는 - 나이 지긋한 노인이 문을 열었다. 그의 얼굴은 백지장 같았고 머리는 뒤로 넘겨 빗었으며 어깨는 쳐져 있었다. 새파란 눈이 나를 머리에서 발끝까지 훑어 내렸다. 이 노인장이 단장임에 틀림이 없었다. 내 외모가 그의 기준에 합격한 모양이었다.

"뇌르베니흐에 오신 것을 환영합니다." 그가 환하게 웃으면서 말했다. 나는 브뤼셀에서 온 드 프리스라고 자기소개를 했다.

"저는 조 나센슈타인, 성주입니다." 나센슈타인이 앞서서, 온몸을 지팡이에 의지하고 다리를 절룩이며 책자가 몇 권 놓인 탁자로 향했다. "자, 여기 홍보 책자가 있습니다. 5유로입니다. 조금 후 떠나실 적에 우리 가게에 잠깐 들러 둘러보십시오."

박물관에는, 아무튼 이 1층에는 우리를 제외하고 텅텅 비어 있었다. 나는 그의 흉중을 떠볼 기회를 벼르고 있었다.

"전 요제프 토락 씨와 아르노 브레커 씨를 무척 우러러보고 있습니다."

"반갑습니다. 멋을 아시는 분이로군요! 자, 갑시다! 내가 앞장서지요."

우리는 마치 잠시 후에 실내 음악 콘서트라도 열릴 예정인 것처럼 의자로 가득 찬 방 안으로 들어갔다. 벽에는 부조 형상들이 걸려 있고 여기저기 청동 두상이 받침대 위에 세워져 있었다.

"성주님께서는 아르노 브레커 씨를 친히 알고 계셨나요?"

"알다마다요!" 그의 눈이 빛났다. "내가 그분의 출판인이었지요. 우리 집안에서는 그 이전부터 브레커 씨를 20세기 최대의 예술가로 숭배하고 있었습니다. 브레커 씨는 오늘날까지도 기성 체제로부터 제대로 평가를 받지 못하고 있는 실정입니다. 우리 어머님께서 제안하셨지요. '우리는 예술을 사랑합니다. 그러므로 우리 성을 제공하겠습니다.' 그래서 브레커 씨가 여기서 상주하다시피 했지요."

나센슈타인이 내 팔을 잡고서 벽에 걸린 나체 남녀의 커다란 흰색 부조를 향해 걸었다. "이 작품의 제목은 「당신과 나」이며 나치 시대의 작품이지요. 총통께서 친히 왕림하셔서 우리가 지금 서 있는 바로 이 자리에 서 계셨지요."

이 부조 형상들이 여기 이처럼 공개적으로 걸려 있다는 것은 이 작품이 시종일관 브레커의 개인 소유물이었음을 의미하며, 따라서 에버르스발데에서 있었던 토락의 말들과 브레커의 사라진 조각상과는 달리 독일 정부가 이에 대한 소유권을 주장할 수 없음을 의미했다.

"브레커 씨가 「당신과 나」의 모델로 1936년 베를린 올림픽 게임에 참가한 두 선수를 선택했었지요. 올림픽 성화 봉송식이 1936년에 최초로 거행 되었고요. 그건 다 나치 정부의 덕택입니다. 그런 사실을 분명 모르고 계셨지요?"

맞았다. 나는 나치의 이 유산에 대해서 아는 바가 없었다.

"당시 신문 보도에 의하면 히틀러가 이 앞에서 작품을 감상하면서 한참 동안을 그렇게 묵묵히 침묵에 잠겨 있었다고 서술되었답니다. 브레커가 이 작품을 통해 '새로운 인간'을, 숭고하고 아름답고 건장한 인간상을 창조해낸 것이었습니다."

아닌 게 아니라 이 나치의 유산에 대해서는 나도 알고 있었다. 이것은 결국 이른바 '열등 인간'이라는 기치 아래 수백만에 달하는 인명을 학살로 인도해 준 작품이었다.

우리는 다음 방 안으로 들어갔다. 나는 청동과 대리석으로 된 몇몇 흉상들을 알아봤다.

"히틀러가 특별히 총애했던 작곡가, 리하르트 바그너?" 내가 물었다.

나센슈타인이 고개를 끄덕였다. "히틀러가 수시로 *바이로이트 축제*를 찾곤 했지요. 바그너의 오페라가 히틀러에게 깊은 감명을 안겨주었지요."

나는 바그너 오페라들의 육중하고 불길한 음향을, 영웅적 죽음을 맞이하는 신화적 인물들을 떠올려야만 했다.

나센슈타인은 바그너에 대한 장황설에 이어 알렉산더 대왕에 대한 이야기로 화제를 넘겼다. 나는 스페인 예술가 살바도르 달리가 디자인한 향수병들에서 개의 청동 두상에 이르기까지 잡다하게 진열된 소장품들을 둘러봤다. 학예사의 전문적인 손길이 닿지 않았음이 명확했다. 나센슈타인이 계속 떠벌리고 있는 동안 나는 그를 관찰했다. 그는 나이가 있긴 있어도 전쟁을 의식적으로 체험했기에는 너무 젊었다. 좌우지간 그는 전직 나치는 아니었다. 하지만 나는 그가 저 아득한 옛 시대를 갈망하는 일종의 낭만주의적 성향이 짙은 자라는 확신을 얻었다. 나센슈타인이 나에게로 시선을 돌렸다.

"혹시 어디 불편하신 데라도?" 그가 물었다.

"아뇨, 아무렇지도 않습니다." 내가 둘러댔다. 너무도 피곤한 나의 심신이 얼굴에 그대로 드러난 모양이었다.

나센슈타인이 내 앞으로 와서 섰다, 지팡이에 몸을 의지한 채. "정말 괜찮으세요? 그렇지 않으면 잠깐 이층으로 올라가도록 하세요. 거기가 좀 선선하지요. 나는 거동이 좀 불편한 처지라서 여기 그냥 있겠어요. 이따가 아래로 내려오시거든 다시 뵙도록 하지요."

내가 계단을 올랐다. 여기에도 역시 같은 식으로 미적 가치를 지닌 예술품들과 통속적인 조잡한 물품이 뒤섞여 있었다. 다행히 어디에도 카메라가 달려 있지 않았다. 나는 벽에다 몸을 기댔고 온갖 상념을 징리해 보려 노력했다. 내 맞은편 벽에 그림이 한 폭 걸려 있었고, 그처럼 조악한 화폭은 내 평생 처음이었다. 금빛이 찬란한 둥근 지붕 아래 여섯 사람이 그려져 있었는데, 다들 분홍색 예복을 걸치고 보라색 탁자 뒤에 서 있었다. 탁자 앞에서는 키가 장승같은 나신의 남자가 버티고 서 있었으며 그의 뒷전에는 독수리라고 그려 놓은 듯한, 아무튼 맹금류에 속하는 새 한 마리가 있었다. 차마 눈 뜨고는 볼 수 없는 졸작이었다.

그 졸작은 「알렉산더 대왕의 연회」라는 제목의 피에르 페롤의 작이었다. 나는 나센슈타인, 아르노 브레커, 그리고 살바도르 달리의 젊을 적 모습은 알아볼 수 있었다. 아래에 적힌 설명에 따르면 알렉산더 결사단 소속의 단원 몇 사람의 인물화였다. 내 눈에는 영락없이 슐라거 축제의 출연진 같았다.

나는 나센슈타인이 날 수상하게 여기지 않을까 염려스러웠다. 드프리스라는 아주 흔한 네덜란드 이름을 택한 것도 그 때문이었다.

더 이상 의심을 사지 않기 위해 나는 일층을 향해 계단을 내려갔다.

"아, 거기 내려오시는군요." 나센슈타인이 말했다.

"말씀하신 대로 이층이 선선해서 제게 좀 도움이 됐습니다." 우리는 다음 방으로 들어갔다.

"우리 독일 사람들은 그지없이 끔찍한 죄를 지은 중죄인임과 동시에 그지없이 위대한 예술가이기도 합니다. 그리고 아돌프 히틀러는 그지없이 관대한 예술의 수호자입니다. 그의 기부금이 아니었더라면 이 모든 게 다 불가능했지요."

그의 기부금? 히틀러는 부분적으로 유태인한테서 탈취한 자금으로 국고를 채우고 토락과 브레커 같은 예술가들을 지원했다.

"브레커 씨와 아돌프 히틀러에 대한 이야기를 나눠보신 적이 있습니까?" 내가 물었다. "그분은 물론 히틀러를 가까이서 겪었잖아요."

"네. 파리를 정복하고 나서 에펠탑 앞에서 찍은 유명한 아돌프 히틀러 사진을 보면 군복을 입은 브레커가 총통 옆에 서 있지요. 하지만 브레커는 원체 내성적 성격인데다, 더구나 자칫 말 한 마디라도 빗나갔다가는 난처한 입장에 빠지기 마련이라서요. 아 참, 예전에 이곳에 브레커의 커다란 동상들이 몇 개 있었는데, 애통하게도 다 가져가 버렸답니다."

"가져가 버렸어요?"

"그래요. 길고 슬픈 사연입니다. 브레커의 재취가 그걸 되돌려 받기를 원해서요. 브레커 씨가 세상을 떠난 후 그걸 내가 물려받았음에도 불구하고."

나센슈타인이 애잔한 눈빛으로 자기 앞을 응시했다. 그러는 사이 한 가지만은 명백해졌다. 이 노인은, 이 단장은 아르노 브레커의 작품을 진정으로 사랑했다.

"드 프리스 씨, 브레커가 나한테 찬사를 보낸 적이 있었지요."

"아, 그러세요?"

"우리가 계약서를 약정해야 하지 않겠느냐고 내가 그에게 물었지요. 그가 과거에 사기를 당한 경험이 있었거든요. 그때 브레커 씨가 대답하기를 '나센슈타인 씨, 우리는 그간 오랜 기간 친구로 지내온 사이입니다. 총통하고도 전 계약서 같은 건 약정할 필요가 없었습니다. 그리고 또 그분께서는 언제나 한결같이 신의를 지키셨습니다.'라고 하디라고요."

히틀러와 비교되는 게 단장의 정서적 경험 세계에서는 최상의 찬사였을 것이었다.

"돌이켜 보건대 그때 차라리 계약서를 작성하는 게 나았을 뻔했습니다. 그랬더라면 내 조형물들을 여전히 고스란히 간직할 수 있었을 테니까요." 나센슈타인이 창가로 걸어가 내게 눈짓을 보냈다. "앞뜰에 있는 저 비어있는 받침대 보이지요? 저기에 그것들이 서 있었지요."

나는 창밖을 내다봤다. "받침대가 상당히 큰 편인데요."

"조형물들이 수 미터 높이였거든요. 그것들을 가져가는 데 견인차를 동원시키지 않으면 안 될 지경이었지요."

나는 토락의 말들이나 다른 네 점의 조형물들이 여기 앞뜰에 서 있었으리라고는 믿지 않았다. 좌우지간 여기 서 있었던 조형물들은 이제 아르노 브레커의 미망인의 수중으로 넘어가고 없었다. 이건 미처 생각지 못했던 우리 조사의 맹점이었다. 그러나 브레커의 미망인이 남편의 경쟁자인 요제프 토락의 마상을 몇 백만 유로나 내고 구입했을 턱이 없었다.

나센슈타인이 고대 게르만족에 대해 독백을 시작하면서 서서히 날 이끌고 박물관의 작은 선물 가게로 걸음을 옮겼다. 옛날 황금시대에 대한 그 모든 추억이 그를 피곤하게 만들어 주었음이 역력했다. 나는 왠지 단장에게 동정이 갔다. 내 평생 처음 대하는 그런 추하기 이를 데 없는 졸작 위에다 그는 자신을 그려 넣도록 했고, 또 그런 자신의 모습에 자부심을 느끼기까지 했다.

박물관 가게에서 나는 우편엽서 몇 장과 브레커에 대한 책을 한 권 골랐다. 책의 뒤표지에 살바도르 달리의 인용문이 적혀 있었다. '*신이란 미의 상징이고 아르노 브레커는 신의 예언자이다.*'

단장은 어느새 의자에 앉아 코를 골고 있었다. 지팡이에 체중을 맡기고서. 이 노인은 사심이라곤 한 점 없이 마냥 순박해 보였으나 겉과 속이 다를 수 있었다. 극우당인 독일국가민주당의 라인-지그 지부의 회원지에 그의 박물관이 호평을 받았고 과거에 스페인 황태자와 국가 지도자들 등등의 세력가들이 뇌르베니흐 성을 연달아 방문했다. 단장은 지지 기반을 구축했고, 재력을 확보했고, 그리고 제3제국에 대한 편파적인 관점을 견지하고 있었다.

어쩌면 마상들이 여기에, 지하 감옥 같은 어디에 서 있을 여지도 없지 않았다. 나는 잠이 든 나센슈타인에게 한 번 더 시선을 던졌다. 모험을 한 번 감행해 볼까? 내 구닥다리 핸드폰을 진즉에 스마트폰으로 교체하지 않은 게 여간 후회스럽지 않았다. 나는 마상의 컬러 사진을 머리에 떠올려 보려 안간힘을 썼다. 마상 뒤에 있는 커튼이 뒤 벽면을 온통 가리고 있는 게 내 시선을 끌었었다. 무슨 연단 같은 것 위에 서 있지 않았던가? 그 배경에는 고목이 아니라 철재로 된 대들보가 있었다는 점에는 확신이 갔다. 하지만 그거야 임시로 건물을 보수하느라 그런 것일 수도 있었다. 나는 살금살금 나센슈타인 곁을 지나갔다. 그의 눈은 감긴 채였다. 현관에는 지하 감옥으로 직결돼 보이는 문은 아무리 찾아도 없었다. 뿐만 아니라 번득 뇌리에 스치는 것이 계단을 통해 어떤 지하 감옥으로 옮겨다 놓기에는 말들의 크기가 턱없이 컸다. 그것들이 이곳에 있었다고 가정한다면 다른 부속 건물에 있었다고밖에는 설명할 수 없었다. 나는 왼쪽으로 돌아 앞마당과 성의 측면에 위치한 건물의 전경을 보여주는 창문을 서너 개 지났다. 측면 건물의 한가운데 아치형의 큼지막한 대문이 보였다. 측면 건물은 과거에 농기구와 성 주변의 농토에서 거둬들인 농산물의 저장 창고로 쓰였던 것 같았다. 수 미터 높이의 마상들을 숨겨 두기에는 이상적 장소였다.

옆문을 통해 나는 앞마당으로 나갔다. 조약돌이 내 발 밑에서 보드등 거렸지만 그 소리가 분명 잠든 나센슈타인에게까지는 가 닿지 않을 성싶었다. 방문객이라고는 나 하나밖에 없는 게 다행이었다. 측면 건물의 대문은 녹슨 맹꽁이자물쇠로 잠겨 있었다. 나는 좌우를 두리번거리다가 쓰레기통 하나를 잡았고 그게 단단한지 일단 점검하고 나서 그 위로 올라섰다. 창문은 닦은 지 얼마나 오래되었던지 거미줄이 얼키설키 뒤얽혀 있었다. 나는 양손을 펼쳐 창문에 대고서 안을 들여다봤다. 몇 개의 의자를 제외하고는 엄청난 공간이 덩그렇게 비어 있었다. 느닷없이 조약돌이 보드등대는 소리에 나는 귀가 번쩍 뜨였다.

"드 프리스 씨, 아니 거기서 뭐하고 계세요?"

나는 얼떨결에 쓰레기통에서 거의 떨어질 뻔했고 가까스로 균형을 되찾았다.

"화장실을 찾고 있는데요….."

"그건 저 건물 안에 있어요. 독일 사람이 아니라는 증거로군요. 독일 사람 같았으면 두말없이 대뜸 성의 담에다 대고 내깔렸을 겁니다."

나센슈타인이 웃었고 나도 함께 따라 웃었다. 화장실에 다녀온 후에 나는 작은 책자를 몇 권 더 사서 계산했다. 그러는 동안 나센슈타인이 형편없는 방문객 수에 대해 불평을 털어놨다.

"우리 젊은이들은 자신들의 문화에 대해 더 이상 자긍심이 없지요. 다들 그저 기를 쓰고 귀에다 이어폰이나 꼽고 다니고 있으니. 그 이면에는 음모가 도사리고 있지요. 저자들이 우리를 다시 미개인으로 만들 작정이라고요."

그가 의미하는 '저자들'이 누구인지 대강 짐작이 갔다. 유대인들의 모종의 음모.

"드 프리스 씨, 부디 무강하시길 빕니다. 그리고 이렇게 찾아와 주셔서 감사합니다."

내 뒤에서 육중한 대문이 열쇠로 찰카닥 잠기는 소리가 들렸다.

Amsterdam

15장

암스테르담

단과 알렉스와 함께 나는 사무실에서 브레커 집안에 대한 조사에 집중했다.

"내가 방금 2006년도의 독일 일간지 「벨트」에 실린 기사 '브레커 나라로의 여행'을 읽었어." 알렉스가 입을 열었다. "브레커의 미망인, 샤를로테와 인터뷰한 내용인데 일각에서 브레커에게는 아무런 허물이 없다고 외치는 데도 불구하고 기자는 조금도 동요하지 않고 밀고 나가거든. 특히 브레커가 최후의 순간까지도 브리에젠에 있는 자기 공장에서 계속 아리안족의 영웅상을 생산했다는 사실이 그에 대한 재평가에 그리 이득이 되지 않았어. 그 점에서는 요제프 토락도 마찬가지고. 또 브레커 집안이 조 나센슈타인과 결별했다는 말도 나오거든. 그러니까 그 싸움이 바로 나센슈타인이 너한테 얘기했다는 조형물 반환 사건과 연관되는 게 확실해."

"그래도 난 그게 러시아 병영에 있었던 여섯 점의 조각상 때문이었을 확률은 적다고 봐." 내가 말했다. "비록 그중에 브레커의 작품 두 점이 끼여 있었다고는 치더라도. 그 여섯 점 때문에 싸웠다면 나센슈타인이 그 조각상들을 성 안이나 주변에 두고 간직하고 있었다는 뜻이거든. 하지만 성의 앞뜰은 만인에게 공개되어 있는 판이고, 그 무지하게 큰 마상들을 그런 나선형 층층대를 통과해 지하 감옥으로 옮겨다 저장했을 가능성은 전혀 없다고."

단은 우리가 이야기하는 사이에 「벨트」 기사를 전부 다 읽었다. "너희들이 제일 흥미로운 대목을 놓쳤다고." 그가 주장했다. "기자가 알렉산더 결사단에 대해 슬며시 건드리면서, 헤르만 오베르트라는 자도 결사단 단원이었다고 지적했어. 내가 그 오베르트를 찾아보니까 세계적인 권위자로 손꼽히는 로켓 전문가이며 히틀러를 위해 V2 로켓을 개발한 사람이었어. 전후에는 극우당인 독일국가민주당과 연관이 깊었고. 자, 이제 급소를 찌르는 대목을 들어보라고. 1989년에 오베르트가 죽었을 때 구드룬 힘믈러의 슈틸레 힐페에서는 로켓 학자의 죽음을 애도하는 조서에 고인이 그들 단체의 '충성스러운 동반자이자 기부자였다.'라고 밝혔어. 너의 그 나센슈타인 말인데, 진짜 끝내주는 친구들하고 인연을 맺고 있거든."

알렉산더 결사단은 내가 일견 상상했던 것보다 아무래도 더 위험한 단체 같아 보였다. 어쨌든 간에 단원이라 추정되는 한 사람이 슈틸레 힐페와 연결되어 있는 건 사실이었다.

"우리가 이제까지 조사한 내용을 한번 정리해 보도록 하자." 단이 제안했다.

내가 일어서서 플립오버 게시판으로 걸어가 첫 장을 넘겼다. "내가 어제 준비해 놨어. 1945년에 토락의 마상 한 쌍이 러시아인들에게 압류된 다음 군대가 주둔하는 병영으로 이동되었고 1989년까지 쭉 그곳에 있었어. 아르노 브레커와 프리츠 클림쉬의 두 조형물과 함께. 동독 예술가 프랑크 란젠되르퍼가 모터바이크를 타고 지나가다가 말들을 촬영해 공산당 당국을 적잖이 당황하게 만들었어. 그 영상이 서구에서 불거지는 날에는 큰 파문을 몰고 올 게 뻔했거든. 얼마 후에는 그가 자살을 하게 됐고.

이전 러시아 부대장 말로는 1989년에 조형물을 모조리 철 조각으로 분쇄시켜 버렸노라고 했어. 하지만 그건 빈말이었다는 게 그간 증명됐거든. 어떤 경로를 밟았든지 간에 마상이 그때 현 소유자에게 매각되었어. 그건 슈타지 혹은 KGB를 통해 이뤄졌음이 확실해. 이상한 점은 그 당시 이런 종류의 일을 담당하던 슈타지 부서에서 근무하던 아흐네네르베 박사가 여기에 대해서 전혀 모르고 있다는 거야. 그녀는 아직까지도 원래 말들은 이미 파괴되었으므로 이게 다 위조라고만 믿고 있거든."

내가 플립오버를 다음 장으로 넘겼다.

"아무튼 말들이 지금 스테이번의 뒤에 숨어서 8백만 유로에 팔고자 하는 누군가의 손에 들어가 있어. 그 누군가는 악명 높은 플리크 집안일 수 있어. 적어도 스테이번의 말을 곧이곧대로 받아들이자면. 하지만 저자들이 십중팔구 스테이번에게까지도 연막을 친 탓에 스테이번 자신도 까맣게 모르고 있는 상황일 수도 있지. 그런가 하면 아들러라는 자가 후보로 올랐는데, 그 이름이 르네 알론져의 경찰 조서에서 주목을 받았어. 게다가 또 지난번 우리가 스테이번을 만났을 때 내가 몰래 카메라를 조종하느라 화장실에 간 틈에 스테이번이 이 아들러와 통화를 했어. 그건 알렉스가 녹화를 해 두었고. 그 다음 또 한 사람, 조 나센슈타인 단장이야. 그가 주도하는 이 단체의 일부 단원은 꽤 수상쩍은 평판을 지닌 자들이며, 슈틸레 힐페와 결부된 게 명확한 그 로켓 학자가 대표적 실례야. 그 점을 떠나서라도 나센슈타인은 일찍이 아르노 브레커와 밀접한 관계였을뿐더러, 결사단의 웹사이트에는 장벽이 무너진 후 약탈된 예술품들이 동독 러시아 병영에서 매매되었다고도 명시되었어."

알렉스가 말의 컬러 사진을 집어 들었다. "여기 오른쪽 이 남자가 우리 조라고 단정내리기는 어렵지만, 어느 모로 보나 이자일 가능성이 짙거든. 아무튼 내 독일 연줄을 통해 이자에 대해 좀 더 깊이 파헤쳐 보도록 할게."

우리는 말을 둘러싼 원의 맨 가장자리만 맴돌면서 과녁의 한복판을 꿰뚫지 못하고 있었다. 바야흐로 스테이번의 뒤를 바짝 다 조질 때가 왔다. 그가 우리를 말의 주인에게로 인도해 줄 수 있는 유일한 길잡이였다.

몇 주 동안 나는 스테이번과 약속을 하려고 시도해 봤으나 그가 선뜻 응해 주지 않았다. "아르뛰어, 내게 아무런 기별이 오지 않는 한 우리끼리만 만나봤자 무슨 소용이 있겠나?" 자기 말로는 열심히 노력하고 있는 중이라고 했다. "오늘 룩셈부르크에서 그 중개인을 만나기로 했어." 마침내, 끈덕지게 조르고 강요한 끝에, 그가 사실대로 털어났다. "소유자가 소유권에 관해 누군가와 왈가왈부하면서 사소한 시비가 붙었나 봐. 과거에 마상들을 담보로 맡기고 얼마큼을 변통했다나 봐."

만약 8백만을 서로 나누어 가질 기회가 생긴다면 우선 그 수익금을 거둬들이기 위해 모든 견해 차이쯤은 옆으로 제쳐두는 게 상식적인 판단이라 하겠다. 하지만 분할해야 할 액수가 커질수록 문제도 그에 비례해 증가한다는 걸 나는 경험을 통해 알고 있었다. 나는 소위 내 미국 고객인 모스 씨가 재촉하기 시작했다고 전하면서 은근히 압력을 넣었다. "다른 매매 제안들이 빗발치고 있는 판이라서 모처럼의 좋은 기회를 포착하시기를 바랄 따름입니다."

우리 사무실에서는 다 글러 먹은 일이라고 판단을 내린 바로 그날 스테이번한테서 전화가 왔다. "나 지금 막 베토벤 거리로 들어가는 중인데, 좋은 소식과 나쁜 소식을 전하러 왔어. 당장 피델리오 레스토랑에서 자네를 좀 봤음 해."

사무실이 발칵 뒤집혔다. "몰래 카메라가 설치된 내 윗도리 어디다 뒀더라? 배터리는 다 충전됐나?"

알렉스가 욕설을 퍼부었다. 피델리오 레스토랑을 정찰해 볼 시간 여유도 없었다. "너 혼자 가야겠다. 저자가 사전에 하수인을 보냈으면 내 정체가 이내 탄로 나고 말거야." 나는 부리나케 윗도리를 걸치고, 문을 박차고 나가 택시를 잡았다. 가는 도중 몰래 카메라를 한 번 더 점검했다. 배터리는 4분의 3정도 충전되어 있었다. 이따가 그럴 기회가 없을까 봐서 확실을 기하느라 카메라를 작동시켰다. 좋은 소식이 있으나 나쁜 소식도 있다는 스테이번의 말이 사뭇 마음에 걸렸다. 그가 너무 다그치는 바람에 마상을 협상할 자격마저 박탈당했을지도 몰랐다. 그는 연신 자신의 억만장자 단골들을 들먹이면서 습관적으로 자기 위치를 실제보다 더 돋보이려고 했다.

베토벤 거리를 횡단하면서 나는 아무도 쳐다보지 않으려고 신경을 썼다. 만약 스테이번이 동정을 엿보려고 누군가를 보냈을 경우에 대비해 나로서는 되도록 여유 만만한 태도를 보여줘야 했다.

피델리오 레스토랑은 만원이었다. 저 모든 중고등학교 학생들이 어디서 돈이 나서 이런 데서 푸지게 먹자판을 벌이고 있는지 의아스러울 따름이었다.

스테이번은 식당 뒤편에 앉아 있었고 내게 눈짓을 보냈다. "이렇게 갑작스레 만나자고 해서 미안해."

"아녜요. 만나게 된 것만으로도 전 기쁜걸요." 내가 대꾸했다.

스테이번은 구릿빛으로 탄 얼굴 때문에 마치 막 휴가에서 돌아온 사람처럼 보였다. 그가 이번은 자기가 계산할 차례라는 요량으로 크로켓 두 개를 곁들인 빵 하나를 주문했고 와인 카드는 전혀 안중에 없었다. "좋은 소식과 나쁜 소식을 가지고 왔어." 그가 반복했다.

"그렇담 나쁜 소식부터 시작하시지요."

스테이번이 약간 멋쩍은 표정으로 자세를 들썩였고 그의 최신 유행의 스카프를 잡아당겼다. "모든 게 생각보다 좀 까다로워. 저들이 보증에 보증을 요구해서 날 미치게 만들고 있어. 마상의 수송 문제만 해도 그래. 저자들 이 수송 중에 발각될 위험성이 가장 높다면서 따지고 들더라고. 일차적으로 이삿짐 회사를 개입시켜야 하고 그런 다음 그게 세관을 거친 후에 미국에 있는 모스한테로 다시 이송되어야 하고. 그러는 과정에 단 한 사람이라도 그 마상들을 알아보는 자가 끼어 있다면 우리는 끝장이라는 거야."

수송 건은 내가 크게 걱정할 필요가 없는 문제였음에도 불구하고 - 내 목적은 독일에서 압수 수색하는 것이기에 - 나는 이 점에 대해 미리 묘책을 강구하도록 스스로에게 종용했었다.

"맞아요. 그런 위험 부담을 모스 씨 역시도 익히 감안하고 계셨지요." 내가 설명했다. "짐 나르는 일꾼들은 물건을 보고도 그게 뭔지 모르는 까막눈들일 겁니다. 반면 그들이 사진을 찍어 소셜미디어에 공유할 확률은 높습니다. 그 때문에 모스 씨가 제안하셨던 거지요. 그 마상들을 중국 인부들을 시켜 이송토록 하자고요. 독일 항구에는 언제나 모스 씨가 자금을 대는 중국 선박이 정박해 있거든요."

"음, 아닌 게 아니라 그게 해결 방안이 되겠구먼. 중국인들이 그 마상들을 알아볼 리가 만무하고 또 그렇게 해서 우리의 시야에서 벗어나지 않게 하고. 반면 뭐니 뭐니 해도 역시 미국으로 수송하는 일이 가장 큰 관문으로 대두되거든."

나는 이 점에 대한 해답을 고안할 시간이 필요했지만 그럴 시간이 없었다. 만약 내가 지금 이 자리에서 안심이 될 만한 대안을 제시하지 않으면 일의 성사가 암담해 보였다.

"제가 모스 씨한테 전화해서 이 현안을 의논해 보도록 하지요." 내가 레스토랑 밖으로 나갔고, 전화기를 꺼내 알렉스에게 전화를 걸었다.

"큰 문젯거리가 하나 생겼어. 저자들이 조형물을 미국으로 반출할 일에 엄두를 못 내거든."

알렉스는 잠깐 생각에 잠겼다. "그렇담 우리가 유럽식 해결을 구상하도록 해야겠다. 유럽 내 경계가 없어졌으니까 마상들이 이 나라에서 저 나라로 무사통과할 수 있잖아."

"하지만 내가 잘못 알았는데, 이제 와서 보니 모스가 스위스 사람이
더라고 번복하긴 곤란하잖아." 내가 반발했다.

"그럴 필요 없어. 그냥 말해. 모스가 유럽에 성을 하나 가지고 있다
고. 아님 그와 엇비슷하게. 그런 미국인들이 허다하잖아, 특히 프랑스
같은 곳은 말이야."

나는 레스토랑 안으로 걸어갔다. 스테이번은 그 사이 크로켓을 해
치우고 있었다. "이제야 깨달았어요, 왜 모스 씨가 그처럼 엄청난 부자
가 되었는지를요." 내가 말했다. "그분 머리 돌아가는 그 번개 같은 속
도에 거의 겁이 날 정도거든요."

스테이번이 입을 닦았고 희망에 찬 눈으로 날 주시했다. "그래, 해
결책이 있대?"

나는 애매모호한 미소를 지었고 내 크로켓을 먹기 시작했다. "진짜
천재적인 두뇌를 가진 분이거든요."

"어서 말해 보라고!"

"제가 일전에 모스 씨가 매년 유럽에서 휴가를 즐긴다고 말씀드리지
않았던가요? 미국에서는 그게 위상을 높여 주거든요. 자, 그런데 그분이
막 작년에 니스 부근에 사놓은 작은 성이 하나 있대요. 거기로 마상들
을 옮겨다 놓는 방법이 훨씬 더 안전하다고 그분 나름대로 벌써 마음을
고쳐먹고 있었대요. 세관도 거칠 필요도 없고, 그러자면 남의 이목을 끌
우려도 없고요."

스테이번의 눈에서 광채가 났고 그는 자기 스카프를 풀었다. "자네
말마따나 천재적인 해결 방법이로구만. 그 모스라는 사람 정말 도사

야."

내가 고개를 끄덕였다. "근데 그 소유권 문제는 어떻게 됐지요? 일전에 소유자가 무슨 부채 때문에 누구하고 티격태격 실랑이하고 있다고 하셨잖아요."

스테이번이 한숨을 쉬었다. 보아하니 그 문제는 잠깐 잊고 있었던 눈치였다. "그 정신 나간 자들이 글쎄 말들을 수년간 담보로 해서 서로 사채를 주고받은 게야. 거래하는 자들끼리 불신이 들끓어서 담보물을 계속 이송해야만 했대. 한번 상상을 해 보라고. 수 미터 높이에다 그 무거운 청동 마상들을 큰 트레일러에 싣고서 수차례나 독일 이곳저곳으로 운반하고 다녔다니. 그것도 고속도로로! 물론 비닐로 포장이야 했겠지만, 아무리 그렇다손 치더라도 세상에 그런 일이…."

내가 웃었다. "설마하니 어디 그렇게까지야 했겠어요?"

나센슈타인 단장이 자기 성에 아르노 브레커의 조각상이 몇 점 있었고 그걸 사람들이 가져가 버렸다는 이야기를 내게 털어 놨었다. 그건 물론 토락의 말은 아닐망정 그 경우 역시 이런 류의 부채 문제와 관련된 것이라고 해도 나는 놀라지 않을 것 같았다.

"아니, 정말이라니까. 좌우지간에 지금 독일 북부 킬 부근에서 사는 누군가와 마상을 놓고 말썽이 있나 봐."

킬… 나는 이 지명을 머리에 새겨 넣었다.

"다시 말해 시간이 좀 더 걸리겠군요." 내가 결론을 내렸다.

"응, 그럴 거 같구먼."

나는 난감했다. 일이 장기화될수록 들통이 날 확률이 커졌다. 저자들이 실제로 내 고객 모스에 대한 신원 조사를 벌이는 날에는 모든 게 하루아침에 산산조각 결딴이 날 판이었다. 게다가 저 신사 양반들끼리의 이권 다툼으로 인한 매듭이 풀리지 않으면 판매가 자연 취소되고 말 터였다.

"그리고 좋은 소식은요?"

스테이번이 자기 가방을 뒤적뒤적하더니 서류첩을 꺼냈다. "본의 아니게 협상이 지연되어서 내가 일종의 보상으로, 특등품을 별도로 요구했거든. 그랬더니 내게 이걸 주더라고, 저자들이 모스를 붙들고 놔주고 싶지 않은 게야."

스테이번이 탁자에 사진을 놓았다. 무릎을 방패에 대고서 검을 빼고 있는, 우람한 근골을 가진 남자의 거대한 나신상 사진이었다. 경직된 표정과 매서운 시선의 투쟁자는 두말할 여지없이 아르노 브레커의 작품이었다.

"아, 아르노 브레커의 「파수꾼」이로군요. 대략 10미터 높이에다 무게는 4톤에 달하는 이 조각상은 끝내 완성되지 못하고 만 베를린의 아치형 개선문을 장식하기 위해 특별히 제작됐던 작품이지요."

나는 사진을 세심히 관찰했다. 이토록 거대한 조형물이 지난 세월 내처 어떻게 그렇게 감쪽같이 숨어 있을 수 있었을까? 10미터라면 건물의 4층 높이인데….

"「파수꾼」은 실은 부조상인데 워낙 규모가 방대해 놔서 40개의 조각으로 짜 맞춰 구성되었다네." 스테이번이 설명했다. "나치 예술이 추구하는 모든 요소가 집결된 작품이 있다면 바로 이 작품을 꼽아야 마땅하지."

"정말 이 조각도 매물로 내놓았다고 말씀하시려는 건가요?" 내가 흥분해서 물었다.

"그렇다니까. 모스가 잠시만 기다리면 두 작품을 차지하게 될 거라고. 토락 말 한 쌍에다가 10미터 높이의 「파수꾼」도. 적어도 그가 말 한 쌍에 8백만 그리고 「파수꾼」에 8백만, 합쳐서 1천6백만 요청가에 합의한다면 말일세."

신사 양반들은 그야말로 철면피였다. 하지만 다른 한편으로는 이 조형물들은 막중한 역사적 가치를 지니고 있기에 부르는 게 값일 수밖에 없었다.

"재확인해 보도록 하겠습니다만, 그분이 합의하시리라고 장담합니다."

나는 거의 믿기지 않았다. 나치 시대의 가장 중요한 조각상이, 다들 파괴되었다고 믿고 있는 그 조각상이 여기에서 크로켓을 먹으며 거론되고 있었다. 스테이번이 세계의 수도 게르마니아에 대해서, 나치가 전쟁에서 승리를 거두자마자 바뀌게 될 베를린의 새 명칭에 대해서 이야기했다. 최후의 마지막 순간까지도, 베를린이 러시아인들의 수중에 거의 들어간 국면에서도 히틀러는 변함없이 게르마니아를 위한 새로운 도시 계획을 세웠다.

스테이번이 불현듯 다시 내 관심을 끌었다. "내가 아들러하고 상의했는데 대금은 모나코를 통해 치르도록 하기로, 두바이에 소재한 회사 계좌를 사용하기로 했어."

"아들러? 아들러 씨는 누군데요?"

"그저 친구야. 주로 수십억대짜리 거래를 하고 있는 친구야. 그 친구네 부친과 조부가 나치 시대에 이름난 변호사였어. 살기는 프랑크푸르트 남쪽으로 약 100킬로쯤 떨어진 지역에 살고."

아들러라는 이름이 번번이 되돌아왔다. 그가 스테이번과 마상 그리고 「파수꾼」의 소유자를 연결하는 고리임이 확실했다. 하지만 그에 대해서 계속 물고 늘어지면 의심을 살 소지가 다분했다.

"모스 씨가 조만간 스위스에 오세요. 그 기간을 이용해서 이 일을 마무리하는 게 이상적으로 보이거든요." 내가 제안했다. "그러고 나서 곧바로 장기간 중국으로 떠나실 계획입니다. 우리 측에서 강행군을 요구할 수 없는 처지라는 건 저도 충분히 이해합니다마는, 아무튼 이게 우리 일을 속히 결말지을 수 있는 최적기라는 점을 전달해 주십시오. 한 달 한 달 지연될 때마다 매달 거의 5만 유로에 달하는 이자를 놓치게 되시는 폭이지요."

내 계산으로는 조형물 값인 1천6백만 유로에 3퍼센트 이자를 치면 매년 50만 유로 남짓한 이자를 받게 되는 셈이었다.

"내 최선을 다하도록 할게." 스테이번이 약속했다.

16장

베를린

예측했던 대로 모스가 「파수꾼」에 대해 듣고 더없는 호응을 보였으며 8백만 유로라는 요청가도 선뜻 승낙하셨노라고 내가 스테이번에게 전화로 알렸다. 아울러 이 부조상도 니스 부근에 있는 그의 성 안 적당한 곳에, 꼬리가 잡히지 않을 곳에 안전하게 모셔다 놓을 계획이라고 전했다.

적어도 일이 외부로 새어나가지 않는다면 그럴 계획이라는 얘기였다. 사실인즉, 적잖이 당혹한 알론져 경감이 내게 전화로 알려왔다. 흥미 위주의 대중연예지 「빌트」에서 마상 수사에 대해 어떻게 냄새를 맡았는지 3일 내에 관련 기사를 보도할 예정이라고. 알론져의 생각으로는 「빌트」에서 말의 컬러 사진은 손에 넣지 못한 것 같았다. "만약 그랬었더라면 그게 오늘 벌써 1면 기사로 나왔을 겁니다." 그럼에도 불구하고 그들은 이 뉴스를 *히틀러의 말들은 어디에?*라는 타이틀을 달아 공표할 계획이었다.

"그 「빌트」 기자 이름이 어떻게 되죠?" 내가 물었다.

"마이크 크라우제."

"그 마이크한테 전화해서 기사를 절대 보도해선 안 된다고 강력히 항의하세요. 그렇게 공개되는 날에는 그 말들을 영영 찾지 못하게 될 거라고 주장하세요."

"그렇잖아도 내가 그 점을 알아듣게 설명하며 타일러 봤지만 헛수고이고, 「빌트」 편집진에서는 대문자만한 활자로 표제를 달 요량이더라고요."

「빌트」가 네덜란드 축구 선수 부부 실비어와 라파엘 환 데르 화르트에 대한 무분별한 사생활 보도에 덤으로 곁들어 내 경력에서 가장 중대한 사건을 무산시키기 일보 직전이었다. 나는 속수무책으로 방관만 하고 있을 수는 없었다.

"그럴듯한 혜택을 주겠다고 하면서 그자를 한번 구슬려 보세요. 특종감이라든지 뭐 그런 거 있잖아요."

내 제안에 힌트를 얻은 알론쪄가 크라우제를 자기 지서로 초대했다. 「빌트」가 공개하지 않겠다는 조건 아래 알론쪄가 수사의 추이를 그와 공유함은 물론, 때가 되면 「슈피겔」과 함께 단독으로 특종을 터뜨리도록 배려해 주겠다고 약속했다. 크라우제가 이에 동의했으나 그래도 우리는 안심이 되지 않았다. 대중연예지가 한 맹세란 엄밀히 말하면 철통같은 보증이 되지 못했다.

내가 「슈피겔」의 콘스탄틴 폰 하머르슈타인에게 이런 정황을 알리자 그가 노발대발했다. "저 인간들은 특종이라면 자기 친어머니라도 팔아먹을 겁니다." 그건 좀 과장되게 들렸지만, 1974년 월드컵 결승전에서 소위 '수영장 이벤트'를 이용해 네덜란드 축구팀이 서독에게 패배하도록 기여했던 「빌트」의 역할을 난 결코 잊지 못했다.

"더 늦기 전에 이 문제를 해결해야 됩니다." 콘스탄틴이 다그쳤다. "그렇잖아도 전할 뉴스가 있어요. 첫 비행기를 타고 어서 베를린으로 와 주세요."

베를린에 도착했을 때 나는 뭔가 심상치 않은 조짐을 직감적으로 깨달았다. 그간 이 일을 해오면서 나는 불길한 일을 예감하는 일종의 제6의 감각을 발달시켰다. 내 스승이었던 미헬 환 레인은 언제나 경계심을 늦추지 않았다. 그를 해치려는 사람들이 수두룩했으며, 서로 얽힌 이해관계가 워낙 크다 보니 그는 끊임없이 주위의 움직임을 살피곤 했다. 처음에는 그런 그를 나는 편집병 환자쯤으로 치부했으나 몇몇 비상사태를 몸소 체험하고 난 뒤에는 나도 좀 더 날카롭게 촉각을 곤두세우는 게 현명하다는 결론을 얻었다. 특히 내가 런던 경시청에서 - 증인으로서 - 대질 심문을 받던 중 길거리에서 찍힌 우리 사진이 증거 자료로 제출되었을 때 새삼 경각심을 높여 주었다. 우리를 예의 주시하는 건 경찰만이 아니었다. 기자인 양 접근하는 자들의 뒷조사를 해 보면 당해 신문사에는 알려지지 않은 사람으로 드러나기도 했다. 범죄자들도 왕왕 우리 신변에 대해 필요 이상으로 많은 걸 알고 있었는데, 그들은 그 사실을 대화 중에 그저 지나가는 말처럼, 그러나 말뜻을 잘 알아듣도록 분명하게 못 박아 주었다.

베를린 공항의 입국장 안에서 나는 20미터 정도 떨어진 곳에, 아무렇지도 않은 듯 벽에 기대고 있는 사내와 눈이 마주쳤다. 1초 후에 그가 시선을 돌렸으나 내가 택시가 서 있는 출구를 찾을 때 창문에 어른

거리는 그림자로 그가 날 지켜보고 있는 것을 확인했다. 나는 맨 앞에 서 있는 택시 안으로 들어갔다. "포스슈트라세로 가주세요."

택시가 시동을 거는 동안 뒤를 돌아봤다. 그는 어떤 여자가 운전하는 차에 탔다. 어쩌면 내가 착각을 일으킨 걸 수도, 출장 갔다 오는 남편을 처가 데리러 나온 것이었는지도 몰랐다. 택시 기사는 내가 자꾸 뒷눈질하는 걸 간파한 모양이었다.

"저 뒤의 폭스바겐이 우리를 미행하고 있다고 생각하시면 제가 한번 몇 군데서 엉뚱하게 핸들을 꺾어 보도록 하겠습니다."

"그래도 괜찮으시다면…."

우리는 오른쪽으로 돌아 샛골목으로 들어갔고 완곡한 커브를 따라 다른 큰길로 나왔다. 폭스바겐이 여전히 우리 뒤를 따라왔다.

"베를린의 이 구역을 지나야 하는 운전자라면 구태여 이 골목길을 택할 하등의 이유가 없거든요." 기사가 말했다. "짐작하신 대로 우리가 미행을 당하고 있는데요." 백미러에 비친 그의 눈이 반짝거렸다. 그는 이걸 무슨 놀이쯤으로 알고 신이 나는 모양이었다.

나는 나를 미행하는 자가 누구일까 자문해 봤다. 누가 도대체 내가 베를린에 있다는 걸 안단 말인가? 내 전화가 도청을 당했거나 아님 콘스탄틴이 입을 가볍게 놀린 것이었다. 최악의 경우에는 내가 벌써 암스테르담에서부터 미행을 당하고 있었다. 우리 집에서부터. 그 후 내가 에어베를린 카운터에 가서 체크인을 할 때 그걸 전화로 베를린에 알린 것이었다.

스테이번은 그런 일을 주동할 위인으로 보이지 않았다. 그가 내 이름을 넘겨줬을 리도 없었다. 본인도 모르는 사이에 저자들로부터 따돌림을 받게 될 게 뻔했으므로. 스테이번 자신이 의뢰인들로부터 감시를 받고 있음이 내게는 더 논리적으로 보였다. 그 결과 저들이 자연 나에게로 화살을 돌리게 된 거였다.

"이런 상황에서도 포스슈트라세로 가시려는 건 아니시겠지요?" 운전기사가 물었다.

난 그 점은 미처 생각하지 못했다.

"네, 그저 이리저리 돌아다녀 주세요. 제가 잠깐 더 생각을 해 보지요."

까만 폭스바겐이 아직도 우리 꽁무니를 따라오고 있었다, 차 두 대를 사이에 둔 채로. 특종 기사를 지키기 위해 「빌트」에서 보낸 누군가일지도 몰랐다. 아님 알론져의 동료이거나. 경찰과 합동 수사를 벌이는 경우에도 그들은 나름대로 협조자의 동향을 낱낱이 파악하기를 원한다는 걸 경험을 통해 알고 있었다. 뿐만 아니라 독일 정보부 BfV일 가능성도 없지 않았다. 나에게 아흐네네르베와 다리를 놓아준 네오나치 호르스트를 방문한 이래 나는 분명 그들의 수사 대상에 올랐다. 심지어 호르스트는 내게 그의 집 맞은편에 설치된 카메라를 알려주기까지 했었다.

우리가 전차 옆을 달리고 있을 때였다.

"약간 더 속력을 내서 달리다가 저 전차의 다음 역에서 절 내려주실 수 있으세요?" 내가 부탁했다.

기사가 속력을 올렸다. 나는 미리 지갑에서 50유로짜리 지폐를 꺼내 들었다. 정지 신호등에 걸려 차가 섰을 때 내가 그의 손에 돈을 쥐어 주었다.

"수고하셨습니다." 그러고는 차 문을 열고 나가 달음질을 시작했다. 뒤를 돌아봤다. 전차가 신호등 앞에 서 있었다. 까만 폭스바겐도 역시. 전차 역은 앞의 사거리를 막 지난 곳에 있었다. 차들을 이리저리 피해 가며 내가 후다닥 뛰어서 사거리를 건넜다. 내가 뒤를 돌아봤을 때 전차가 옆으로 휙 커브를 꺾었다.

나는 기진맥진했다. 나의 탈출 시도는 실패로 끝났다. 그러나 놀랍게도 폭스바겐이 속력을 줄이지 않은 채 전차 역을 지나쳤다. 그때 나는 머릿속에서 슬로모션으로 차 안에 있는 남자의 얼굴을 살폈다. 그는 힐끔이나마 나에게 곁눈질 한 번 주려 들지 않고 앞만을 꼿꼿이 응시하고 있었다. 겨우 한숨을 돌리면서 숨을 들이쉬려고 하던 참에 폭스바겐 뒤의 차가 전차 역을 조금 지나서 정지하는 게 보였다. 두 남자가 차에서 뛰어 나와서는 태연함을 가장하여 전차역을 향해 걸어왔다. 이자들은 프로들이었다. 이제 보니 우리는 내내 차 두 대의 미행을 받고 있었던 것이었다.

사내들은 20대 후반이었다. 하나는 평범한 체구였다. 다른 하나는 거인이었다. 주로 주먹을 써야 할 현장에 파견되는 그런 스포츠형 타입이었다. 저자들의 소속이 어딘지를 대략 가늠해 보려 했지만 헛수고였다. 경찰이 미행할 경우에는 형사처럼 보이지 않으려고 온 신경을 기울였다. 다시 말해 되도록 평범하게 행동했다. 아님 한술 더 떠서 암흑가 불량배처럼 행동했다. 거꾸로 형사들이 뒤를 밟는 범죄자들은 되도록 정상적으로 보이려고 애를 썼다. 아님 한술 더 떠서 형사처럼 보이거나.

둘은 나에게서 5미터쯤 되는 거리에 서 있었다. 그들은 입을 다물고 있었다. 나는 침착하게 전차를 기다리기로 작정했다. 그들이 미행에 그치지 않고 그 이상을 계획하고 있더라도 여러 사람들 사이에 끼여 있는 게 내게는 상대적으로 안전했다. 잠시나마 나는 그들이 다른 전차를 기다리고 있었기를 바랐지만, 그들은 따로따로, 뒤쪽 문으로 올라탔다. 나는 통로에 그대로 서 있었다. 베를린의 정경이 우리 앞을 스쳐갔다. 미행을 당하고 있는 한 콘스탄틴에게 갈 수 없는 형편이었다. 경찰, 그리고 두말할 필요 없이 정보부에서도 내가 그와 함께 손잡고 있음을 알고 있겠지만, 마상을 소유하고 있는 자들 눈에는 「슈피겔」 기자의 느닷없는 출현이란 곧 내 정체를 드러내는 짓이었다. 그럼 그들은 스테이번과의 연락을 단절할 뿐만 아니라 최악의 경우에는 공갈, 협박으로 내 입을 막으려 들 게 뻔했다.

거인 옆에 앉아 있던 여자가 일어서서 전차에서 내렸다. 나는 선수를 치기로 결정했다. 내가 거인을 향해 걸어가서 그 옆에 앉았다. 그가 날 올려다보지 않았지만 나는 그가 불편해하는 걸 감지했다. 다른 자가 우리 쪽을 바라봤다.

"근데요, 뭐니 뭐니 해도 전차보다야 승용차가 편하지요. 그렇게 생각하지 않으세요?" 내가 말을 걸었다.

그가 반응을 보이지 않았다. 갈피를 잡지 못하고 있는 게 분명했다. 그는 지금 자기가 나에게 꼬리를 밟힌 것인지, 아님 더 어이없게도 내가 자기를 유혹하려고 치근덕거리고 있는 것인지 헷갈리는 눈치였다.

"다음 역에서 우리 같이 내려 택시 합승을 하는 게 어떨지요? 그래서 댁, 나, 그리고 댁의 저 친구까지 우리 셋이서 택시값을 나눠서 내도록 하지요. 보아하니 댁들도 같은 방향으로 가시는 모양인데…."

남자가 이제는 날 매섭게 노려봤다. 그가 내 쪽으로 바짝 당겨 앉았고 그의 눈초리에는 점점 더 살기가 돋았다. 내가 하던 말을 마저 맺기에 앞서 다른 자가 와서 그의 팔을 붙잡았다.

"어서 나갑시다!"

그가 통과하도록 내가 다리를 오므려 줬다. 뒤도 돌아보지 않고 그들은 다음 역에서 내렸다.

한때 국가수상부가 서 있었던 위치에 자리 잡고 있는, 내가 일전에 베를린을 방문했을 때 그 주변을 둘러보았던 중국 식당 북경오리에서 콘스탄틴을 만났다. 콘스탄틴이 자리에서 일어나 인사했다. 나는 방금 겪은 일에 대해서는 한 마디도 하지 않기로 마음을 먹었다.

"뭐 그렇게 고개까지 숙여 가면서 인사하실 필요는 없고요." 내가 농을 던졌다.

콘스탄틴이 웃었다. "내 키가 2미터 10센티나 되다 보니 늘 약간 구부정한 자세로 걷습니다. 머리를 부딪칠까 봐 겁이 나서요. 그런 습성이 몸에 굳어 버렸지요. 또 그러자니 마치 내가 등에다 방패꼴 딱지를 업고 다니는 것처럼 보여서 사람들이 날 '거북이'라고 부르지요." 콘스탄틴은 독일인들에게도 유머가 있다는 살아있는 증거였다. 기자로서 그리고 그 후에는 「슈피겔」의 편집장으로서 경험했던 모든 일과 그에 관련된 흥미진진한 일화들을 그는 몇 시간이고 줄달아 엮어 나갈 정도였다. 건조하면서도 구성진 그의 유머와 원만한 성품 덕분에 그는 누구한테서든지 비밀을 캐내곤 했다.

"「빌트」 그 작자 때문에 정말 속이 부글부글 끓어요. 그자가 글쎄 말들을 찾느라 여기저기 무턱대고 전화해서 쑤셔대고 있나 봐요. 말의 임자가 냄새를 맡는 건 시간문제라고요."

콘스탄틴이 경쟁자에 대해 15분간 울화를 터뜨렸고 연이어 음식이 식탁에 오르자 본론으로 들어갔다. "내가 유익한 제보를 얻었습니다. 슈타지 조직 수뇌부 중 한 명으로 자본주의 서구와의 예술품 밀수를 담당했던 악셀 힐페르트와 얘기를 나눴거든요."

"그 사람 이러저러한 부정 사건에 연루되어 교도소에 들어가 있지 않던가요?" 내가 물었다. 아흐네네르베 박사가 내게 그녀의 예전 상관이었던 악셀 힐페르트와 한번 이야기해 보라고 조언했을 때 나는 그에 대한 조사에 몰두했었다.

콘스탄틴이 웃음을 터뜨렸다. "아녜요. 힐페르트 같은 인물은 알고 있는 게 너무 많아 그 누구도 감히 건드리지 못하지요. 오물통이 터져 나올까 봐 겁이 나는 게지요. 그가 어떤 건축 프로젝트에 사기 혐의로 기소되어 6년 선고를 받은 건 사실이지만 그걸 집행유예로 돌려 집에서 자유인으로 생활하고 있답니다."

"결국 미꾸라지처럼 잘도 빠져나갔군요." 내가 결론 내렸다.

"미꾸라지보다 몇 수 더 교활하지요. 심지어는 슈타지에서도 그를 부정 혐의로 기소하려던 참에 힐페르트의 친구들이 일제히 반기를 들고 일어난 통에 유예되어 버렸다 해요."

힐페르트 같은 인간들은 돈이라면 자기 영혼도 사탄에게 팔았다. 그가 이중간첩이었기 때문에 장벽 붕괴 후, 과거에 대한 일체의 책임을 면하게 되었다고 해도 나는 조금도 놀라지 않을 터였다. 아흐네르베 박사에 의하면 그가 요즘에는 그 당시 숙적이었던 이전 수상 헬무트 콜 씨의 전 고문관과 동업을 하고 있는데 이 점에 대해서도 고려해 볼 여지가 있었다.

"제가 힐페르트에게 직선적으로 토락의 말들에 대해 질문하지는 못했어요. 먼저 네오나치들의 최근 위협에 대해서 이런저런 잡담을 나누었지요. 묘하게도 동독 공산주의 슈타지가 네오나치 단체들에 깊숙이 침투되어 있었거든요. 예를 들어 호프만 그룹이라는 악명 높은 네오나치 단체가 있었는데, 그 조직에서 서독 정보부보다 더 많은 슈타지 요원들이 첩보 활동을 했답니다. 그 회원으로 추정되는 사내가 1980년 9월 26일 뮌헨 옥토버페스트에서 폭탄을 터트려 13명이 사망하고 221명이 중상을 입게 했어요. 이번 달에 그 사건에 대한 재조사를 착수했어요. 그동안 그 사건을 론 울프, 소외된 독불장군의 범행으로 추정해 왔었는데 그게 아니라는 의혹이 제기되었기 때문입니다. 뿐만 아니라 이 호프만 그룹의 또 다른 회원인 오드프리트 헵이 미군 테러 공격과 관련된 걸로 밝혀졌지요. 더구나 그것도 그가 슈타지의 내통자로 활동하고 있는 동안에요."

나는 공산주의자들과 예전 및 요즘 나치들이 밀접하게 연계되어 있다는 건 익히 알고 있었고 한편으로는 그런 현상에 대해서 계속 적잖은 의혹을 품고 있었다.

"슈타지가 나치들과 한패가 된 동기는 어디에 있었을까요?" 내가 물었다.

콘스탄틴이 와인을 따랐다. "채식주의자이자 금주가였던 히틀러가 못마땅해서 저 무덤 속에서 돌아눕겠지요. 우리가 지금 이렇게 자기 옛날 총통부 자리에 앉아 와인을 마시고 고기를 먹고 있으니." 그가 장난스럽게 말했다. "슈타지는 그들의 큰 적인 서독의 위상을 약화시키는 것이 중대 사명이었으며, 네오나치들의 테러 공격도 같은 맥락으로 파악하고 있었습니다. 그런 반면 슈타지는 유명한 프랑스 나치 추적자인 서쥐와 베아트 클라스펠트 같은 이들에게 재정 지원도 해주었답니다. 슈타지는 이들로 하여금 서독 정치인들의 숨겨진 나치 관련 과거를 조사하고 적발되게 하여 그 정치인들의 몰락을 기도하려는 취지였지요."

"그분들이 바로 1979년의 폭탄 테러에서 구사일생으로 목숨을 건진 부부 아니던가요? 그리고 오데사가 그 테러의 배후임을 자처하는 성명을 발표했었고요."

콘스탄틴이 고개를 끄덕였다. "하지만 오데사가 실제로 존재하는지에 대해서 난 회의적입니다. 도주 중인 나치들이 도움을 받고 있는 건 기정사실이나 그렇다고 그 막후에 반드시 어떤 조직이 있다고는 말하기 힘들거든요."

"슈틸레 힐페를 잊고 계시는군요. 그 집단은 엄연히 존재하고 있습니다. 하지만 지금은 화제를 악셀 힐페르트에게로 돌리도록 하지요. 유익한 제보를 얻으셨다고요?" 콘스탄틴이 서류 가방에서 수첩을 꺼냈다. 장마다 알아먹기 힘든 깨알 같은 글씨들로 가득 채워 있었다. "나는 물론 토락의 말들에 대한 이야기를 불쑥 꺼내기가 뭐했지요. 그래서 슈타지가 이전 나치들과 직접 거래한 경험이 있느냐는 일반적인 질문으로부터 시작했어요. 힐페르트는 완강히 부정했습니다. 나더러 그런 허무맹랑한 이야기를 어디서 들었느냐고 되물었어요. 공산주의자들이 직접 나치들을 상대해 거래를 했다는 게 어디 말이 되겠느냐고 펄쩍 뛰면서요. 그러나 곧 슈타지가 완전히 그들 특유의 도덕적 원리를 응용했던 걸로 드러났어요. 그들이 그런 상거래를 하기 위해 중개업자를, 서구의 미술상들을 고용했노라고 그가 천연덕스럽게 설명하더군요. 그리고 내게 그 미술상 두 사람의 이름을 줬어요. 한 명은 이미 세상을 뜬 걸로 보이고 다른 한 명은 아직도 활동 중이에요."

"미술상으로요?"

"네, 하물며 명성이 상당히 알려진 인물이죠. 그래서 제가 그 중개인을 찾아갔지요. 그는 꽤 말을 아끼는 편이었어요. 그런데 이야기는 지금부터 시작입니다. 처음에는 아니라고 고개를 흔들었지만, 내가 그의 이름을 악셀 힐페르트로부터 들었으며 제보자로서 그의 이름을 절대 외부에 공개하지 않을 것을 약속하자 그가 술술 죄다 풀더라고요. 내가 나치 조각상들을 모아놓은 사진첩을 가지고 가서 그에게 한번 들춰 보기를 권했어요. 거기에 응당 토락의 말들을 끼여 넣았지요. 실망스럽게도 그 중 어느 하나도 본체만체 다 지나쳐 버리더라고요. 하지만 이제부터 이야기가 시작됩니다. 슈타지와의 거래에 대한 일화를 늘어놨어요. 트럭을 끌고 그들이 야밤중에 동독 경계선을 넘었고 슈타지 직원들이 잇따라 예술품들을 트럭에 적재했답니다. 대부분 동독 주민들에게서 압류한 그림과 조각상들이었지만, 더러는 1945년 러시아인들이 몰수한 나치 예술품을 손에 넣게 될 때도 있었다고 합니다. 그런 갈색 예술품은 극비였대요. 공산주의자들이 갈색 예술을 팔아 그들의 금고를 채우고 있다는 사실이 서구에 폭로된다고 한번 상상해…."

종업원이 우리 테이블에 음식을 갖다 놓을 때마다 우리는 화제를 바꾸거나 침묵했다. 화제가 화제인 만큼 독일인이라면 누구라도, 심지어 중국 태생의 독일인일지라도 귀를 모을 만했다.

"이런 갈색 예술품은 가격대가 여간 높지 않았을뿐더러 거래 시 비밀 보장이 필수적이었기에 미술상은 오로지 극히 제한된 수의 손님만 상대했대요. 대부분 전적으로 재력이 충분한 나치나 네오나치하고만요. 우리 미술상이 독일 북부에 사는 어느 손님을 만나기 위해 야간 주행을 했던 홍미로운 이야기를 해주더군요. 그들이 트럭을 타고서 어느 지하 공간 안으로 들어갔는데, 꼭 국가수상부의 미니어처 같더래요. 담은 아돌프 히틀러의 총통부와 동일한 귀한 붉은색 대리석 타일로 건축되었고 입구 위에는 거대한 청동 국가 수리가 얹혀 있었는데, 집주인인 수집가가 한 말에 따르면 국가수상부에 있었던 거라고 하더래요. 미술상이 그 집에다 상당량의 짐을 배달했고, 개중에는 예를 들어 헤르만 괴링의 책상도 끼여 있었대요. 이제 바야흐로 이야기의 핵심이 나옵니다." 콘스탄틴이 와인 잔을 기울였다. 그는 독일 유수의 기자답게 이야기의 절정에 이르기까지 긴장감을 어떻게 돋워야 하는지 정확히 알고 있었다. 그 이야기를 듣는 상대가 그의 잡지를 구독하는 기백만의 독자이든 혹은 방황하는 네덜란드인이든 그에게는 아무 차이가 없었다. "이 이야기의 주인공인 수집가의 이름이 다름 아닌 바로 플리크…"

나는 그만 와인 잔을 엎지를 뻔했다. "말도 안 돼요!"

"아뇨, 말이 됩니다. 스테이번이 흘려주었다던 바로 그 이름이지요. 단지 하나, 그자가 나치와 관련된 과거로 악명을 떨치는 프리드리히 플리크 집안과 같은 집안인지는 석연치가 않습니다. 아무튼 내가 조사해 본 바로는 그 플리크와 아주 가까운 일가 하나가 독일국가민주당

당원이더군요."

"그자가 어디 사는데요?"

"킬 부근에요."

스테이번이 독일 북부 킬 부근에 사는 누군가와 마상을 가지고 옥신각신하고 있노라고 내게 털어놓았었다. 부채 때문에. 그렇다면 바로 그 플리크, 스테이번이 처음 메일에 언급했던 플리크 외에 다른 적격자는 없었다. 그가 현재 말의 주인인지의 여부는 여전히 불분명했지만, 그 플리크가 이 사건에 관여되었다는 결정적인 단서를 확보한 셈이었다.

"그 사람 주소를 가지고 있나요?"

콘스탄틴이 수첩 한 장을 찢었다. "여기요. 하지만 만용은 삼가는 게 좋아요. 그 플리크라는 작자의 무기 창고가 어마어마하다고 해요."

내가 쪽지를 윗도리 주머니에 넣었다. "그 플리크라는 자를 한번 찾아가 볼 계획입니다. 혹시 동행하실 의향은?"

"천만에, 전 사양하겠습니다." 콘스탄틴이 웃으며 말했다. "제가 미술상한테서 또 다른 이름을 들었는데, 슈타지를 대신해서 부피 큰 물체들을 서구로 밀수하는 일을 맡았던 고철물 판매상입니다. 마상에 대해서라면 그자가 아마 더 많은 걸 알고 있을 것 같다고 귀띔해 주더라고요."

Heikendorf

17장

하이켄도르프

내가 독일의 북부, 덴마크 국경에서는 약 100킬로 떨어진 마을 하이켄
도르프에 도착했을 때는 벌써 좀 어둑했다. 호텔 제이블리크에 2박 3
일 일정으로 예약을 하고 알렉스에게 바로 그곳으로 오도록 청했다.

다음 날 새벽, 나는 창문에 서서 킬의 피오르드 위에 떠있는 컨테이
너 선박들을 바라다봤다. 킬을 왕래하는 선박들로 꽤 붐비는 뱃길이었
다. 알렉스가 오후에나 도착할 예정이라서 나는 기다리는 동안 아담한
온천장 마을을 둘러보기로 했다. 하이켄도르프는 푸른 지대의 널찍한
주택들이 마을의 중심부를 둘러싸고 있었으며, 작은 항구와 모래벌판
이 있는 마을이었다. 한쪽 커브 길의 몇몇 수목들 위로 어마어마한 독
수리 조각상이 솟아 있었다. 가까이 가서 보니 그건 기념비였고 그 위
에 거대한 청동 독수리가 날개를 활짝 펼치고서 킬의 협만을 굽어봤
다. 제1,2차 세계대전에 운용되었던 독일 잠수함에서 희생당한 이들을
추모하는 기념탑이었다. 반원형 벽에는 모든 전사자들의 이름이 새겨

져 있었다. 제2차 세계대전 중에 3만3명이 전사했다. 잠수함은 739척이 침몰 당했다. 그중 하나가 귄터 프린 대위가 지휘하던 U-47이었다. 이 해군 함장은 그의 잠수함으로 전함을 31척이나 격침시켰다. 특히 제2차 세계대전 초기에는 독일 잠수함이 대서양 전투에서 가공할 만한 위력을 떨쳤었다.

오후 늦게 알렉스가 도착했다. 우리가 점심 식사를 하는 동안 레스토랑 안의 모두에게 우리가 이방인이라는 게 너무나 티가 났다. 휴가철이 지난 지 언젠데 미친놈들이 대체 뭐 하러 자기네들 마을을 찾아왔는지 다들 의아해하는 눈치였다. 여러 탁자들에서 우리를 향한 따가운 시선이 빗발쳤다. 나는 그들이 우리 의자 옆에 놓인 배낭과 탁자 위에 놓은 망원경을 보고 우리를 이곳을 지나 북쪽으로 이동하는 철새를 연구하는 조류 전문가쯤으로 짐작해 주기를 내심 바랐다. 하지만 눈에 띄는 복장 - 알렉스는 뱃사람 스웨터를, 나는 까만 잠바를 입은 - 때문에 2인조 도둑으로 의심을 받아도 마땅할 지경이었다.

"나와 연줄이 닿는 독일 경찰에게 네가 말한 그 플리크에 대해 신원 조회를 부탁했어." 알렉스가 쩝쩝대면서 말을 꺼냈다. "네가 말한 대로 무기 창고가 장난이 아니라고 하더라고. 주로 2차 대전 때 사용했던 무기들이래."

"그것 참, 듣던 중 반가운 소식이네. 난 벌써부터 신문 표제가 눈앞에 아른거리는 걸. '네덜란드인, 전후 70년 만의 마지막 2차 대전 희생자.'"

"아니지, 그자가 총을 쏘면 그렇게 녹슨 총은 그자의 낯짝에서 파열될 거거든."

"우리 목소리 좀 낮춰 말하자." 내가 소곤댔다. "저 사람들 다 플리크와 개인적으로 아는 사이들이야. 동네가 워낙 작아 놔서 서로들 모르는 게 없는 관계라고."

알렉스가 기름 묻은 손가락으로 사진을 한 장 꺼내 탁자 위에 놓았다.

"이게 뭔데?"

"보고도 몰라? 스테이번이 너한테 덤으로 내놓은 아르노 브레커의 10미터짜리 「파수꾼」의 머리."

"근데 이건 컬러 사진이잖아!" 트레일러에 실린, 사납게 엉클어진 머리카락을 가진 거대한 두상, 그 두상의 눈이 렌즈를 똑바로 들여다보고 있었다. 그리고 이건 단지 40개의 쪼가리 중 하나에 불과했다! "아니 이걸 어떻게 구했어?"

"인터넷에 깊이 숨어있는 다크웹에서, 지난 몇 년간 방문자라곤 대여섯밖에 안 되는 홈페이지에서. 이 대가리를 알아보는 사람이라곤 하나도 없고. 하지만 뭐니 뭐니 해도 역시 가장 흥미로운 점은 바로 여기. 사진 밑에 존 G. 나센슈타인이라고 명시되어 있더라고. 두말할 것도 없이 단장의 아들이야."

이건 사람들이 견인차를 끌고 와서 자기 성지에서 가져가 버렸다고 나센슈타인이 설명했던 조형물들 중 하나임에 틀림이 없었다. 그의 말에 따르면 브레커의 미망인의 지시로. 또 그는 아돌프 히틀러와는 달리 문서를 통해 브레커와의 모든 계약을 확실하게 해 두지 않았던 걸 한탄했었다.

"이 조각은 나센슈타인네 성에 서 있었다고 봐야 해." 알렉스가 결론지었다.

"서 있었다기보다는 그냥 누워 있었겠지. 40개의 쪼가리로 나뉘어 있어서 그걸 다 일일이 가려내어 짜 맞출 만한 사람이 있었어야 했겠지. 장담컨대 이 쪼가리 부품들의 조립 세트가 전부 다 성의 옆 부속 건물에 안전하게 누워 있었을 거다."

이로써 분명해진 점은 나센슈타인이 이 사건에 중요한 역할을 하고 있다는 것이었다. 그러나 나는 브레커의 미망인이 과연 「파수꾼」을 수중에 넣었는지가 극히 의심스러웠다. 신문 기사에 의하면 브레커의 딸이 정보부에서 자기들을 엄중히 감시하고 있다고 불평을 터뜨린 바 있었다. 40톤짜리 조형물이라면 그냥 침대 밑에 감출 수 있는 성질의 것이 못되었다. 「파수꾼」과 말들은 플리크가 갖고 있다고 보는 게 가장 타당해 보였다. 그리고 계속 불거져 나오는, 베일에 싸인 그 아들러의 정체는 아직 미궁에 빠져 있는 상태였다. 내 핸드폰 신호가 울렸다.

나는 밖으로 걸어 나갔다. 우리의 경감, 르네 알론져였다.

레스토랑 손님들의 시선이 내 뒤를 쫓았다.

"안녕하세요, 르네 씨. 마침 전화 잘 하셨네요. 흥미로운 뉴스가 있습니다." 나는 「파수꾼」과 나센슈타인에 대해 얘기해 주었고 이런 정보들이 조만간 가택 수사 영장을 받는 데 충분한지 물었다.

"미안하지만 이것만 가지고는 빈약할 것 같습니다. 더 많은 물증이 필요 합니다. 근데 실은 제가 심히 걱정이 돼서 전화했어요. 「빌트」의 그 기자한테서 연거푸 전화가 걸려오고, 더 심각한 문제는 말들이 에버르스발데에서 화젯거리가 되어 버렸답니다. 러시아인들이 그걸 보관하고 있었던 그 마을에서요."

나는 내 귀를 의심했다. "아니, 뜬금없이 그게 무슨 말씀이세요?"

"내가 기밀에 붙여 그 지방에 대한 여 전문가에게 말들에 대한 보완 자료를 의뢰했지요. 그랬더니 글쎄 그 메일 답신을 자기 동료 학자들에게 참조로 발송했더라고요."

참으로 어처구니없는 일이었다. 세간의 관심을 모을 만한 화젯거리라곤 평생 가야 접하기 힘든 에버르스발데 같은 소도시에서는 경감이 직접 연락을 했다는 그 자체가 긴급 뉴스로 속보되었을 게 번연했다. 머잖아 독일 전체가 내가 말들을 찾고 있음을 알게 될 거였다.

"우리 서둘러 일을 추진해야 할 것 같습니다." 알론져가 말했다. "우리가 증거를 확보하는 대로 혹 브란트 씨가 프리뷰 날짜를 정하는 대로 즉시 출동해야 합니다. 내가 법무부 장관에게 긴급 보고를 올릴 겁니다. 작전 준비에 시간이 걸리고 여러 부서가 관여되어야만 합니다. 하지만 현 시점에서는 타 부서에게 세부 사항은 밝히지 않겠습니다."

낙담한 채 나는 전화를 끊었다. 우리가 이렇게 근접한 마당에 모든 게 산통이 날 성싶었다. 내가 알렉스에게 나오라는 눈짓을 보내면서 계산했다. 밖으로 나온 알렉스가 자기 혁대를 느슨하게 풀었다. "소화도 시킬 겸 우리 어디 가서 좀 편히 앉자." 그가 제안했으나 나는 한 마디 대꾸도 없이 그저 남쪽으로 난 좁다란 모래사장 위를 걸었다.

바다 공기가 여간 상쾌하지 않았고 이내 알렉스가 날 따라잡았다. "우리가 지금 걸어가는 방향이 맞는 게 확실해?" 그가 물었다.

"아니, 하지만 아무튼 남서 방향으로 쭉 가면 돼."

태양이 쨍쨍하게 땅을 내리비췄고 주위는 아름다웠다. 여기 사는 주민들은 불평할 일이 별로 없어 보였다.

"우리가 저자들 눈에 이상하게 보이나 봐. 저기 한 남자는 우리에게 시선을 거두지 않고 서 있거든."

"그게 그렇게 이상하냐?" 알렉스가 쏘아붙였다. "너 지금 걷는 폼이 꼭 도주자 같거든."

그가 행여 경찰에 신고하기에 앞질러 내가 그자에게 가기로 나는 맘먹었다.

"그뤼스 곧."

알렉스가 내 옆구리를 콕 찔렀다. "그 '신이 당신에게 인사합니다.' 는 바이에른 지방에서나 쓰는 인사말이라고."

남자가 내 이마에다 냅다 박치기를 하는 대신에 자기도 '그뤼스 곧'이라고 인사를 되받아 주었다. 우리가 지금 길을 잃었다고 설명하고 나서 내가 그에게 플리크가 사는 거리 이름을 댔다. 무심결에 그만 주택 번호도 튀어나와 버렸다.

"아, 플리크 씨 댁에 가시는군요. 정말 호감이 절로 가는 분이세요. 혹시 친구분들 되시나요?"

"네, 그런 셈이지요."

"우리 하이켄도르프 주민들은 아직도 그분에게 감사하고 있답니다. 그분이 없었더라면 우리는 아마도 더 이상 살아남지 못했을 겁니다." 남자가 웃으면서 말했다.

"왜 더 이상 살아남지 못했을 거라는 거지요?"

남자가 시가에 불을 붙였다. 보건대 그는 자기 이야기를 들어줄 이방인들을 매일 만날 수 있는 처지가 아니었다. "너무 젊어서 잘 모르시겠지만, 1978년 겨울에 여기는 물론이고 독일 여타 지역에도 몇 미터 높이의 눈이 쌓였답니다. 하이켄도르프는 베를린이나 뮌헨 같은 대도시가 아닌지라 여기까지 와서 우리를 도와줄 사람이 아무도 없었지요. 그때 플리크 씨가 나서서 마을의 눈을 말끔히 치워 가지고 우리를 구조해 주었답니다."

"삽으로요?" 내가 놀라서 물었다.

"아뇨, 그분 탱크로요."

"그분 탱크요?"

"그럼요, 그걸 모르고 계셨나요? 친구분께서는 2차 세계대전의 국방군 탱크를 지하 주차장에 보관하고 계세요. 탱크의 긴 포신이 밖으로 향하고 있지요."

알렉스에게 군침이 도는 이야기임을 나는 곁눈질로 알아챘다. 알렉스가 정녕 전차의 유형을 캐묻지 않기를 바랄 따름이었다.

"게다가 그게 아직도 대포 발사 성능을 보유하고 있거든요!"

경감이 언젠가 이곳에서 압수 수사를 벌여도 좋다는 영장을 받아낼 경우 군대를 동원시키는 게 현명할 성싶었다.

"저는 플리크 씨를 좋아합니다만, 좀 별난 데가 있으세요. 외부와의 접촉을 꺼리세요. 우연히 그분에게 말을 걸 기회를 얻었다 싶으면 어느새 우리의 문화 상실에 대한 화제로 넘어가곤 하시거든요. 과거에는 그래도 품격 있는 아름다운 예술품들을 창조했다고, 요즘 같은 그런 쓰레기가 아니었다고 불만을 토로하세요. 또 현 정치에 대해서도 혐오로 가득 차 계세요. 강력한 지도자가 다시 일어나야만 법과 질서가 향상될 것이라고 주장하면서 한심스러워하세요. 저도 그 말은 맞다고 봅니다."

남자가 큰소리로 웃어댔고 나는 예의로 따라 웃었다. "그분에게 안부 전해 주세요. 여기서 오른쪽 길로 계속 가시다 보면 저절로 그분이 사시는 빌라가 보일 겁니다. 바닷가에 인접한 주택입니다."

기가 한풀 꺾인 우리는 가르쳐 준 길로 발길을 옮겼다.

"그렇게 해묵은 무기들이라서 어쩜 더는 제대로 작동이 안 될지 몰라도," 내가 말했다. "하지만 가능한 한 탱크 근방은 가지 말아야 해."

우리는 되도록이면 주택에서 멀찌감치 떨어져 가려고 신경을 썼다. 이런 마을에서는 낯선 외부인이란 누구든지 으레 의심을 사게 되어 있었다.

"이게 그 거리야. 헌데 막다른 길이네. 여기서 왼쪽으로 돌아서 옆쪽을 통해 정원을 좀 살펴보자." 내가 제안했다.

우리는 굽은 길을 따라 걸었고 나무 사이로 바다를 내다봤다. 다행히 해변 간이식당의 문이 닫혀 있었다. 바다는 더없이 잔잔했다. 바다를 마주한 플리크네 정원의 둘레에는 높은 담이 쳐 있었다.

"우리 이제 어떻게 하지?" 내가 물었다.

"내가 네 발을 아니면 네가 내 발을 받쳐 줘 봤자 별 볼 일 없어. 말짱 헛수고라고."

다른 쪽을 통해 집에 접근하는 수밖에 다른 도리가 없었다. 발각될 위험이 따르긴 해도. 우리는 같은 오솔길로 되돌아 걸었고 거리의 모퉁이에까지 와서 그대로 서 있었다.

"저게 국방군 전차가 놓여 있는 차고임에 틀림없어." 알렉스가 말했다.

플리크의 집은 거리에서부터 바다에 이르기까지 즐비한 나무들로 이웃집과 분계선을 이루고 있었다.

"우리 한번 시도해 볼까?" 내가 제안했다.

"다른 도리가 없잖아."

발소리를 죽여 우리는 이웃집 정원으로 들어갔다. 이곳에서도 역시 플리크의 정원은 담장으로 격리된 채 차단되어 있었다. 플리크 씨께서는 프라이버시를 극히 중시하시는 모양인데, 거기에는 응당 그럴 만한 이유가 있음 직했다.

"저 담장 뒤에 말들이 서 있다 해도 난 놀라지 않을 것 같거든." 내가 소곤댔다. "이곳은 개 한 마리도 얼씬하지 못하게 가로막아 놨어."

바로 그 순간, 담장 뒤에서 개가 짖기 시작했다. 우렁찬 소리로 보아 상당히 큰 개였다. 우리는 꼼짝 않고 말뚝처럼 서 있었다.

"*이리 와!*"

그건 개를 부르는 플리크의 목소리임에 틀림없었다. 개가 서너 차례 더 짖더니만 단념해 버렸다.

"저 짐승이 우리가 여기 있는 걸 냄새 맡았을 거야." 내가 말했다. 그리고 보면 이 담장이 그리 불리하지만은 않았다. 플리크네 정원 안을 넘어다 볼 방도가 없었다. 알렉스와 나는 체중이 85킬로 안팎이라서 피차 들어 올리는 건 대안이 되지 못했다. 내가 나무를 타 본 지도 최소한 30년이 훨씬 넘었다.

알렉스가 나무를 올려다봤다. "네가 알아서 해라. 말들은 네 거니까."

내 체중을 받쳐 줄 만한 든든한 가지를 친 나무가 한 그루 있긴 했으나 폭이 다소 좁아 보였다.

"보나마나 가지가 우두둑 부러져 내가 저 집 정원으로 나가 곤드라지겠지." 내가 가장 밑에 뻗어 있는 가지를 잡으면서 한숨을 내쉬었다.

"그래서 개가 네 뒤를 쫓아오면 네 무릎이 단번에 싹 나아 버리겠지." 알렉스가 대뜸 맞장구를 쳤다.

거친 나무껍질이 좀 따끔하게 손에 상처를 입혔다. 어쩜 플리크가 벌써 날 발견했고 개가 방금 짖어대던 그 지점에 서서 총을 겨누고 있는지도 몰랐다. 나는 위를 올려다봤다. 다음 가지가 꽤 높아 정원 안을 넘어다보는 데 적합했다. 나는 온 체중을 맨 밑가지에 얹었고 팔을 뻗쳐 들고서 휙 하고 위로 뛰었다. 나머지는 슬로모션으로 내 머릿속에서 재현되었다. 나는 우지직 부러지는 소리를 들었고, 나무줄기를 안으려고 했고, 나무껍질에 긁혀 얼굴의 살결이 벗겨졌고 아래로 곤두박질쳤다. 쿵하는 소리와 함께 나는 땅바닥에 나가 떨어졌다. 개가 기다렸다는 듯이 다시 짖어대기 시작했다. 그러니까 개를 집안으로 불러들이지 않았던 모양이었다.

"얼간이!" 알렉스가 웅얼댔다.

내 손에서 불이 나는 듯했다.

개가 있는 곳은 담장의 한쪽 구석이긴 했지만, 그 짖는 소리를 플리크가 못 들었을 리 없었다.

"거기 누구요?" 알렉스와 나는 몸을 최대한 조그맣게 웅크렸고 숨을 죽였다.

"여보세요, 거기 누구 있습니까?"

나는 숨쉬기가 고통스러웠다. 아마도 갈비뼈가 부러진 것 같았다. 심지어는 아드레날린도 아픔을 완화시켜 주지 못했다.

"*이리 와!*"

플리크가 개를 부르는 것 같았다. 우리는 아직 같은 부동자세로 몇 분간을 그렇게 꿈쩍하지 않았다.

"안으로 들어가 곧바로 경찰에 신고할 거야. 그럼 우린 절도 혐의로 꼼짝없이 붙잡힐 거고." 알렉스가 걱정했다.

우리는 내가 방금 떨어진 나무에 등을 대고서 잠깐 숨을 돌렸다.

"이게 무슨 소리야?" 알렉스가 느닷없이 물었다.

나도 그제야 그 소리가 들렸다. 젠장, 끄는 걸 잊어버린 내 핸드폰에서 나오는 소리였다. 나는 주머니에서 핸드폰을 후다닥 꺼내 들고서 잽싸게 버튼을 눌렀다. 「슈피겔」의 콘스탄틴이었다.

"그쪽 특수 비밀 작전은 어떻게 잘 돼 가고 있습니까?"

"저 방금 나무에서 떨어졌어요. 우린 그놈의 정원에 들어가지 못하고 있습니다." 내가 낮게 신음 소리를 냈다.

콘스탄틴이 잠깐 생각했다. "스마트폰들 안 가지고 있나요? 구글 맵으로 가서 그 정원을 확대해 보세요."

나는 스마트폰이 없었으나 알렉스는 있었다. 우리가 진작 그 생각을 못 하다니….

알렉스가 스마트폰을 쥐고서 구글 맵을 열었고 검색창에다 주소를 입력했다. 플리크의 정원이 화면에 나타났지만 지상에서 너무 떨어진 고도에서 촬영된 사진이었다.

"쯧, 답답하다." 내가 투덜댔다.

"기다려. 내가 미국의 군사 위성 사진에 접속 가능해. 로그인 코드가 있거든."

나는 그가 무슨 수로 그런 코드를 갖고 있는지 아예 묻지도 않았다. 그의 대답은 늘 한 가지, '넌 몰라도 돼'였다.

"봐, 이게 훨씬 더 선명도가 높잖아. 이건 지난여름에 찍은 거야."

알렉스가 천천히 확대시켰다. 정원은 축구장 너비였고 완벽하게 가꾸어져 있었다. 실망스럽게도 말들은 눈에 띄지 않았다. 그 대신 화살과 활을 공중에 겨누고 있는 궁수의 조각상이 있었다.

"말들은 꼭 저기 우거진 나뭇잎들로 지붕을 이룬 저 큰 나무 아래에 있을 것만 같거든." 나의 직감적 판단이었다.

"불가능해. 그것들 높이가 3미터 이상이나 된다고."

"그럼 차고에?"

"그것도 아니고. 좀 봐. 여기가 바로 저 차고 지붕이야. 저기는 일체장비를 갖춘 전차 한 대가 떡 하니 들어앉기에 딱 맞는 공간이야. 하지만 거기다가 또 그만한 크기의 청동 마상 두 점까지는 무리라고." 알렉스가 궁수 조각상에다 초점을 맞춰 확대시켰다. "이거 브레커 작품 같긴 해. 하지만 전쟁 중에 제작한 것은 아니고. 그랬더라면 우리가 진작 알아봤을 테니까. 아마 브레커가 전후에 만든 것일 테고 그러면 불법 소유는 아니거든."

나는 실망했다. 해결의 모든 실마리가 플리크를 가리키고 있었다. 스테이번은 말들의 소유자로 그의 이름을 지목했는가 하면 콘스탄틴은 미술상한테서 이 플리크가 나치 예술품을 샀다는 제보를 받았다.

"잠깐만." 알렉스가 잔디밭 위에서 화면 확대를 설정했다. "여기 줄들이 보이지? 이거 전차의 무한궤도 자국이야."

아닌 게 아니라 선명하지는 않아도 탱크가 무른 정원 지반 위를 지

나간 흔적이 있었다. 심지어 지질학자들도 위성 사진을 사용하여 수천 년 묵은 지형 상의 흔적을 찾아냈다.

"왜 정원 안에서 전차를 주행했을까?" 그가 물었다.

"저 탱크가 저기 한동안 서 있었던 같아 보이기도 해. 그랬다면 여 기를 거쳐 운항하는 선박들이 그걸 즉각 경찰에다 알렸을 텐데. 아님 납덩이처럼 무거운 마상들이 탱크에 끌려 정원 안으로 견인되었을지 도 몰라."

"그러곤 다시 정원 밖으로도." 알렉스가 보완했다.

"맞아, 탱크 자국은 말들과 연관이 있음이 확실해. 그리고 그게 지 금 여기 없다는 것은 분명히 그것들을 다른 곳으로 옮겨 버렸다는 의 미고. 저자 들이 우리 정체를 알아낸 건 아닐까?"

"아니지, 난 그렇게는 생각 안 해. 네가 그랬잖아, 조형물이 부채의 담보로 사용되어 큰 트레일러에 실려 수차례나 독일 전역을 이리저리 끌려 다녔다고."

제2차 세계대전 시대 전차가 독일 북부 지역의 잔디 위에 남긴 이 생생한 자취는 한때 아돌프 히틀러의 집무실 밑에 서 있었고 파괴된 걸로 간주해 왔던 토락의 말 한 쌍이 여기 서 있었다는 증거임이 거의 명백했다. 이런 결론이 생뚱하기 이를 데 없긴 해도 더 합당한 판단은 나오지 않았다.

"근데 그 사진에서 좀 오른쪽으로 가 봐." 내가 말했다. "저기 저 나 무 옆에, 내가 얼핏 보기에 아직도 조형물 하나가 있는 것 같아서."

그랬다. 우리가 있는 지점에서 약 몇 미터 간격에, 나뭇잎으로 천장 을 이룬 그 아래 반쯤 가려진 채, 수 미터 높이의 조각상이 서 있는 것이었다. 사진에 반사되는 일광 때문에 하얗게 보였으나, 변색된 조각상의 색깔로 미뤄 보아 그게 청동이라고 판정할 수 있었다. 위성이 정원을 수직 각도에 서 찍었으나 태양의 위치 때문에 조각상의 윤곽이 어느덧 잔디밭에 그림자를 드리우고 있었다.

"왼팔을 위로 뻗치고 있는 남잔데."

"그리고 그 손에 뭔가를 쥐고 있고." 알렉스가 추가했다. "십자가 같아."

"아냐, 내가 보기엔 검이야. 중간에 끼인 검둥을 좀 봐, 상대방 무기에 탄력적으로 대응해야 하는 금속의 방패막이."

우리는 아연히 서로의 눈을 보았다. 그리고 서로의 생각을 피차 알아차렸다. 알렉스가 재빨리 조각상의 이름을 입력하고 있는 동안 나는 큰 걸음으로 몇 발짝 걸어서 가장 가까이에 있는 나무에 기어올랐다. 이번에는 손에 아픔이 느껴지지 않아서 듬직한 나뭇가지들을 잡아 어느 틈에 제법 높은 위치에 닿았다. 나는 나무줄기를 부둥켜안고 나서 조심스럽게 고개를 돌렸다.

거기에 서 있었다. 등을 내게 보인 채로. 완전히 녹색으로 변색되어 있었다. 나는 꿈을 꾸는 것만 같았다. 행방이 묘연했던 70년이 지난 지금 내가 제3제국에서 가히 가장 유명한 예술품이라 칭할 만한 이 작품을 보고 있는 것이었다. 아르노 브레커의 「국방군」. 토락의 말들과 아울러 「국방군」은 모범적인 작품이었다. 나치 정권 아래 모든 예술가들의 거울. 이 작품들을 통해 총통은 그의 영원무궁한 제국에서 예술이 어떤 양상으로 발전해야 하는지 그 방향을 설정했다.

그 사이 알렉스는 반대쪽을 타고서 나무 위에 올라와 있었다. "이럴 수가." 그가 감탄했다. "이럴 수가."

몇 분이고 우리는 조각을 응시했다. 「국방군」은 소위 국가수상부 영예의 *마당*에, 과대망상적인 건물의 실제 입구에 서 있었다. 전쟁 후 브레커의 자술에 따르면 그는 이 검을 빼어든 남자를 통해 '조국을 방어하는 자'를 묘사하고 싶었노라 밝혔다. 작품의 설계도를 보면서 히틀러는 희열에 넘쳤고 「국방군」으로 세례명을 붙여 주었었다.

"아무래도 저 탱크가 이 조각상을 나르느라고 정원에 들어갔었을 것 같아." 알렉스가 말했다. "말들 때문이 아니라 말이야."

"아냐." 내가 완강히 부인했다. "말들이 여기 서 있었다고. 난 그게 육감으로 느껴지거든." 내가 나무의 맨 밑가지에다 발을 얹었다. "자, 우리 그만 가자. 플리크가 우리를 발견해서 총으로 쏴 나무에서 떨어뜨리기 전에."

18장

암스테르담

나의 동료 알렉스와 단은 우리가 그간 추적한 나치 조형물의 목록을
만드느라 바빴다. 총 여덟 점이었다. 국가수상부의 정원에 서 있었던
토락의 「달리는 말들」 두 점, 국가수상부 영예의 마당에 있던 브레커
의 「국방군」, 브레커의 10미터 높이의 「파수꾼」, 거기에다 말들과 같
이 에버르스발데 병영 마당에 서 있었던 브레커의 작품 두 점과 클림
쉬의 작품 두 점.

"우리 계속 이런 식으로 나가다간 국가수상부를 송두리째 다시 찾
게 되겠는데." 단의 입에서 절로 농담이 나왔다.

그렇다. 참으로 이례적인 일이었다. 제2차 세계대전이 끝난 지 벌
써 70년이 되었고, 수없이 많은 서적들, 기록 영화들과 극영화들이 제
각각 수없이 많은 측면들을 다루었다. 또 최근에도 여전히 고문서나
참전 용사들이 임종 직전에 한 자백을 통해 새로운 사실들이 불거져
나오고 있다. 하지만 히틀러의 보물이 여전히 건재하고 있다는 점은

더 없는 경이감을 불러일으켰다. 세상을 깜짝 놀라게 할 만한 사건이었다.

나는 노트북으로 국가수상부에 대한 기록 영화를 다시 살펴봤다. 이번에는 토락의 말들이 있었던 정원이 아니라, 아르노 브레커의 「국방군」이 서 있던 영예의 마당에 내 관심이 집중되었다. 영예의 마당은 축구장 크기만 했고, 나치 총통부의 중앙 출입구였다. 총통을 접견하게 된 '영예'를 차지한 자는 누구라도 어김없이 이 안뜰을 거쳐 갔다. 정문 옆에는 무장한 파수병들, 그리고 두 개의 엄청난 조형물이 지키고 있었고, 그 중 하나가 이 「국방군」이었다.

"저걸 절대 우리 손 밖으로 빠져나가게 해선 안 돼." 알렉스가 다부지게 말했다. "저 조각들이 또 다시 사라지면 영원히 소실될 거야."

"저것들은 아직도 사라진 상태라고." 내가 바로잡았다. "간신히 「국방군」 하나만 플리크의 정원에 있다는 것이 밝혀졌을 뿐이야. 제발 알론져가 일을 신속히 처리해 줘야 할 텐데."

르네 알론져 경감은 차후 벌이게 될 가택 수색에 대비해 여러 법적인 서류상 절차를 밟고 있는 중이었다. 정보 누출을 심히 우려하며 만사에 최대한 신중을 기하고 있었다. 그는 이 사건을 집정자에 알릴 의무가 있었는데, 의심할 여지없이 며칠간 신문 지상을 장식하며 치열한 국회 대정부 질의를 벌이는 결과를 낳게 될 충격적인 사건이기 때문이었다. "세부 내용은 때가 되면, 결정적 순간에 가서야 그들에게 통고하려고 합니다."라고 그가 계획을 전했다.

내 추측으로는 알론져가 언론으로 정보가 누출되는 일에만 겁을 먹고 있는 게 아니었다. 최정상급의 정치적 인사들까지도 지난 수십 년 동안 이전 나치들을 보호해 오고 있었다. 더러는 - 어떤 구금이든 간에 결과적으로는 독일 위상에 해를 끼친다는 - 실질주의적 사고에서, 더러는 순수한 공감대에서 왕년의 동우들을 저버리고 싶지 않은 것이었다. 법무청의 검사들은 전쟁 희생자들의 고소를 저지하고, 경찰관은 은신 중인 나치들에게 그들의 새로운 정체가 적발되었다는 기밀 정보를 본인들에게 사전에 밀고해 주었다. 또 독일 정부는 오늘 이 시각까지도 전범자를 인도해 달라는 다른 나라의 요청을 거의 예외 없이 거절하고 있는 실정이었다. 자신이 저지른 죄과에 대해 아무런 책임 추궁도 받을 필요 없이 여생을 편안하게 보낼 수 있는 나치 전범자들의 사례는 이루 다 헤아릴 수 없을 지경이었다.

비밀의 장막에 가린 조직인 구드룬 힘플러의 슈틸레 힐페 역시도 그 창설 이래 거의 모든 독일 정당들로부터 줄곧 적극적인 지지를 받아왔다. 어떤 고위 정치가가 슈틸레 힐페에게 몇몇 네덜란드인들이 토락의 말들과 다른 조각상들을 찾고 있는 중이라고 귀띔해 줬을 소지가 다분했다. 슈틸레 힐페의 구성원들은 누가 이 조형물들을 점유하고 있는지 정확하게 알고 있을 것이고 그것에 의심의 여지가 없었다. V2 로켓의 전문가인 헤르만 오베르트는 슈틸레 힐페의 구성원이었고 조 나센슈타인이 주도하는 알렉산더 결사단의 열성분자에 속했다. 다른 혐의자, 즉 정원에 「국방군」을 세워 둔 플리크에 관해 콘스탄틴이 우리에게 알려준 바에 따르면 그의 가까운 일가가 극우당인 독일국가민주당의 당원이었다. 나아가 독일국가민주당과 슈틸레 힐페의 유착 관계는 자명한 이치였다.

"근데 스테이번은 어떻게 됐지?" 단이 물었다.

"무소식. 매일같이 문자를 보내 판매를 재촉하고 있지만 여전히 똑같은 타령. 저자들이 그간 우리 고객 모스의 신뢰도 - 더 중요한 건 - 수백만쯤은 문제가 될 게 없는 그의 지급 여력에 홀딱 넘어 갔어. 또 소위 프랑스에 있다는 모스의 성에 대해서도 대찬성이고. 그런데 한 가지 문제가 여전히 미결 상태야. 부채로 인해 소유자와 미지의 누군가 사이에 소유권에 대해 아직도 왈가왈부 시시비비를 가리고 있나 봐."

우리의 대화는 내 휴대폰 소리 때문에 중단되었다. 경감이었다.

"아, 르네 씨. 제발 또 무슨 노출이 생겼다고 전하시려는 건 아니길 바랍니다."

르네 알론져가 격앙된 목소리로 말했다. "아니, 아니죠. 적어도 내가 아는 범위 내에서는. 「빌트」에서 알고 있다는 것만으로도 골치를 앓고 있는 판입니다. 글쎄 그 기자가 하루가 멀다고 전화를 해대고 갈수록 더 안달을 부리는 통에 정말… 그자로서는 자기 인생 최대의 특종을 잡은 셈이거든요."

"그자 말고도 마상 관련 정보를 더 얻기 위해 주고받았던 메일을 자기 동료들에게 유포했다는 저번의 지역 여 전문가도 상기해 주시기를…."

"그래요, 압니다. 꼭 그렇게 우는 가슴에 말뚝 박듯 하시깁니까?" 알론져가 탄식하며 말했다. "서두르면 얼마나 빨리 이리로 오실 수 있나요?"

"오늘 밤 늦게나요. 근데 왜죠?"

"좋습니다. 그럼 첫 비행기를 타고 와 주세요. 아주 시급하답니다."

19장

베를린

벌써 12시 20분이었다. 택시 기사가 두 차례나 내게 확인했다, 내가 말한 주소가 맞느냐고. "여기는 경찰서고 경찰 아저씨들이 벌써 잠이 들었을 겁니다." 야밤의 베를린이 눈앞을 스쳐 지나갔다. 내가 알기로는 히틀러가 경호원을 데리고 밤 나들이를 즐겼었다. 그런 식으로 그는 번거로움을 피해 바깥바람을 쐴 수 있었다. 이전과는 다른 새로운 베를린의 모습을 보면 그가 어떻게 생각할까? 그의 게르마니아를 방불케 할까? 어쨌든 베를린은 심지어 이 시각에도 차량들이 부산스레 오가는, 활력이 넘치는 도시로 재건되었다.

우리는 옛날 공항인 템펠호프의 모퉁이를 돌았다. 택시가 경찰서 입구를 약간 지나 멈췄다. 밤공기가 싸늘했다. 알론쳐가 이렇게 늦게까지 날 기다려 주기를 바랐다. 나는 벨을 눌렀고 얼굴을 창에 대고 안을 들여다봤다. 경찰서는 예상대로 횅뎅그렁하니 아무도 없었다. 1분 후에 잠에 취한 경비원이 나왔다.

"대체 무슨 일이오?"

내가 르네 알론져 경감과 약속이 있어 왔다고 말하자 그가 날 안으로 들어오게 했다. 나는 엘리베이터를 타고 3층으로 올랐다. 실내 온도가 바깥보다 그리 높지 않았다. 어둑한 복도 끝에 문지방에서 새어 나오는 빛줄기가 보였다. 내가 기억하는 한 저건 알론져의 집무실이 아니었다. 내가 미처 문에 이르기 전에 그가 문을 휙 열어 젖혔다.

알론져가 날 반갑게 맞이했다. "이렇게 속히 와 줘서 고맙습니다."

공간은 책상 하나와 의자 두 개를 제외하고는 텅 비었다. 이건 취조실이었다. 수사관이나 목격자가 직접 모습을 드러내지 않은 채 심문 현장을 지켜볼 수 있는 창문이 내 앞에 있었다. 알론져가 내게 의자를 권했다.

"제가 무슨 혐의를 받고 있는 건 아닌지요? 그렇다면 변호사를 원합니다."

알론져가 웃었다. "오늘 밤 얘기가 좀 길어질 것 같습니다. 이 방에서는 용의자에게 흡연이 허락되어 있습니다." 알론져가 미리 작은 접시를 내 앞으로 밀었다.

"우리는 이제 한시라도 빨리 현장 출동에 필요한 만반의 준비를 갖추기로 결단을 내렸습니다. 오늘 오후 제가 동료한테서 위급한 첩보를 받았습니다. 그 내용은 더 이상 말씀드릴 수 없습니다만, 아무튼 모든 사태에 철저하게 대비할 예정입니다. 우리 수사가 외부로 노출될 위험 수위가 나날이 높아 가고 있습니다."

그가 우리 수사 활동의 비밀 유지에 대한 공포감에 휩싸여 있음을 나는 십분 이해했다.

"르네 씨, 내가 이왕 이렇게 여기 와 앉아 있는 김에 뭐 하나 여쭤볼 게 있습니다. 내가 지난번 이곳 공항에 도착했을 적에 미행을 당했습니다. 또 알렉스도 암스테르담에서 한 번 누군가가 자기 뒤를 밟았다고 하더군요, 내가 스테이번을 만나고 난 직후예요. 우리를 미행하도록 시키셨나요?"

알론져가 당돌한 질문에 불쾌하다는 표정으로 날 빤빤스럽게 건너다봤다. "거기에 대해서 그랬다느니 아니면 안 그랬다느니 하는 식의 대답을 할 수 없는 입장이라는 건 본인도 알고 계시잖아요?"

"그게 경감님 사람들이었다고 하신다면 제 마음이 한결 놓일 것 같아서 입니다."

하지만 알론져는 묵묵부답이었다. 잠시 후 그가 입을 열었다. "근데 스테이번하고는 다시 얘기를 해보셨나요?"

우리가 계속 목표에 한 걸음씩 다가가고 있으며 머지않아 말들을 프리뷰 할 수 있을 것 같다고 내가 대답했다.

"네, 좋습니다. 그간 모든 사람들의 뒷조사를 했습니다. 마티아스 플리크도요."

"마티아스라는 걸 어떻게 아셨지요?" 내가 놀라서 물었다.

"「슈피겔」의 콘스탄틴이 전화로 그 이름을 알려주더군요."

"그래서," 내가 물었다. "어떤 후속 정보를 수집하셨지요?"

알론져가 미소를 지었다. "그건 오히려 제가 브란트 씨한테 물어봐야 할 것 같은데요. 제가 플리크 연고지의 동태를 정찰하도록 사람을 배치해 뒀는데, 잠복 중인 형사로부터 수상한 자 둘이서 옆집 정원에 무단 침입했다는 보고를 받았지요. 그중 한 명은 나무에서 떨어졌고요."

"아, 그거요? 뭐 그럴 수도 있잖아요." 내가 얼버무렸다. "그런데 우리가 그 플리크 정원에서 무엇을 발견했는지 잠복 형사가 알고 있던가요?"

알론져가 서랍에서 뭔가를 뒤적뒤적 찾더니 사진 한 장을 끄집어냈다. "이 조각상이요?"

사진에는 화살과 활을 공중을 향해 겨누고 있는 궁수가 나왔다.

"이건 아르노 브레커의 전후 작품이지요. 그래서 합법적이고요." 그가 불필요하게 설명을 달았다.

"네, 맞습니다. 그런데 정원의 다른 쪽에 나뭇잎이 천장을 이룬 곳 밑에 반쯤 가려진 채로 「국방군」이….'

알론져의 입이 벌어졌다. "확실합니까?"

내가 고개를 끄덕였다. "조각상을 우리 육안으로 직접 확인했습니다."

알론져가 자리에서 벌떡 일어서서, 바지 주머니에 양손을 넣고서 밖을 내다봤다. "우리가 서둘러 행동을 취하지 않으면 안 될 것 같습니다. 브란트 씨를 오시게 한 이유는 증인 진술서 때문입니다. 법무청 검사를 설득시키는 데 필요한 요식 절차입니다. 독일 관련법이 워낙 엄정하답니다. 영장 심사 결정은 브란트 씨의 증언에 좌우되리라 봅니다."

나는 앞에 놓인 접시에 담배를 눌러 껐다. "그 플리크는 완전무결한 무기 창고를 갖추고 있습니다. 그게 긍정적인 영향을 줄 수 있을까요?"

"그건 크게 도움이 안 될 겁니다." 알론져가 몸을 돌리면서 말했다. "무기 소지 허가증을 소지하고 있거든요."

"그게 그자의 장갑차에도 적용되나요?"

"그자의 뭐라고요?"

"그 정신 나간 자가 국방군의 전차를 차고에 보관하고 있답니다."

알론져가 고개를 내두르면서 그 말을 메모했다. "그리고 단장 나센슈타인에 대해서," 그가 말을 이었다. "그 인물에 대해서도 신원 조회를 했습니다. 브레커의 미망인이 자기한테서 남편의 조형물을 빼앗아 갔노라고 그자가 불평을 했다고 일전에 말씀하셨지요. 그래서 혹시나 그와 관련된 무슨 소송건이 있는지 해서 한번 조사해 봤지요. 실은 그런 불법 물건을 가지고 법정에 나서 승부를 가리려는 미련한 사람이 어디 있을까 싶어 별로 기대를 걸지 않았었는데…." 알론져가 복사된 서류를 꺼냈다. "이게 2013년 아켄 법원의 판결문입니다. 원고가 당해 조형물을 나센슈타인에게서 인수 받을 권리가 있다는 내용입니다."

"진정이세요? 제가 그 판결문을 좀 봐도 될는지요?"

알론져가 복사한 서류 위에 한 손을 얹었다. "잠깐만요. 나센슈타인 말이 일차적으로는 맞긴 한데, 모든 걸 다 진상 그대로 밝히지는 않았더군요. 원고가 아르노 브레커의 미망인이 아니었고…." 알론져가 서류를 내 앞으로 밀었다. 서류 상단에는 조 F. 나센슈타인 대 바트 뒤르크하임에 거주지를 둔 데틀레프 아들러라고 적혀 있었다.

"아, 이게 바로 우리가 찾던 그 아들러로군요!" 내가 기쁨에 들떠 외쳤다.

"십중팔구는. 하지만 우리가 그걸 어떻게 증명하지요?"

나는 잠깐 생각에 잠겼다. "스테이번이 말하길 아들러는 자기하고 10억대짜리 거래를 하고 있는 사업 친구라고 했었어요. 그자 아버지와 할아버지가 나치 시대에 이름난 변호사였대요. 하물며 스테이번은 그자와 통화를 했고, 그 영상 자료도 있어요."

알론져의 얼굴이 펴지지 않았다. "그 정도로도 법무청 검사에게 충분하기를 바랄 따름입니다."

나는 다시 아켄 법원의 판결문에 초점을 맞췄다. "잠깐만요. 바트 뒤르크하임이 어디 있지요?"

"만하임의 동쪽에요. 왜죠?"

내가 일어서서 벽에 걸린 독일 지도를 향해 걸어갔다. "스테이번 말로는 아들러가 프랑크푸르트에서 남쪽으로 약 100킬로미터 떨어진 곳에 살고 있다고 했거든요, 여길 보니까 바트 뒤르크하임과 프랑크푸르트 간 사이가 약 100킬로미터 되는 게 맞아요."

알론져가 일어나서 지도를 살폈다. "맞는데요. 그것도 증인 진술서에 기재하도록 하지요. 그런 사항들이 다 도움이 되니까요."

알론져가 자기 노트북을 집어 들었다. "그럼 음성 녹음기도 틀도록 하겠습니다."

"데틀레프 아들러에 대해서는 뭘 찾아내셨나요?" 내가 물었다

알론져가 다시 녹음 장치 탭을 눌렀다. "많지는 않고요. 사업가이고 여러 가지를 수집하고 있는데, 특히 클래식 자동차 같은 걸요. 그 주변에서는 나치 동조자일 거라는 소문이 자자합니다."

"전과는 없고요?"

"네, 없어요. 그런데 브란트 씨가 중요하게 여길 만한 점이 하나 있어요." 그가 안경을 쓴 백발의 노인 사진을 꺼냈다. "이게 아들러의 변호사 중 한 사람이에요, 토르 폰 발트슈타인. 이 폰 발트슈타인은 나치 세계에서 널리 알려진 유명 인사입니다. 극우당인 독일국가민주당 소속으로 1984년에 유럽 국회의원 선거에 출마해 보기도 했고, 그 10년 후에는 홀로코스트 부정론자로 낙인찍힌 프레트 로이히터를 변호했

지요. 그 사건을 그에 못지않게 악명 높은 하요 헤르만 변호사와 공동으로 맡았는데, 헤르만이라는 이름이 슈틸레 힐페의 단원 목록을 빛내주고 있다고 수군거리는 소리가 들리더군요."

"다시 말해 데틀레프가 네오나치를 옹호하는 토르 폰 발트슈타인을 변호사로 두고 있다는 말씀이군요. 그리고 그게 바로 슈틸레 힐페의 핵심 과업 중 하나입니다." 내가 말했다. "그 폰 발트슈타인이 구드룬 힘믈러의 클럽에서 변호비를 받는 걸까요? 아님 그자 스스로가 그 단체의 일원일까요?"

알론져가 어깨를 들썩였다.

"극우당인 독일국가민주당, 슈틸레 힐페, 토르 폰 발트슈타인 같은 변호사들 그리고 소위 알렉산더 결사단의 단원들이라는 자들 모두가 동일한 사상을 공유하고 있으며 그들은 상호 연대적 관계를 맺고 있습니다." 내가 말을 이었다. "비근한 예로 급진 우파 문화 단체인 자유 언론 협회를 보십시오. 1960년에 이전 나치 친위대원들에 의해 설립된 이 협회는 독일국가민주당과 맞먹는 단체로서 1980년까지 매년 알렉산더 단원에게, 즉 아르노 브레커에게 상을 수여해 왔을뿐더러 과거에 토르 폰 발트슈타인과 루돌프 아센나우어 같은 변호사를 특별 연사로 초청했지요."

루돌프 아센나우어의 사례를 나는 인터넷에서 조사하던 중 우연히 접하게 되었다. 그는 수많은 전범자들을 변호했고 - 일반적 통설에 의하면 - 그가 세상을 뜬 1983년까지 슈틸레 힐페의 의장을 지냈다.

"나는 저자들이 마상을 판 대가로 받은 수백만 유로로 무슨 꿍꿍이 수작을 부릴지 수상쩍어요." 내가 말했다. "그런 경향을 띤 단체들이 모금을 하는 주목적은 고급의 나치들을 옹호하는 데 있거든요. 집집마다 찾아다니며 성금을 모금할 처지도 못 되고요.”

알론져는 이 조각상의 판매 그 이면에 있는 동기에 대해서는 전혀 고려해본 적이 없음이 분명했다. 반면 나는 이 사건 전체에서 이 부분이 가장 중대한 대목의 하나라고 간주했다. 왜 느닷없이 이 시점에서 히틀러의 보물이 부상한 것일까?

“음, 하긴 그런 단체들에게 자금 조달이 급선무인 건 맞지요.” 알론져가 담배 연기로 탁해진 실내 공기를 환기시키고자 창문을 열면서 말했다. “지금 이 순간 독일 역사상 최대의 재판이 진행되고 있는 실정이잖아요. 소위 되네르터키 케밥의 일종 살인이라고 일컫던 그 사건 말입니다.”

이 되네르 살인 사건은 세계적으로 널리 보도되었다. 급진 우파 진영의 폭력단인 민족사회주의 지하연맹NSU이 2000년과 2007년 사이에 터키 배경을 가진 독일인 10명을 저격했다. 이 연쇄 살인을 무턱대고 터키 출신의 범죄단 사이의 보복전으로만 넘겨짚고 수년간 표적 수사를 해 오다가, 마침내 여자 1명과 남자 2명의 네오나치 삼인조가 저지른 만행임이 입증되었다. 주범인 남자 둘은 경찰이 그들의 아지트를 포위했을 때 자살했다. 여성 범인은 얼마 전에 법정에 서게 되었다. 그녀는 연쇄 살인 및 몇몇 폭탄 테러 혐의도 받고 있었다. 일각의 비난가들은 그간 수사가 거센 압력을 받아왔는데, 그건 경찰, 여러 정보기관들, 극우 진영 단체들 간의 관계가 유기적으로 얽혀 있기 때문이라고 일침을 가하고 있었다.

“그럼 시작하도록 하지요.” 알론져가 말했다. “참, 내일 새벽 콘스탄틴이 브란트 씨 호텔로 갈 거라고 전해 달라고 하더군요.” 알론져가 음성 녹음기를 작동했고 내 증인 심문에 들어갔다.

발각된 나치 조형물에 대한 내 증언이 새벽녘까지 지속되었음에도 불구하고, 나는 아침 9시에 잠을 깼고 정신도 말끔했다. 나는 알론쟈가 지난밤 내게 얘기해준 한스 페터 쾨흘러 꿈을 꿨다. 미국에서 발이 넓은 38세의 서독인 예술가 쾨흘러에게 1986년에 동독인 두 사람이 접근했는데, 그들은 미국에서 예술품을 팔아 달라고 부탁했다. 그는 처음에는 귀가 좀 솔깃했으나 동베를린의 회사를 방문하고 난 이후 수상쩍은 생각이 들기 시작했다. 훗날 조사한 결과 그가 방문한 회사는 '예술품과 골동품 유한회사'였다. 동독인 둘이 그의 집까지 찾아와서는 그가 팔아야 할 매물이 다름 아닌 나치 조형물임을 밝혔을 때 그는 협조 요청을 완강히 거절했다. 그가 욕실로 달아나서 자기 여자 친구에게 짧은 메모를 보냈다. *나 다시 밖으로 나가야 해. 날 부르는 소리가 들려. 널 사랑해. 부디 상황이 더 험악해지지 않기를 바라면서.* 다음 날 여자 친구가 목욕탕에서 익사한 그의 시신을 발견했다. 독일 경찰이 이 사건에 대한 수사 재개를 추진하는 중이었다. 만약 그 슈타지 공작원 둘이 아직도 생존한다면 그들이 곧 이 익사 사건의 진범일 확률이 컸다.

내 진술을 근거로 독일 경찰이 다가오는 몇 주일 내에 일대 수색 작전을 벌이게 될 예정이었다. 내가 잘못 알고 있지 않았기만을 바랄 따름이었다. 나는 스테이번, 조 나센슈타인, 마티아스 플리크, 그리고 아들러라는 자에 대해 알고 있는 모든 것을 알론쟈가 기록하도록 했다. 아들러에 대해서는 오로지 스테이번이 내게 털어놓은 것밖에는 진술할 내용이 없었다. 스테이번과 만나는 자리에서 그의 이름이 언급되었으며, 그가 프랑크푸르트에서 약 100킬로미터 떨어진 곳에 살고 있다는 걸 부연하는 데 그쳤다. 바트 뒤르크하임의 정확한 주소는 나센슈타인과의 소송건을 통해 이미 알려진 바였고, 아무쪼록 이 정도만으로 판사가 데틀레프 아들러가 중심인물이라는 판단을 내리기에 충분한 근거가 되기를 바랄 따름이었다. 그렇게 된다면 그에 따라 경찰은 가택 수색을 집행할 수 있게 된다.

나는 호텔방 창문 밖을 응시하고 있었다. 콘스탄틴은 아직 오지 않았다. 비가 얼마나 쏟아지는지 거리 건너편도 제대로 보이지 않았다. 아침 식사는 내 방으로 가져 오도록 했다. 일전에 전차에서 미행을 당한 경험 이후에는 더 말할 것도 없고, 우리가 감행하게 된 모험이 내게 경각심을 더한층 높여 주었다. 거리에서 나는 줄곧 날카롭게 신경을 곤두세우고 다녔다. 누군가 내 뒤를 걸어오면 수시로 진열장 앞으로 가 서서 그자가 통과하는지 창에 반사되는 반영을 지켜봤다. 알렉스와 단과의 통화 중에도 말을 삼갔으며 암호를 사용했다. 3류급 가십 기사 위주의 「빌트」가 어쩌면 내 행적을 잘 알고 있는지도 몰랐다. 비록 그게 내게는 전혀 걱정거리가 아니었지만. 이 사건은 슈타지와 KGB 같은 구 정보부는 물론이고, 심지어는 독일 정보부 BfV 같은 현 정보부에까지 가지가 뻗어 있었다. 1989년 토락의 말들을 비밀리에 팔아넘긴 러시아 군대가 부정적인 언론에 오르내리고 싶은 뜻이 없음도 자명한 일이었다. 거기에다 또 이래저래 복잡하게 얽힌 예전과 지금의 나치들이 있었다.

10시 15분에 완전히 물에 빠진 생쥐 꼴이 된 콘스탄틴이 내 호텔방에 들어섰다.

"혹시 걸어서 오는 길이에요?" 내가 짐짓 놀란 척 물었다.

"어서 수건이나 좀 주세요. 그리고 서둘러야 해요. 우리 시간 없다고요."

그가 머리와 얼굴을 닦고 난 뒤 내가 융숭한 아침 식사에서 다 못 먹은 음식이 탁자 위에 놓여 있는 걸 봤다.

"더 안 먹을 거예요?" 대답을 기다리지 않고 그는 자리를 잡고 앉아 느긋하게 먹기 시작했다.

"시간 없다고 서두르라고 하셨던 것 같은데."

"아, 맛 좋습니다. 오랜만에 먹는 조식이네요. 나도 실은 매일 간단이나마 아침 먹을 시간을 가져야 하는 건데. 잠깐 이렇게 여유 부리면서 조식을 즐기도록 해주세요. 그러면서 알론져 만난 이야기나 좀 듣도록 하지요."

호텔 홀에 비치되어 있는 통에서 나는 큰 우산을 하나 뽑았다. 콘스탄틴의 고물차 트윙고는 폐차할 때가 된 성싶었다.

"그쪽 문은 안 열려요. 내 쪽으로 와서 들어가 타세요."

우리는 베를린을 가로질러 달렸고 북부 한쪽을 거쳐 도시를 떠났다. 비가 차창을 때렸다. 나는 손수건으로 차창에 서린 김을 닦느라 애를 썼다.

"날씨 한번 고약스럽네. 근데 우리 어디로 가는 거죠?"

"오라니엔부르크로요, 내가 지난번에 말했던 고철물 판매상한테요."

"혹시 이 고물차 때문은 아니겠죠?"

콘스탄틴이 웃었다. "아뇨. 그 슈타지 미술상 기억나요? 내가 악셀 힐페르트에게 들은 이름인데 우리한테 킬에 사는 플리크 주소를 주었던 사람이요. 그자가 그때 나한테 흐루베슈라는 오라니엔부르크의 고철물상하고 한 번 연락해 보라고 권했거든요. 슈타지를 대신해 덩어리 큰 물건들을 서구로 밀수했던 그자 말이에요. 그 흐루베슈라는 자가 아무래도 누구보다도 말에 대해 아는 게 많을 것 같거든요."

오라니엔부르크, 베를린에서 북부로 반시간 거리의 오라니엔부르 크는 특히 동일한 이름을 가진 수용소 때문에 알려진 곳이었다. 그리고 조금 더 가면 한층 더 규모가 큰 작센하우젠 강제 노동 수용소가 자리했다. 흐루베슈가 내 눈에도 중요한 실마리가 될 성싶었다. 슈타지는 아마 부피가 작은 물체들은 내부인들을 통해 직접 서구로 밀수했겠지만, 토락의 말들은 분명 그렇게 하지 못했을 거였다. 흐루베슈 자신이 나서서 손수 운송했던지 아니면 누군가 중개인의 손을 빌렸을 터였다. 그가 꼭 입을 열어 주기를 바랐다.

콘스탄틴이 일반 국도를 벗어났을 때 맥 빠진 태양이 배죽 고개를 내밀었다. 그가 닳고 또 닳아서 도처에 웅덩이투성이인 아스팔트 구도 위를 달렸다. "흐루베슈가 상당히 외진 곳에 살고 있군요. 무슨 길이 이렇지?"

차는 모진 시련을 겪어야 했고, 나는 들썩들썩 엉덩방아를 찧지 않으려고 앉은 의자를 꽉 붙잡고 있었다. 우리는 못해도 15분 동안 시달렸으나 마침내 울타리로 막아놓은 공터가 나타났고, 그 뒤쪽에 낡은 소형 버스들과 보트들 그리고 폐차된 차들이 모여 있었다. 입구의 왼쪽에는 격납고만한 대형 창고가 카라반과 나란히 서 있었다.

"콘스탄틴 씨 차도 저 사이에 끼면 딱 어울리겠는데요."

콘스탄틴이 입구 앞에 차를 세웠다. "우리 뭐라고 하면 좋을까요?"

"이미 늦었어요. 주인 남자가 벌써 나와 콘스탄틴 씨 옆에 서 있잖아요."

50년대 안경을 낀, 하얀 수염과 콧수염을 한 70대 남자가 옆 차창을 두드렸다. 콘스탄틴이 손잡이를 돌려 창을 내렸고, 고개를 들어 올려다봤다.

"저쪽 안으로 차를 대세요." 폭스바겐 소형 버스를 가리키면서 남자가 말했다.

콘스탄틴이 차에 시동을 걸었고 공터로 들어갔다. 남자가 차 둘레를 한 번 빙 돌고 나서는 자동차 바퀴를 발로 툭툭 차 봤다. "이런 건 어디다 팔 데가 없어요. 폐차할 때가 되었습니다."

"저어, 실은… 차를 팔려고 온 게 아니라요." 콘스탄틴이 더듬었다. "저희가 다른 용무가 있어 왔는데요. 혹시 흐루베슈 씨이세요?"

"그런데요?" 어투가 그리 만만찮게 들렸다. 그가 집게손가락을 펴 차 안을 향해 위협적으로 콕콕 쑤셔대는 시늉을 했고, 그 다음 양손을 차 문 가장자리에 얹었다. "당신 「슈피겔」의 그 꺽다리 아니요?"

콘스탄틴은 독일에서 이름난 기자였고 그를 알아보는 사람이 하루에 평균 한두 명씩은 나타나곤 했다. 나는 다시는 그와 함께 밀행 수사 활동을 하지 말기로 작심했다.

"여기는 웬일로 찾아왔소?" 흐루베슈가 무릎을 좀 더 굽혔고 이제는 나까지도 쏘아봤다. 산전수전 두루 겪은 흐루베슈의 주름진, 둥그스름한 얼굴과 굵고 억센 손들이 그에 대한 많은 걸 말해 주었다. 암팡진 체구 또한 열린 창문을 통해 우리 둘쯤은 거뜬히 밖으로 끌어내고도 남아 보였다.

콘스탄틴이 풀이 죽어 내 눈치를 살폈다.

"흐루베슈 님," 내가 나섰다. "우리는 물론 클래식 카에 눈독이 오른 수집가인 양 연극을 할 수도 있었지요. 소위 숨어 있는 진품명품을 찾는 척 공터를 슬슬 둘러보면서요. 그런데 이 친구 콘스탄틴이 굳이 이런 알량한 똥차를 끌고서 여기 온 바람에 모든 게 다 작살이 난 셈입니다." 내가 원망스러운 눈초리로 콘스탄틴을 쳐다봤다. "이왕 이렇게 된 마당에 우리 피차 툭 털어놓고 본론으로 들어가는 게 어떨까 하는데요." 그러면서 내가 밖으로 나가려고 했으나, 차 문이 막무가내로 열리지 않았다.

"미안하지만, 폰 하머르슈타인 씨, 저 좀?"

콘스탄틴이 허둥지둥 밖으로 나갔고, 말 한 마디 없이 내가 나가도록 자기 쪽 차 문을 연 채로 붙들고 있었다. 내가 몸부림을 치면서 차 틈을 비집고 밖으로 기어 나갔다. 고철물 판매상이 너무 기가 막히는 듯 입을 쩍 벌리고서 그 광경을 지켜보고 있는 게 보였다.

상의 안주머니에서 내가 말의 컬러 사진을 끄집어냈다. "이 청동 마상들을 분명히 기억하고 계실 겁니다."

흐루베슈가 사진을 살폈다. 흠칫 놀라는 기미가 역력했고 사진을 눈여겨보는 그의 태도에서 나는 그가 말들을 기억하고 있다는 심증을 굳혔다. 그가 반응을 보이기까지 얼마간의 시간이 걸렸다. "잘생긴 말들인데. 근데 그걸 왜 나한테 보여 주는 게요?"

나는 요행수를 바라면서 모험을 시도해 보기로 결정했다. "댁이 1989년에 에버르스발데에 있던 러시아 사람들에게 가서 이 토락의 말들을 가져갔다는 사실을 우리가 다 알고 왔습니다."

흐루베슈가 입가에 요지부동한 조소를 흘렸다. "당신 *미쳤소?* 난 완전히 생판이오, 이 말들은 물론이고 또 다른 조형도…."

그가 말을 삼켰고 자기가 돌이킬 수 없는 실언을 했음을 깨달았다. 나는 병영 터전에 서 있었던 다른 조형물에 대해선 일체 언급하지 않았었다. 흐루베슈가 뒤로 돌아서서 카라반 방향으로 발길을 옮겼다. 내가 콘스탄틴에게 눈짓을 보내면서 흐루베슈의 뒤를 따랐다.

"우리가 댁에게는 절대 문제가 되지 않도록 할 겁니다." 내가 목청을 높여 그를 향해 말했다. 그러나 그는 내 코앞에서 카라반의 문을 쾅하고 닫아 버렸다. "흐루베슈님, 저희들하고 얘기하시지 않으면 어른의 얼굴이 이번 주말 「슈피겔」 첫 장에 보도될 겁니다." 내가 목청껏 소리쳤다.

콘스탄틴이 고개를 살살 내젓고 나서 귀엣말로 소곤거렸다. "말조심해요. 저이가 지금 무기를 들고 문 뒤에 있는지 누가 알아요."

"내 달리기 실력이 콘스탄틴 씨보다 좀 나을걸요." 내가 귀엣말로 대꾸했다. "단지 저이가 누구한테 경고하지만 않는다면야."

내가 문을 두드렸다. "제가 어른께 힌트를 하나 드리겠습니다. 우리가 말들에 대해서 알고 왔더라고 만약 누군가한테 경고를 하실 계획이시면 경찰이 지금 도청하고 있다는 점을 감안해 주십시오. 경찰보다야 저희들과 이야기하는 편이 유리하실 겁니다."

잠시 침묵이 흐르고 난 다음 문이 열렸다. 흐루베슈는 심한 혼란과 갈등상태에 빠져 있는 것처럼 보였다.

"입을 열게 되면 내 신변이 위태롭게 될 텐데."

"우리와 이야기했다는 건 절대 아무도 알 필요가 없습니다." 내가 그의 안전을 보장해 주었다.

흐루베슈가 우리에게 들어오라는 신호로 문을 좀 더 열어 젖혔다.

내 눈이 어두컴컴한 실내에 순응하기까지 조금 시간이 걸렸다. 카라반은 사무실처럼 설치되어 있었다. 낡은 철판 책상에는 클래식 카들의 사진들이 수북이 쌓여 있었다. 흐루베슈가 비좁은 틈을 비비적거리며 지나 책상 뒤로 가서는 의자에 털썩 앉았다. 나는 책상 밑에서 의자를 하나 집어 들고서 그와 충분한 거리를 둔 지점으로 가 앉았다. 콘스탄틴도 나처럼 했고 무슨 이야기가 나오기를 기다리면서 두 손을 포갰다.

"당신은 대체 누구기에? 네덜란드 억양이 있는데."

"제 이름은 아르뛰어 브란트이며 독일 경찰과 함께 이 사건을 공동 조사하고 있습니다. 말들과 다른 조형물들은 '독일 연방 공화국'의 재산이거든요."

흐루베슈가 담배에 불을 붙였다. 그의 손이 떨렸고, 나는 그의 눈에서 공포를 읽었다. 그가 콘스탄틴을 쳐다봤다가 다시 나를 쳐다봤다.

"시대가 시대였던 만큼 동독 시절에는 슈타지나 러시아인들이 용역을 주면 그걸 두말없이 받아들이지 않으면 안 될 처지였다오. 그렇다고 또 그런 일로 큰돈을 버는 것도 아니었다오."

"말하자면… 어르신께서는 그자들 대신에 밀수를 해야만 했던 불가피한 실정이었다는 말씀인데, 서독으로 직접 물건을 나르셨나요, 서독인들이 이리 와서 가져가도록 하셨나요?"

"모든 게 다 불법은 아니었다오. 우리 공산주의 낙원에 수두룩이 쌓여 있는 옛 시절의 차를 욕심내는 서구 수집가들이 와서 거금을 내밀었거든."

내가 알기로는 그와 유사한 현상이 쿠바에서도 성행하고 있었다. 다른 또 하나의 공산주의 '천국.'

"그럼 불법적인 화물들은?"

흐루베슈가 길게 한숨을 내뿜었다. 동독이 몰락한 지 반의 반 세기가 지난 지금 불청객이 찾아와서 그 시절에 대해 진땀 빼는 질문을 하리라고는 그로서는 결코 예상하지 못했음이 당연했다. 그것도 더구나 「슈피겔」의 기자를 앞세우고 왔는가 하면 경찰하고 합동 수사를 한다는 네덜란드인이 뜬금없이 나타난 판국이었다.

"모든 건 다 돈 때문이었지." 그가 다시 입을 열었다. "부정이 판을 쳤고, 돈과 연줄만 있으면 못 구하는 게 없었거든. 슈타지는 순전히 마피아였다네. 한번 상상해 보게나, 동독인 7명 중 하나는 내통자였다는 걸. 동독에서 슈타지 요원으로 활약한 인원이 히틀러 시대의 게슈타포 요원 수보다 더 많았으니까."

독일인의 상당수가 평생 폭력의 굴레 속에서 살아왔다. 처음에는 히틀러와 그의 게슈타포, 그 뒤를 이은 동독 시대에는 슈타지의 테러. 내가 만난 이전 동독 출신의 독일인 대부분은 자기 본위 성향이 강하며 되도록이면 남의 일에는 상관하지 않으려 했다. 공포 의식이 여전히 그들 머리 깊이 뿌리박혀 있었다.

콘스탄틴이 고개를 끄덕끄덕하며 위안했다. "정말 걱정하시지 않아도 됩니다. 이건 벌써 25년 넘게 지난 일이며 흐루베슈 님께서는 기껏해야 거대한 조직 내의 극히 작은 고리에 불과하십니다."

흐루베슈가 책상을 응시했다. "지긋지긋한 시절이었다오."

나는 그에게 일말의 동정을 느꼈다. 장벽 붕괴 후 그는 대개의 사람들처럼 더 나은 시대가 오리라는 기대에 벅차 있었다. 그럼에도 흐루베슈는 결국 숨차게 돌아가는 자본주의 체제에 끼어들지 못하고 말았다.

"모든 게 1989년 1월 초에, 그러니까 베를린 장벽이 무너지기 몇 달 전에 일어난 일이라네. 그런 동향에 대해서 우리는 그때만 해도 물론 캄캄절벽이었지. 그러자니 장벽 붕괴가 정말 청천벽력 같았다네. 우리는 무작정 동독이 영원불멸할 거라고만 믿고들 있었거든."

내가 담배에 불을 붙였고 새 가치 하나를 흐루베슈에게 건넸다. 콘스탄틴이 헛기침을 하며 반대 의사를 전달했다.

"1989년 1월, 메르세데스 560 SE 쿠페 한 대가 여기 이 공터 안으로 들어왔어. 그전에 나한테서 클래식 카 몇 대를 사간 적이 있는 서독인 거래상이 홀연 다시 나타나 내 코앞에 서더라고. 그는 누구한테나 뇌물을 뿌리고 다니는 자였네. 슈타지의 주요 요원들, 국경 검사관들, 당의 지도부, 누구 할 것 없이. 그런 식으로 해서 그는 서독인이면서도 동독에서 활동하는 데 아무런 구애를 받지 않았다네. 이번에는 클래식 카 때문에 온 게 아니었더라고. 그가 나더러 에버르스발데에 있는 러시아 병영에 가서 화물을 운송해 달라고 의뢰했네. 6개의 청동상이고 모든 게 다 합법적이라는 말밖에 더는 말해 주지 않았네. 듣기 좋은 말로 합법적이지. 동독에서 합법적이란 매수해야만 하는 관련자들을 죄다 매수했다는 뜻이었네. 무척 추운 1월 어느 날 밤이었는데, 우리 매부와 내가 각각 자기 트럭을 끌고서 에버르스발데로 갔다네. 서독인이 기어 올라와서 내 운전석 옆자리에 앉았고, 바로 에버르스발데 인근 마을의 경계선에서 대기하고 있던 러시아 군인의 오토바이 두 대가 좀 동떨어진 병영까지 우리를 호위해 주었네. 동독인으로서는 감히 누구도 러시아 군영 그 근처에도 얼씬댈 엄두를 내지 못하던 때였건만, 병영의 출입문 칸막이가 우리 앞에 활짝 열렸고 우리는 병영 뒤쪽 운동장으로 안내되었네. 거기에 부대장으로 보이는 고관이 우리를 기다리고 있었어. 불빛이 침침한 마당에서 수십 명의 군인들이 커다란 견인차를 가지고 한창 작업 중이더라고. 서독인이 내려서 마치 친한 친구를 대하는 투로 러시아 고관과 인사를 나누더군. 그러고 나서 그가 고관에게 두툼한 봉투를 건네더군. 물론 다른 병사들의 눈에 띄지 않는 곳으로 가서. 얼마 후 우리는 트럭을 후진으로 몰아 운동장 안으로 들어갔다네, 견인차 곁으로."

흐루베슈가 위스키 병을 집어 들었고 세 잔을 따랐다. 나는 원래 위스키를 입에 대지도 않지만 그의 각별한 대접에 결례를 범하고 싶지 않았다. 콘스탄틴은 위스키 병의 상표를 힐끗 흘겨보고 나서 사양했다.

"운동장 위에서는 한참 동안 화물들과 씨름이 벌어졌다네. 내 백미러를 통해서 보자니 앉은 자세의 남자 청동상이 견인차에 매달려서 천천히 내 트럭을 향해 공중에서 흔들흔들대면서 다가오더군. 연신 이래라 저래라 하는 고함소리가 어찌나 요란한지 그 난리 통에 난 한순간 청동상이 견인차에서 떨어져 버렸구나 하고 짐작했을 정도였지. 그래도 마침내 그걸 무사히 잘 실었다네. 그러고 나서 내가 잎담배를 말면서 사람들이 두 번째 조형물을 들어 올리는 걸 백미러를 통해 봤네. 조각이 가까이 왔을 때 보니까 글쎄 그게 무지막지하게 큰 말이더라고. 말이 공중에서 휙 도는 순간 그 옆면을 언뜻 스쳐봤다네. 나는 심장이 가라앉은 느낌이었어. 내 차 백미러 저쪽에서 흔들흔들 매달려 있는 게 국가수상부의 말 중의 하나라니! 그때 내 머릿속에서 별의별 생각이 다 떠올랐는데, 상상이 가나? 난 여태껏 국가수상부의 물건들이 더는 남아 있지 않는 걸로만 알고 있었고, 더구나 저 큰 조각상이라면 없어진 걸로 철통같이 믿고 있었던 판이었는데. 내가 벌벌 떨리는 손으로 트럭 문을 열고서 밖으로 나갔네. 땅바닥 위에 다른 말도 놓여 있더군. 마상은 참 훌륭했어, 정말 기가 막히더라고. 그렇게 말하면 안 되는 줄은 알지만."

"응당 그렇게 말씀하셔도 되고말고요." 내가 그의 말에 참견했다. "저도 아주 인상적인 대작이라 생각합니다. 헌데 내 옆에 앉은 이 꺽다리 친구는 그걸 질색하며 싫어하지만, 끌고 다니는 차를 보셨으니 친구의 취향을 대강 짐작하실 겁니다."

콘스탄틴이 웃었다. "그 막중한 역사적인 의의는 진심으로 인정하지만 정치 선동의 불순한 예술품이라는 평가에는 변함이 없습니다."

"그럼 말씀을 계속해 주시지요." 내가 말했다. 흐루베슈가 다시 자기 잔을 채웠다. 나는 이번에는 사양했다.

"말들을 내 트레일러로 옮기고 있는 러시아 병사들을 지켜보면서 나는 이건 엄연히 불법 행위라는 걸 새삼 깨달았네, 엄청난 액수의 뇌물까지 얹어 매입했다고는 할망정. 이처럼 중요한 조각상들은 의당 박물관으로 가야 하는데, 내가 지금 이것들이 비합법적 지하 세계로 사라지도록 거들고 있구나 하고 깨우쳤네. 내 잘못을 뼈저리게 느꼈다오. 그리고 이 비밀이 절대 밖으로 새어 나가지 않도록 하라며 신신당부하는 러시아인들의 지시에 난 더 이상 그 이유를 들을 필요가 없었지. 그것이야말로 자기들 얼굴을 이만저만 더럽히는 일이 아니었으니까. 하지만 나는 이미 이 사건 속에 너무 깊이 휘말려 들어 있었어. 발을 뺄 도리가 없었다네. 설사 내가 그때 이 조각상 운송을 거절한다손 치더라도 그들이 날 가라고 순순히 놔줄 리가 만무했지. 그래서 난 영악하게 입을 꽉 다물고 방관하고 서 있었다네, 거기 러시아 병사들 사이에. 조각상 여섯 개를 두 트럭에 나눠 싣고서 병영 부지에서 벗어날 때 공포감이 약간 가시는 듯했지만 오래 가지 않았네. 언젠가 내가 이 일로 큰 화를 입게 될 것 같은 두려움이 앞서더군."

바로 그 큰 화 앞에 그가 지금 당면해 있었다. 보다 더 막심한 화를 당할 수도 있긴 했지만. 자칫 잘못되었더라면 우리 조사 활동이 누출되어 우리보다 덜 선량한 인물들이 여기 찾아와 문을 두드렸을 만했다.

"그래서 그 조형물들을 어디로 가져가야 하셨나요?" 콘스탄틴이 물었다.

"여기 우리 공터로. 물론 나는 펄펄 뛰었다오. 만일 러시아 사람들이 마음이 변한다거나 아님 슈타지가 이 일에 간섭하려고 든다고 상상을 해보게나. 서독인은 전연 그런 뒷걱정이 없었다네. '누구도 다시는 이 조형물들을 보게 되지 않을 겁니다.'라면서 그가 날 안심시키더군."

"그 미술상이 어떻게 그 조형물을 추적하게 되었는지 말해 주던가요?"

흐루베슈가 잠시 기억을 더듬었다. "아니, 거기에 대해선 들은 기억이 없는데. 며칠 후에 그자가 운송 회사를 시켜서 그걸 가져갔고 난 그 뒤론 다시 보진 못했다오."

이렇게 해서 다시 막다른 골목에 이르렀다. 러시아 사람들에게 후속 조회를 해봤자 소용없는 일이었다. 묵연부답의 벽에 부딪칠 게 뻔한 노릇이었다.

"그 서독 미술상 이름을 아직도 기억하세요?" 콘스탄틴이 물었다.

흐루베슈가 고개를 내흔들었다. "하도 오래된 일이라서. 그가 그간 세상을 떠났을 게 확실하네. 그 당시에도 벌써 나이가 지긋해서 노인 축에 끼었으니까."

콘스탄틴은 자욱한 담배 연기와 뒤섞인 카라반 실내의 곰팡내를 더는 배겨 내지 못할 만큼 한계에 다다른 눈치였다. 그가 어렵사리 몸을 일으켰다. "자, 그럼 이제 그만… 이야기를 들려주셔서 감사합니다. 우리에게 큰 도움이 되었습니다." 그가 흐루베슈와 악수를 나누고 문을 열었다.

흐루베슈가 걱정스럽게 쳐다봤다. "제발, 내 이름은 싣지 말아 주시게." 애걸에 가까운 어조로 그가 호소했다.

"당연하지요." 내가 약속했다. "걱정하실 필요 없으세요." 내 말에는 별로 무게가 실리지 않은 듯했다. 동독 출신 독일인들은 하물며 자기 친형제자매도 불신해야 하는 사회에서 의식 구조가 형성되었다. 하지만 그건 양방 모두에게 적용되었다. 흐루베슈가 과연 사건의 전모를 어디까지 설토했을까? "하긴 조그만 위험 요소가 없진 않지요." 내가 말했다. "하지만 저라면 그리 신경 쓰지 않을 겁니다."

"조그만 위험 요소라니? 무슨 뜻이요?" 콘스탄틴은 이미 밖에 나가서 있었다.

"그만 가 봐야겠네요. 다시 한 번 더 감사드립니다." 내가 몸을 돌려 계단을 막 내려가는 참에 흐루베슈가 내 팔을 움켜잡았다.

"어떤 위험 요소죠?"

나는 걱정스러운 표정을 지었다. "실은 어르신네로부터 좀 더 많은 제보를 기대하고 왔습니다. 근데 우리가 이 수색을 계속하지 않으면 안 될 상황이라 우리 활동이 노출될, 그래서 저자들이 모든 흔적을 지

우려고 나설 위험 요소를 안고 있답니다."

흐루베슈는 내가 한 말을 되씹고 있었다. 그가 이 과정에서 가장 중요한 연결 고리였다. 행여 누가 그의 대문 앞에 나타날까 마냥 두렵기만 했다.

"저 꺽다리 양반 안으로 들어오라 부르시구려." 그가 한숨을 쉬었다.

"이야기의 '클라이맥스'를 미처 못다 하신 모양입니다." 내가 외치자, 콘스탄틴이 다시 안으로 들어섰다.

흐루베슈가 잔을 다시 가득 채웠다. "그 당시 사람들이 내게 으름장을 놓았다오, 만약 내가 언젠가라도 배반하는 날에는 그 이야기를 되풀이할 수 없는 신세가 될 거라고." 그가 장롱의 서랍을 열어 사진을 한 장 꺼냈고 그걸 책상 위에 엎어 놓았다. "이 사진은 아직 그 누구도 보지 못했다네. 하지만 먼저 내 이야기를 귀담아 주시게. 그렇잖으면 이 사진을 보고 당신들이 놀랄 테니까."

"우리가 일단 이곳에다 그걸 안전하게 갖다 놓은 다음, 서독 미술상이 내게 - 바로 이 탁자에 앉아서 - 그에 얽힌 사연을 들려 줬다네. 이자를 당분간 X 씨라고 부르도록 하자고. X 씨가 말하길 1988년 한 서독의 기업가가 친히 자기를 찾아와서 청하더라네, 혹시 그를 위해 일을 하나 맡아 해 볼 의향이 있느냐고. 이런저런 경로를 통해서 그가 얻은 정보에 의하면 히틀러의 말들과 조형물 네 점이 2차 대전을 무사히 넘기고 지금 동독에 있는 러시아의 병영 마당에 있다고 하더라네. X 씨가 장벽 너머의 사정에 밝으니까 그 조형물들을 살 수 있는지 조사해 달라고 그 기업가가 의뢰하더래. 그 의뢰를 받아 들고서 X 씨가 동베를린에 왔다네. 그가 머물게 된 곳은 프리드리히슈트라세의 그랑 호텔이었고, 동독 화폐는 받아 주지 않았기에 오직 서구인들만 체류할 수 있는 호텔이었네. 이 호텔은 두말할 필요 없이 슈타지가 운영하는 곳이었네. 방마다 도청기가 설치되어 있고 로비에는 호텔 객을 방으로 유혹해야 하는 매춘부들이 앉아 있었으며, 방 곳곳에 카메라가 감춰져 있었다네. 그런 방식으로 해서 슈타지는 호텔 객들을 공갈협박했다네. X 씨는 수시로 아가씨들의 접대를 받았지만, 뇌물을 상납했으므로 자유자재로 하고 싶은 대로 했다네. X는 호텔 홀에 있는 골동품 가게도 슈타지에서 직영한다는 걸 알고 있더라고. 어쩜 당신들도 알고 있는지 모르겠는데, 동독 정부는 자기 국민들에게서 수집한 예술품을 몰수해다가 서구의 강대국 화폐를 받고 그걸 팔아먹었다네."

"네, 알고 있었습니다." 내가 말했다. "콘스탄틴은 심지어 그런 부서의 책임자였던 슈타지 고위 간부인 악셀 힐페르트를 만나 얘기를 나눴답니다. 그 사람을 통해 저희가 노인장께 오게 되었고요."

흐루베슈가 고개를 내저었다. "그 힐페르트야말로 처형을 받아 마땅한 자라네. 허나 엉망진창 돌아가는 세상사인지라 그런 악질들은 언제나 법망을 빠져나가게 되어 있거든. 어쨌든 각설하고, 그 X 씨가 그 골동품상에서 통역으로 일하는 마리아 다임이라는 여자를 알게 되었다네. 이따금 그 여자하고 같이 바에 앉아서 샴페인을 마시곤 했다네. 담화를 나누던 X 씨가 조심스레 토락의 말들에 대해 꺼냈다네. 어떤 서독 기업가의 추측으로는 말들이 러시아 병영에 서 있으며 그가 돈은 얼마라도 좋으니 그걸 꼭 구입하고 싶어 한다고 그가 말했대. X 씨는 물론 이 마리아 다임이 슈타지 직원이라는 걸 알고 있었기에 그녀가 그 말을 상부로 첩보하기를 내심 바라면서. 그녀의 환심을 사려고 1만

동독 마르크가 든 봉투를, 동독인으로서는 만져보기 힘든 거액의 현금을 넣은 봉투를 살며시 그녀 앞으로 내밀었다네. 며칠 후 마리아 다임이 X 씨의 호텔방 문을 두드렸고 관심이 있다고 전하더라네."

"아, 그랬군요!" 콘스탄틴이 말했다. "악셀 힐페르트가 내게는 말들에 대해서 전연 아는 게 없다고 한 말은 그러니까 거짓이었군요."

흐루베슈가 예비품 장롱에서 담배 상자를 꺼냈다. "이거 쿠바산 시가라오. 가격이 원체 비싸가지고 무척 아껴 가며 한 번씩 피우곤 한다네. 이게 말하자면 내가 공산주의 정권 아래서 아주 드문드문 누릴 수 있었던 유일한 사치였다고 기억하네. 자 여기, 당신들도 하나씩."

내가 한 개를 집었다. 콘스탄틴도 이번에는 사양하지 않았다.

"그건 아닌 것 같소." 흐루베슈가 말을 이었다. "악셀 힐페르트는 ─ 하물며 몇 시냐고 묻는 말에도 거짓으로 둘러댈 정도로 ─ 매사 거짓말을 밥 먹듯 하는 자이긴 하나 그 점만은 진실대로 말한 거라오. 마리아 다임이 슈타지 직원인 건 맞으나, 정치적 이해관계에 대해 남달리 훤한 여자였거든. 슈타지가 제아무리 위세를 부린다 해도 동독에 상주한 러시아인들에게는 아무런 권력도 행사하지 못하는 실정이었거든. 더구나 조형물은 러시아 병영 안에 서 있었고."

흐루베슈가 시가를 한 모금 빨았고 둥글둥글한 연기를 내뿜었다. 공포가 가신 듯 보였다. 「슈피겔」의 꺽다리 기자와 저 홀란드에서 온 '이방인'이 자기 이야기에 귀를 쫑긋 세우고 듣는 걸 사뭇 뿌듯해하는 기색이었다.

"일단 선금조로 1만 동독 마르크를 받은 마리아 다임은 훨씬 더 많은 액수를 움켜쥘 수 있다는 계산이 섰던 거라오. 하지만 슈타지 눈을 피할 수 있는 방법을 고안해야만 했지. 그리고 그 방법이 매일 밤 침대 위에 있는 그녀 옆에 누워 있었거든. 마리아는 다름 아닌 한스 베르너 다임의 아내였다오."

콘스탄틴이 벌떡 자리에서 일어섰다. "한스 베르너 다임이라고요? 동독 국가인민군의 중장요?"

흐루베슈가 고개를 끄덕였다. "맞습니다. 동독에서 제일 높은 장성급의 하나. 동서 간의 냉전 시대의 주요 인물. 러시아에서 유학을 마치고 온 한스 베르너 다임은 수뇌부까지 출세 가도를 달렸다네. 마리아가 남편을 시켜 러시아 동료들에게 연락해서 히틀러의 말들이 정말로 거기 있는지, 또 그걸 팔 의사가 있는지 타진해 보도록 했다네. 러시아인들이 처음에는 별로 내키지 않아 했다고 해. 그들이 수십 년 동안 파시스트 예술을 그들 마당에 두고서 경탄해 마지않았다는 치욕적인 사실이 누설되는 날에는 세인의 질타를 받게 될 게 뻔했으니까. 하지만 러시아인들은 돌아가는 뒤숭숭한 판세를 보면서 공산주의 체제인 동독이 오래 존속하지 못할 거라는 걸 전망했던 것 같네. 머지않아 공산주의가 몰락하고 자본주의의 시대가 도래하리라고. 그렇다면 다들 자기 갈 길을 스스로가 챙겨야 했거든. 병영의 러시아인들은 그런 사태에 앞질러 대비하기 위해 말을 팔기로 합의를 했다네. 십중팔구 러시아 정보부 KGB의 승인을 받았을 게고 그렇게 해서 정보부도 역시 단 몇 푼이라도 부수입을 올렸겠고. 마리아 다임이 그리하여 X 씨 호텔방을 찾아와서 희소식을 전하게 된 거라네. 지진 피해를 입은 아르메니아의 빈민 아동을 돕는다는 명분 하에 여섯 자리 수에 해당하는 액수를 받고 조형물을 가져가도 좋다 하더라네."

이 대목은 에버르스발데의 옛 시장이 내게 들려줬던 것과 일치했다. 1994년 러시아인들이 그곳을 떠날 때 그가 러시아 부대장에게 그 아름다운 공산주의자들의 조형물들을 어떻게 할 거냐고 물었다고 했다. 그러자 부대장이 아르메니아의 빈민 아동들을 돕기 위해 오래전에 그걸 철 조각으로 분쇄해 버린 척 내숭을 피웠던 것이었다.

"그렇게 해서 내가 X 씨와, 그리고 트럭 두 대를 가지고 에버르스발데에 가게 된 거라네."

흐루베슈가 일어서 장롱으로 걸어가서는 서랍에서 서류를 꺼냈다.

"타국의 재산을 뇌물을 받고 팔았다는 점에서 거래가 순전히 비합법적이었음에도 불구하고, 공산주의의 관료적 타성에 따라 내가 이렇게 인수증을 받았다네."

흐루베슈가 인수증을 내게 건넸다. 러시아어로 쓰여 있었다.

"이리 주세요, 내가 번역해 볼게요." 콘스탄틴이 말했다.

에버르스발데의 병영 지휘자의 지시 아래 동독 시민인 흐루베슈가 1988년 12월 29일, 청동 마상 두 점과 스포츠 하는 사람들의 청동 조형물 네 점을 잘라 토막토막으로 동강 냈고 그 철폐물을 인수받았음을 이에 증명하는 바임.

"그럴 듯하게 명분을 붙였군요. 아무튼 노인장께서 그걸 토막토막 동강을 내지 않았으니 천만다행이군요." 내가 말했다.

흐루베슈가 내 시선을 피했다. 그가 탁자를 응시했다. 그가 겸연쩍은 듯한 손을 느릿느릿 사진 쪽으로 내뻗쳤다. "그 조형물들이 여기 우리 공터에 서 있었다네, 며칠 간 그대로 동독에. 하지만 우리가 그토록 거대한 말들을 들키지 않고 통째로 국경을 넘어 반출하는 일은 불가능했기 때문이었다오."

흐루베슈가 사진을 뒤집었다. 사진에 담긴 형상이 내 가슴에 와 닿기까지는 얼마간의 시간이 걸렸다.

이곳 공터의 대형 창고로 보이는, 불결한 정비소에 놓인 말들의 절단된 다리들이 내 시각을 자극했다. 콘스탄틴과 나는 아연히 사진만 바라볼 뿐 이었다.

"모든 조형물들 - 말들과 다른 네 개를 전부 다 - 동강 내느라 얼마나 진땀을 뺐는지 모른다오. 그래도 머리, 다리, 손, 발은 손대지 않고 그대로 뒀네. 작은 토막들을 우리가 소위 철폐물처럼 처리해 국경을 넘었다오. 알아볼 위험이 따르는 부분들에는 다른 해결 방안을 찾아야만 했네."

장벽이 그 몇 달 후에 무너졌기 때문에 이제 와서 보면 그것들을 토막낼 필요가 없었다는 원통한 생각이 들었다. 나는 말을 잃은 채로 여전히 사진에서 시선을 떼지 못하고 있는 콘스탄틴을 봤다.

"손대지 않은 부분들은 어떻게 동독에서 서독으로 반출하셨나요?" 내가 물었다. 동독 국경은 검열이 세계에서 가장 엄중한 곳 중 하나로 소문이 나 있었다. 동독의 국경 경비대는 공산주의 천국에서 탈출을 기도하는 시민들 이 총밥이 되도록 일순간도 주저하지 않고 조준 사격을 가하곤 했다.

흐루베슈 얼굴에 미소가 떠올랐다. "동독 내의 최고급 호텔 리무진들은 서독으로 손님을 모시러 가고 그리고 또 모셔다 드리는 일을 해도 된다는 면허증을 가지고 있었거든. 무슨 말인지 당신들도 짐작이 갈 텐데, 이 리무진 들이, 이 까만 동독의 볼보가 밀수에 무제한 활용되었네. 없는 게 없는 서독의 물건들이 당연히 모든 게 동이 난, 특히 호사품이 귀한 동독으로 반입되었다네. X 씨가 리무진 기사에게 동독에서 서독으로 뭔가를 반출하는 것도 가능하냐고 묻자 기사가 이상한 눈으로 그를 쳐다보더라네. 그런 일은 한 번도 경험해 보지 못했으니까. 그렇게 해서 말의 머리를 포함해서 손대지 않은 부분들이 죄다 까만 동독의 볼보 짐칸에서 실려 서독으로 이송되었네. 갈 적마다 리무진 기사는 수고비로 1천 서독 마르크를 받았다 하더군."

기막힌 일이었다. 그런 모든 광경이 내 눈앞에 선하게 떠올랐다. 동독 서기장 에리히 호네커와 슈타지 고위직들이 타고 다니는 것과 같은 까만 볼보에 히틀러의 말들이 세계에서 가장 엄중하게 감시되는 국경을 무사통과하여 밀수되었다. 냉전을 주제로 한 등골이 오싹해지는 스릴러의 작가 존 르 카레의 상상력을 무색하게 만들 지경이었다.

"요제프 토락의 말 한 쌍 말고 프리츠 클림쉬의 나신상 두 점과 아르노 브레커의 근육형 남자 두 점도 그렇게 했나요?" 콘스탄틴이 물었다.

흐루베슈가 고개를 끄덕였다. "제3제국에서 가장 중대한 조각가 셋의 작품이 각각 2점씩. 토락과 클림쉬는 세상을 뜬 지 오래되었으나, 브레커는 아직 살아있었지. X 씨가 구입자에게 조각을 넘겨주기 전에, 브레커에게 한 번 더 그의 '자식들'을 보여줄 생각에 뒤셀도르프를 거쳐 갔다네. 브레커가 눈물이 글썽해 가지고 짐칸에 든 청동 두상 두 개를 바라보더래. 그러곤 마지막으로 그것들을 어루만지더라네. 그러고 나서 얼마 되지 않아 그가 병석에 누웠고 세상을 하직하고 말았거든….”

나는 브레커에게 동정이 가지 않았다. 그는 스스로가 선택해서 히틀러의 그늘로 들어가 그의 도구가 되었고 거기에 대해서 끝내 추호도 참회의 뜻을 표하지 않았었다. 그를 찬양하는 미술 비평가들의 대다수 역시 양심의 거리낌 같은 건 모르는 자들이었다. 20세기 중반에 수많은 예술가들과 좌익 지식인들이 모택동, 스탈린, 폴 포트와 피델 카스트로 같은 인물들에게 도취되어 있었다. 피비린내 나는 참극을 불러들인 독재자들이었다. 또 중국으로 향하는 작금의 거의 모든 대건축가들의 발길이 끊이지 않고 있다, 독재자에게 종사하기 위해서.

“조형물들을 어디로 갖다 주었나요?” 내가 물었다. “그 일을 의뢰한 자가, 즉 그 구입자가 누구지요?”

흐루베슈가 자리에서 일어섰다. “내가 좀 피곤해서. 내가 아는 모든 걸 다 털어놓았다오. 최종적으로 물건을 산 사람이 누구인지 난 캄캄하다오. X 씨가 자기 고객에 대해서 절대 한 마디도 비치지 않았소. 그건 극비 중의 극비였거든.”

“제발 다시 한 번 더 기억을 더듬어 주세요. 그게 독일인이었나요, 남자, 여자?”

“X 씨가 그 남자라고 했었고, 독일인이고. 내 기억으로는 그가 만하임의 인근 어딘가에 살고 있었던 것 같네. X 씨가 무심결에 그 도시 이름을 말한 적이 있었는데….”

“바트 뒤르크하임?”

“아, 맞아, 바로 그거네!”

바트 뒤르크하임, 거기에는 데틀레프 아들러가 살았다….

20장

암스테르담

"묘한 우연 중의 우연!" 나의 동료 단이 컴퓨터 화면을 돌려 나에게 보여주었다. "좀 봐, 한스 베르너 다임, 독일 국가인민군 중장이 몇 주 전에 운명했어."

'마지막 축포'라는 제목을 붙인 부고 기사에 예전 동독 군대 전우들이 한스 베르너 다임의 별세를 애도하는 글이 실렸다. 보도에 의하면 그의 처 마리아는 중병 환자였다. 기사는 '프라샤이'라는 러시아식 작별 인사로 끝났다.

"더 이상 이자를 심문할 수 없게 돼 버렸구먼." 단이 말했다.

"동시에 그자도 더 이상 자신을 변호하지 못하게 되었고." 내가 덧붙였다. 나는 고철물 판매상의 이야기를 한시도 의심하지 않았다. 하지만 다임 부부에게도 어떤 복잡한 사연이 얽혀 있을 수 있었다.

"조형물들이 아직도 존재한다는 건 간접적으로 다임 부부의 덕분인 셈이야." 단이 말했다. "러시아인들이었다면 의심할 여지없이 장벽 붕괴 후에 그걸 파괴해 버렸을 테니까."

내 휴대폰 신호가 울렸다.

"스테이번이다." 내가 스피커폰을 켰다. "아, 스테이번 씨, 안녕하세요. 마침 전화 잘 하셨네요. 방금 미국 고객님 모스 씨와 통화를 했답니다. 얼마나 더 걸려야 하느냐고 물으셨어요."

"내가 최대한의 노력을 기하고 있네." 스테이번이 호기롭게 말했다. 그로서는 어렴히 최대한의 노력을 기하겠지. 이 일로 그는 수백만의 중개료를 거둬들인 참이었다, 뒤로 빼돌린 돈을 포함하건 안 하건 간에. "근데 저자들이 잔뜩 의혹에 싸여 있어. 누가 백방으로 말들을 수소문을 하고 다닌대나 봐."

나는 가슴이 철렁 내려앉았다. 이게 우리가 가장 두려워한 점이었다. 그간 너무 많은 사람들이 알게 되어 노출은 시간 문제였다. "저자들이 과거에 말들을 팔려고 내놓은 적이 있나요?"

"내 짐작으로는 그랬을 거야. 하지만 저자들 생각으론 이건 다른 방향에서 나온 거라는 거야. 우리 쪽에서 나온 거래."

"스테이번 씨, 우리 일에 대해 아는 사람은 아무도 없어요. 스테이번 씨하고 나 그리고 모스 씨는 물론이고. 저자들이 잘못 안 거예요."

"그건 나도 알지. 요컨대 저자들이 이제 와서 오리발을 내밀고 있는 거야. 이러다 잘 되기를 바라지만."

통화 중 다른 전화의 착신 신호가 울렸다. 알론져 경감의 발신 번호가 떴다. "저 잠깐 대기 중인 전화로 바꿀게요." 내가 설명했다. "우리 어머님이시네요. 제가 어머님 생신을 깜빡하고 있었거든요."

알론져가 바로 본론으로 들어가려 했으나 내가 그보다 한발 앞섰다.

"지금 스테이번을 통화 중 대기 시켜 놨어요. 누가 말들을 알아보고 다니는 모양이라서 완전 비상 상태예요."

"제기랄, 그놈의 「빌트」 기자한테 더 이상 연락이 되지 않아요. 그 인간이 무슨 허튼수작을 하고 다니는지 걱정입니다. 검찰청에서는 플리크, 나센슈타인과 아들러의 가택 수색 영장 발부에 필수적인 증거가 충분한지 여부를 심의 중이에요. 지금이라도 프리뷰를 하도록 노력해 주세요."

알론져가 푸념 섞인 혼잣말을 내뱉으면서 전화를 끊었다. 나는 대기 중의 스테이번에게로 돌아갔다.

"모친의 생신을 축하하네." 그가 말했다.

"감사합니다. 75세가 되셨어요. 근데 우리 일을 추진하는데 박차를 가할 만한 무슨 수가 없을까요?"

스테이번이 잠깐 생각에 잠겼다. "글쎄, 별 뾰족한 게 없어 보이는데."

"우리 마지막 남은 카드를 내놓기로 하지요. 모스가 기필코 토락의 「달리는 말들」과 브레커의 「파수꾼」을 자기 성에다 가져다 놓고 싶어 하거든요. 이 조형물의 가격은 각각 8백만씩 다 합치면 1천600만이 되는 셈이지요. 모스 씨가 저에게 불가피한 경우에는 총액을 2천까지 올려도 좋다고 허락하셨답니다."

스테이번이 잠깐 생각에 잠겼다. 보나마나 커미션으로 자기에게로 돌아오는 몫이 얼마나 되는지 주판을 놓고 있는 게 뻔했다. "기발한 제안이네! 그걸 당장 전달하도록 하겠네."

"거기에 한 가지 조건이 붙는다고 주지시켜 주세요. 다름이 아니라 모스 씨 측에서도 은근히 의구심이 들기 시작하는 눈치예요. 저들이 혹시나 자기에게 올가미를 씌우려는 의도는 아니냐고 반신반의했어요. 그러니 서둘러야 한다고 강조해 주세요. 그렇지 않으면 다 도로무익입니다."

내가 전화를 끊었다. 단이 대화를 같이 들었다.

"어쩜 저자들이 지금 조형물들을 딴 데로 안전하게 옮겨 놓고 모든 자취를 없애느라 정신이 없을지도 몰라. 만약 가택 진입이 속히 진행되지 않으면 우린 완전히 쑥이 되고 마는 거다."

아닌 게 아니라 그건 파멸의 시나리오였다. 뿐만 아니라 히틀러의 보물을 이제 다시는 세상에 선보이지 못하고 말 터였다. 최악의 경우에는 저들 이 증거 인멸에 전전긍긍한 나머지 그걸 모조리 파쇄시킬 소지도 있었다. 그렇다면 남는 거라곤 우리가 이 탐색 작업을 착수하게 된 계기가 되었던 컬러 사진 한 장뿐이었다.

내가 알론져 경감의 번호를 눌렀다. 그가 전화를 받기까지 약간의 시간이 걸렸다. "르네 씨, 아마 조만간 프리뷰가 있을 것 같아요. 하지만 아주 시급합니다. 일주일 내에 가택 수사 영장을 발부 받도록 힘써 주세요. 제 추측으로는 저들이 지금 조형물을 숨기느라 경황이 없는 것 같기도 하거든요."

"물건들이 천근만근 나가는 청동 덩이라서 다행이로구만. 하지만 브란트 씨 의견을 상부에 올리도록 하지요."

암스테르담에 있는 우리 사무실의 분위기는 고조될 대로 고조되었다. 약 1년 반 동안 우리는 대부분의 시간을 히틀러의 말을 되찾는 일에 쏟았다. 모든 게 다 헛되이 애만 썼을 가능성이 높았다. 우리는 어디에서 잘못되었는지 분석해 보려고 했다. 잘못이 있었다면 다른 어떤 방식으로 접근했어야 했는가에 대해서 생각했다. 우리는 언제나 우리 자신에 대해 비판적이었으며, 불씨가 된 듯한 미미한 착오가 하나라도 보이면 우리는 꼭 그걸 짚고 넘어갔다. 단, 이번 사례에는 그런 불씨조차 발견하지 못했다. '잘못될 수 있는 뭔가가 있다면 언젠가는 반드시 잘못되고 만다.'는 머피의 법칙마저도 이번에는 적용되지 않았다. 우리는 사건의 주인공들을 색출했고 마상 한 쌍 이외에도 중요한 나치 조형물을 다섯 점이나 찾아냈다.

"저들이 마상과 다른 조상들을 파쇄할 거라는 건, 나로서는 상상이 안 돼." 알렉스가 말했다. "그건 그런 부류의 인간들에게는 신성모독이나 마찬가지거든. 이건 어디까지나 총통 각하님의 말들이잖아."

나 역시도 그렇게 생각했다. 만약 저들이 정말로 우리와의 거래를 더 이상 신뢰하지 않는다면 조형물은 당분간 나치 사상에 동조하는 아무개 매입자가 나타날 때까지, 그들 조직 내의 누군가가 나타날 때까지 어딘가로 종적을 감출 게 분명했다. 그 결과 우리가 언젠가 그 조각들을 박물관에 가서 감상할 수 있다는 희망 역시도 묵살될 터였다.

"저들이 우리가 말한 2천만 유로가 너무도 긴요한 나머지 과감히 위험을 무릅쓰기만을 바래." 내가 말했다. "그런 나치 활동에는 항상 자금이 아쉽거든. 슈틸레 힐페 같은 단체의 생명은 그런 자금에 달려 있으니까."

우리는 그 자금의 용도가 법정에 선 과거와 현재의 나치들을 변호하는데 쓰이거나 제4제국을 꿈꾸는 갖가지 양상의 네오나치의 유령 조직들을 후원하는 결정적인 증거는 발견하지 못했다. 그럼에도 그와 관련해 심히 우려되는 단서들은 충분했다. 중요한 혐의자 세 명이 극우파 세계와 유대 관계를 맺고 있음이 증명되었다. 마티아스 플리크의 친족이 극우파 독일국가민주당의 당원이자 조 나센슈타인 단장이 이끄는 알렉산더 결사단의 일원이었는가 하면, 로켓 전문가 헤르만 오베르트는 슈틸레 힐페 사업의 충실한 보조자이며 재정 지원자였고, 데틀레프 아들러의 변호사는 바로 그 국제적으로 악명 높은 홀로코스트 부인론자 프레트 로이히터의 변론을 맡았던 폰 발트슈타인이었다.

나는 의기소침해져 우리 사무실 창문가에 서서 밖을 응시했다. 2015년 5월 18일, 햇살이 화창했다. 우리는 이미 지근거리에까지 다가 갔다. 말들이 서 있었던 모든 장소, 국가수상부의 정원, 에버르스발데의 러시아 병영, 고철물 판매상 흐루베슈의 대형 창고를 다녀왔다. 심지어 요제프 토락이 만든 소형 마상도 우리는 용케 찾아냈다. 하지만 현재 마상을 소유하고 있는 자는 누구일까? 플리크일까? 나센슈타인일까? 아니면 아들러? 그리고 말들이 있는 장소는 어디일까?

전화기 신호가 울렸다. 르네 알론져 경감이었다. 나는 최악의 사태에 대비해 마음의 준비를 하고 나서 음성 확성기를 켰다.

"아르뛰어 씨, 내일모레 출동할 겁니다!"

"뭐라고요?"

"플리크, 나센슈타인, 아들러의 가택 수사 영장을 발부 받았습니다. 법무부와 문화부 장관에게도 보고가 올라갔지요. 여기 지금 난장판입

니다. 국가수상부의 조형물들이 아직도 건재하다는 뜻밖의 소식에 충
격이 대단합니다."

알렉스가 어찌나 세게 내 등을 쳤던지 내가 앞으로 고꾸라질 뻔
했다.

"수요일 오전 7시에 200명 남짓한 경찰관이 세 군데에서 집합합니
다. 그곳에서 각각 출발합니다. 군부에서는 폭발물 전문가를 파견하
고, 재해대응복구처리 부서에서는 대량의 물적 지원을 하기로 했습니
다. 경찰관들은 아직 아무것도 모르고 있습니다. 대규모 마약범 검거
작전쯤으로 짐작하고들 있습니다. 이 시점에서 절대 언론으로 누출되
는 것을 막아야 하기 때문입니다."

2백여 명의 경찰관들과 군대까지? 온몸에 땀이 솟아났다. 이 일이
잘못되는 날에는 나는 차라리 무인도로 이사하는 편이 현명할 성싶
었다.

"아르뛰어 씨? 지금 내 말 듣고 있어요?"

"네, 듣고 있습니다."

"우리 장관님들의 감사 말씀을 미리 전달드립니다. 이해하시다시피
실은 그분들이 한편으로는 좀 애석해하셨지요, 왜 하필이면 네덜란드
인들이 나서 이 일을 주도하게 되었느냐고." 알론져가 웃으면서 말했
다. "이 사건이 여기서는 여간 예민한 것이 아니거든요."

"제가 현장에 나가 참관해도 될까요?" 내가 물었다.

알론져가 침묵했다. "브란트 씨가 입회하는 걸 개인적으로는 대환
영입니다. 하지만 브란트 씨는 중요한 증인이십니다. 만약 그자들 진
영의 누가 혹은 어떤 기자가 브란트 씨가 사건 현장에 있는 것을 볼 경

우 그로 인해 큰 역효과를 가져올 수 있습니다."

알론져로서는 어쩔 수 없다는 것을 나는 충분히 이해했다. 내가 입회하는 것은 모든 진행에 위험이 수반되는 일이었다.

"물론 브란트 씨 동료들은 환영입니다. 콘스탄틴도 현장에 올 겁니다. 저는 킬 지역에 있는 마티아스 플리크의 가택 수사를 지휘합니다."

실망감을 감추지 못한 채 나는 전화를 끊었다. 여태껏 진행한 일 중이 사건이 내게는 가장 중대한 사건이 되는 셈이었지만, 이런 절정의 순간에 나는 그냥 집에만 죽치고 있어야 할 처지였다, 생손톱이나 물어뜯으면서….

21장

2015년 5월 20일 수요일

가택 수사에서 실상 아무것도 발견하지 못할 가능성이 대단히 컸음에도, 화요일에서 수요일로 넘어가는 밤 나는 놀랍게도 태평스레 숙면을 취했다. 반면 나로서는 이제 더 이상 후속 진행에 아무런 영향을 미치지 못할 처지였다. 일이 되어 가는 대로 두고 볼 수밖에 없었다.

마지막 순간에 내가 르네 알론져에게 가택 진입을 취소해달라고 부탁했었다. 스테이번이 전날 저녁 전화해서 모든 문제가 해결되었다고 전했다. 5월 27일, 내게 마상을 보여주기 위해 지금 한창 만반의 준비를 서두르는 중이라 했다. 저자들이 프랑크프루트에서 나를 데리러 올 것이며 안대로 내 눈을 가린 다음, 비밀 장소로 데리고 갈 거라고 했다. 내가 마상들을 진품으로 감식하는 즉시 미국인 모스에게 전화로 통보해야만 했다.

"아르뛰어, 기분 좋은 소식이지?" 스테이번이 말했었다. "난 마침 여기 크레타 섬에 와 있어. 한 일주일 푹 쉬고 갈까 해서. 휴가 맛이 곱

절이나 더 좋거든. 우리 처음 거래가 이렇게 성공적으로 잘 되었으니!"

그랬다, 스테이번 눈에는 만사형통이었다.

반면 알론져는 1주일씩이나 기다릴 의향이 없다고 했다. 본격적으로 작전 준비가 이루어진 이 시점에서는 더 이상 철회할 수 없는 형국이었다. 게다가 스테이번이 술수를 쓴 것일 수도 있었다. 어쩜 저들이 낌새를 채고 이런 식으로 시간을 벌자는 수작일 수 있었다.

아침 6시에 집을 나선 나는 사무실을 향해 걸었고 거리는 마냥 한산했다. 사무실 벽에는 우리가 되찾기를 바라는 모든 조형물들의 사진이 붙어 있었다. 요제프 토락의 「달리는 말들」, 에버르스발데 병영 마당에 서 있었던 아르노 브레커의 조각상 두 점, 프리츠 클림쉬의 조각상 두 점, 끝내 실현되지 못한 베를린의 아치형 개선문을 위해 제작된 아르노 브레커의 10미터 높이의 「파수꾼」, 그리고 국가수상부 청사 내 소위 영예의 마당에 서 있던 「국방군」. 우리가 이것들의 파편만 발견해도 세계적인 뉴스거리가 될 터였다.

사무실을 휘감고 있는 정적 속에서 시간은 지겹도록 더디게 흘렀다. 7시에 경찰관들과 군부의 전문가들이 총집합한 뒤, 한 시간 후에 세 명의 주요 혐의자의 집으로 쳐들어가기로 되어 있었다. 동료인 알렉스는 아마도 마티아스 플리크가 누워서 자고 있을 시간에 킬에 가 있었다. 그곳에서 - 내가 나무에 올라가서 서 있는 걸 확인했던 - 아르노 브레커의 「국방군」과 제2차 세계대전 때 사용했던 탱크를 보게 될 거였다. 동료인 단은 조 나센슈타인 단장의 성에서 망을 보고 있었다. 그리고 「슈피겔」의 콘스탄틴은 데틀레프 아들러가 사는 바트 뒤르크하임 주변을 배회하고 있었다. 킬과 바트 뒤르크하임의 이동 거리는 7

백 킬로미터를 밑돌았다.

긴장 속에서 기다리는 건 나 혼자만이 아니었다. 「슈피겔」은 물론이고 「빌트」의 편집부에도 시시각각의 동태가 보고되었다. 네덜란드에서는 내가 일간지 「텔레흐라프」의 욜란드 환 데르 흐라프에게 소식을 알렸다. 욜란드를 안 지 벌써 10여 년이 넘었고 「텔레흐라프」에서는 특종 기사 보도에 관한 한, 단 한 번도 날 실망시킨 적이 없었다. 만약 말들이 실제로 발견될 경우에는 1면은 물론이고 2면과 3면도 할애하겠다는 거였다. 오늘은 알론져 경감과의 직통 통화가 어렵다고 연락이 왔다. 그에게 조수가 한 명 특별 배정되었고, 그가 법무부 장관과 오픈라인으로 직결되어 실시간으로 상황을 중계하기 때문이었다. 알론져 역시 오늘 결과에 많은 것이 달려 있었다. 오늘 저녁 그는 영웅 대접을 받거나 아님 무능력자로 손가락질을 받게 될 기로에 서 있었다.

첫 번째 보고는(킬/플리크 쪽 현장에 가 있는) 동료 알렉스로부터였다. "빌라를 향해 둑 위를 걷고 있어. 조깅하는 몇 사람을 제외하고는 아주 한적해. 아직은 이렇다 할 움직임도 전혀 없고. 해변 레스토랑에 차가 한 대 서 있는데, 그건 레스토랑 주인 것으로 보이고. 몇 분 후에 내가 플리크의 빌라로 향하는 골목으로 들어설 거야."

(나센슈타인 단장 쪽을 맡고 있는) 동료 단은 적절한 장소를 찾지 못해 고생을 하고 있었다. "성벽이 내 키보다 높아. 지금 이리저리 왔다 갔다 하고 있는데, 그러고 있는 게 누구 눈에 띌 거 같아 좀 마음에 걸려."

(바트 뒤르크하임/아들러 쪽 현장에 가 있는) 콘스탄틴은 또 그 나름대로의 문제가 있었다. "키가 2미터 10이나 되다 보니 여기 주민들

의 눈길을 여간 끄는 것이 아니거든요. 어떤 노파가 창문에서 내다보면서 날더러 혹시 길을 잃었느냐고 묻는 거예요. 내가 바로 영상물을 보낼게요."

나는 크레타 섬에 가있는 스테이번을 생각했다. 어느 순간에 누군가가 그에게 전화해서 경찰이 진입했다고 전할 터였다. 그럼 그는 그걸 곧바로 나와 연관시킬 터였다. 나는 다소 미안한 마음이 들었다. 알론져가 내게 확언했었다, 조형물들은 압수되겠지만 약탈 자체는 공소시효가 지났다고. 조형물들이 독일 정부의 재산이라는 사실에는 변함이 없었으므로 압류에 저항하는 경우에나 비로소 체포령이 발동되리라는 것이었다.

콘스탄틴이 바트 뒤르크하임에 위치한 아들러의 주택을 찍어서 이메일로 보냈다. 흔들리는 영상이 불안하고 초조해하는 콘스탄틴의 심경을 폭로해 주었다. 「슈피겔」의 전 편집장으로서 그는 여러 기자들을 취재 현장으로 파견하는 일을 해왔으나, 지금은 자신이 직접 최전선에 나와 있었다. 아들러의 널따란 방갈로는 숲이 우거진 지대에 위치했고 드넓은 마당은 담, 울타리 그리고 수목으로 둘러싸여 있었다. 그러나 콘스탄틴은 팔을 위로 번쩍 뻗으면 3미터 높이에 달했으므로 어느 담도 그를 당해낼 도리가 없었다. 깔끔한 정원은 완벽에 가깝게 보였다. 등에다 한 손을 대고서 몸을 비틀대며 걷는 듯한 남자를 형상화한, 파르스름하게 녹이 슨 청동상이 방갈로 뒷문 옆에 우뚝 서 있었다. 나는 그 조각을 알아보지 못했으나 요제프 토락이나 아르노 브레커의 손으로 만든 것임에는 틀림이 없었다. 불현듯 자기 스마트폰의 카메라 앞에선 콘스탄틴의 얼굴이 나타났다. "근데 마상들은 여기 있을 것 같지 않거든요." 그가 소곤소곤 말했다. "마당을 다 보진 못한 상태이긴 하지만 아직까지는 조형물이라곤 하나밖에 없어요."

잠시 후에 카메라가 돌자 늙수레한 남자가 나타났다. 그가 정원 안으로 걸어 들어가고, 양팔을 쭉 펴고, 그러고는 주위를 휙 둘러봤다. 콘스탄틴의 얼굴이 다시 나타났다. "저게 틀림없이 아들러예요. 차고가 상당히 큰 편이긴 한데 내 생각에는 마상을 간수할 만큼은 아니거든요."

알렉스가 전화했다. "플리크가 개를 데리고 정원에서 걸어 다녀. 저놈의 개가 내가 나무속에 앉아 있는 걸 알아냈어." 배경에서 개 짖는 소리가 들렸다.

"플리크는 어떻게 생겼어?" 내가 물었다.

"작달막하고, 대머리에다 안경. 인상은 꽤 무던해 보이거든, 취미가 좀 괴상해서 그렇지."

일전에 내가 떨어졌던 그 나무의 높은 가지에 그가 앉아있다는 건 그만 두고라도, 내가 지금 그와 같은 처지가 아니라는 사실에 나는 위안을 삼았다. 엄청난 무기 창고를 가지고 있는 플리크가 자기 방어적 공세를 취할 가능성이 있었다. 그가 마을 안으로 탱크를 끌고 간 전례가 있었듯이.

단은 그 사이 성과 인접한 공원의 언덕 위로 가서 서 있었고 이젠 나센슈타인 단장의 성 안을 내려다볼 수 있게 되었다. "방금 성의 주위를 이리 저리 둘러봤어. 한쪽 구석에 부속 건물이 한 채 있어. 거기에는 마상들이 거뜬히 들어가고도 남겠다."

나센슈타인을 방문했을 때 내가 부속 건물의 창문을 들여다봤지만 단지 의자들 몇 개만 눈에 띄었었다. 하지만 아마도 그 안에 또 다른 공간이 있었던 모양이었다.

벌써 8시 15분이었다. 작전 개시가 목전에 다가왔다. 혐의자들끼리 서로 경고하는 걸 막기 위해 경찰은 동일한 시각에 세 군데 현장에 도착하지 않으면 안 되었다.

(킬/플리크 쪽 현장의) 알렉스가 맨 처음 동태를 파악했다. "까만 방탄 유리의 형사 기동대 차 한 대가 모퉁이에 서 있어. 차 안에서 보기에 웬 사내가 나무속에 있는 것 같았는지 확인하려고 차창을 내리더라고. 그래서 내가 손을 흔들어 줬지."

추측건대 르네 알론져 경감이 그 차에 앉아 있고, 그래서 그들이 알렉스를 그대로 앉아 있게 놔 둔 것이었다.

나는(바트 뒤르크하임 아들러 쪽 현장의) 콘스탄틴에게 연락했다. "대문 앞에 여러 차가 와서 섰어요." 콘스탄틴이 가쁜 숨을 몰아쉬었다. "나 지금 그쪽으로 가는 중이에요. 사복형사들이 보여요. '저, 여기 출동한 사유가 뭔지 여쭤 봐도 될까요?'라고 물었는데 일언반구 응대가 없어요. 경관들은 경직된 상태로 인터뷰에는 응할 생각도 안 해요. 두 경관이 문으로 걸어가고, 남아 있는 다른 자들은 빌라 둘레에 각기 자기 위치를 잡고 서 있어요."

바야흐로 종말의 장이 시작되었다. 플리크, 나센슈타인, 그리고 아들러가 오늘 이날을 두고두고 음미할 것이고 적어도 그중 하나는 미국인 모스의 수백만 유로가 물거품처럼 사라지는 걸 경험할 것이었다.

"아들러가 직접 문을 열어요. 그가 대문 앞에 우두커니 서 있어요." 콘스탄틴이 말했다, 여전히 가쁜 숨을 헉헉대면서. "저들이 지금 그에게 뭐라고 읽어 주고 있어요. 가택 수색 영장일 겁니다. 계속 차들이 와서 멈춰 서요. 아들러가 옆으로 비켜섰고 경관들이 집 안으로 들어가요. 저 사람 얼굴이 송장처럼 창백하게 보여요. 자기 핸드폰으로 지금 누군가의 번호를 누르고 있네요."

"그럼 이따가 다시 얘기해요." 내가 말했다.

(킬/플리크 쪽 현장의) 알렉스는 흥분에 찬 목소리였다. "여기 차들이 가득 모여 있거든. 사복형사들이 정원을 가로질러 걸어 가. 발을 멈추고 자기들 눈을 의심하고 있거든! 입을 쩍 벌린 채 「국방군」을 쳐다보고 있어. 좀 이따 탱크가 떡하니 저들 눈앞에 나타나면 저 표정들 정말 볼만하겠다. 이제 르네 알론져도 보여. 전화하느라 정신이 없네."

(나센슈타인 단장 쪽 현장의) 단과는 통화를 하지 못했다. *"지금 수신인께서는 전화를 받을 수 없습니다."* 부디 무슨 큰일이 없기만을 바랐다.

콘스탄틴으로부터 새 영상이 들어왔다. 초조한 아들러가 전화기를 귀에다 대고서 거실을 왔다 갔다 했다. 밖에는 어느새 몇몇 기자들이 모여 있었고, 카메라를 돌리고 있는 자들도 있었다. 이는 가택 수색에 대한 비밀이 완전히 보장되지 않았다는 증거였다. 기자들은 아마도 대마초 재배지를 예상하고 왔을 게였다. 한 수사관이 밖으로 나와서 기자들을 향해 지침을 줬다. "여러분들께서 이 마당 안으로는 들어오시지 말기를 아들러 씨를 대신해 정중히 부탁드립니다."

암스테르담 사무실에만 앉아 있자니 나는 그저 무기력할 따름이었다. 벌써 9시 4분이 되었다. 마상의 크기가 크기인 만큼 눈 깜짝할 사이에 발견되었어야만 했다. 그게 애초부터 거기에 없었던 게 아니고

서야.

(킬/플리크 쪽 현장의) 알렉스로부터 다시 보고가 들어왔다. "여기 진짜 가관이야. 완전 아수라장. 방금 수사관하고 얘기했는데, 지하 주차장에서 뭘 발견했는지 말해 주더라고."

"탱크?" 내가 물었다.

"응, 그 *장갑차, 판처캄프바겐 제5호*. 근데 그밖에 또 2차 대전 때 쓰였던 만능 대전차포, 모델 8.8cm 18호 대공포가 있었어! 내가 그걸 방금 스치듯이 봤어."

"마상은 없고?"

"응, 없어. 하지만 아직 수색이 안 끝났어."

나는 다시 바트 뒤르크하임의 콘스탄틴에게 연락했다. "누가 방금 아들러 집에 도착했는지 아세요?"

나는 아무도 떠오르지 않았다.

"아들러의 변호사, 토르 폰 발트슈타인요. 그 홀로코스트 부인론자의 변론자요."

그건 좋은 징조였다. 아무것도 구린 게 없다면 굳이 토르 폰 발트슈타인 같은 거장을 내세울 필요가 없었을 것이었다. 하지만 어쩌면 나는 너무 단순하고 세상 물정을 모르는 숙맥이며, 이런 부류와 관련된 세계에서는 그렇게 대처하는 것이 지극히 정상적인 처사일 수도 있었다.

"아들러와 폰 발트슈타인이 지금 정원 안으로 들어가요. 서로 주고받을 이야기가 많을 거예요."

그 다음 보고한 사람은 단이었다. "나센슈타인 단장이 정신 나간 사람처럼 허둥지둥 돌아다니고 있어.”

나는 나센슈타인에 대한 동정심을 억제할 수가 없었다. 불온한 사상을 신봉하고는 있을망정 그것을 제외하고는 그저 평범한 노인장이었다. 그가 아들러에게 조형물 몇 점을 빼앗겼다는 내 이론이 맞는다는 가정 아래, 경찰이 아들러 집에도 진입했음을 그가 알게 되면 어느 정도는 분이 삭을 성싶었다.

“왜 저들이 순순히 우리에게 모든 조형물을 내주지 않았는지.” 내가 한탄했다. “그랬더라면 이 같은 난리판을 치를 필요가 없었을 것을.”

“맞아, 난리판도 이런 난리판은 없다고.” 단이 맞장구쳤다. “마을 사람들이 거지반 다 거리로 모여들었어.”

“나 이만 끊어야 해. 알렉스가 대기 중이거든.”

알렉스는 신바람이 났다. “나 정말 미치겠어, 이거야 말로 진짜 놓치고 싶지 않았던 광경이거든. 글쎄 우리 친구 플리크가 자기 주차장에다 2차 대전의 수뢰를 보관하고 있더라니까. 방금 수색대 전원이 다 밖으로 나와서 웅성대고 있었어, 물론 탄환이 장전되어 있을까 봐 잔뜩 겁들을 먹고서. 그러다가 이젠 다들 다시 안으로 들어갔어. 아 참, 주차장 벽은 국가수상부와 같은 붉은 대리석으로 타일을 붙였더라고.”

“「국방군」에 대한 무슨 뉴스는 없니?”

“응. 플리크의 말을 빌리자면 이 조각상은 오래전 동독의 어느 고철물 판매장에 매물로 나왔던 거래. 손상이 너무 커서 거의 전부 복원한 거고 부분적으로만 옛날에 영예의 마당에 서 있던 원형의 자재를 재활용했대.”

맥이 빠지게 만드는 뉴스였다. 우리가 위성 사진을 통해 추적해 낸 청동상은 고작 그 일부만 진품이라는 말이었다.

"잠깐만," 알렉스가 말했다. "저들이 모두 다시 밖으로 나오는데."

무슨 일이냐고 알렉스가 묻는 소리가 들렸다.

"V-1. 보복무기 1호도 있대!"

V-1 비행 폭탄은 독일인들이 수천 개를 영국에 발사했던 순항 유도 탄이었다. 그건 일종의 새총 같은 구조를 통해 목표물을 명중했고 그 결과 죽음과 파멸을 가져왔다. 영국 비행사들이 도버 해협 위에서 그 걸 중간에서 차단시키느라 결사전을 벌였는데, 자기들 비행기의 날개 로 그 순항하는 유도탄을 살짝 건드려서 항로에서 벗어나도록 만들었 다. 대담무쌍한 용사들이었다. 플리크는 일개 소대를 무장시키기에 충 분할 만한 전쟁 무기를 소지하고 있었다. 시간이 흘렀다. 벌써 10시 25 분이었다.

콘스탄틴의 언짢은 소식으로 나는 기분이 뒤숭숭했다. "수색대가 아들러한테서는 아무것도 발견하지 못한 눈친데요. 수사관들의 표정 이 하나같이 굳어 있어요."

난 도무지 이해가 가지 않았다. 동독의 고철물 상인 흐루베슈가 마 상과 다른 조형물의 구매자가 바트 뒤르크하임에 산다고 우리에게 말 하지 않았는가? 그만큼 아들러밖에는 다른 대상자가 없었다. 저들이 어쩌다 우리를 꿰뚫어 보고서 다른 비밀 장소로 조형물들을 이미 옮겨 놓은 건 아닐까?

일을 그르치기 시작했다. 단이 보고하길 일차 수사대가 나센슈타인 단장의 성에서 철수하고 있었다. 이 말은 곧 그곳에서도 아무것도 발견하지 못했다는 뜻이었다. 이제까지의 성과라곤 오로지 단 한 점의 조각, 브레커의 「국방군」에 불과했다. 나머지는, 즉 무기들은 극적인 뉴스임에는 두말할 여지가 없겠으나 우리에게는 망신거리였다. 우리가 애당초 계획했던 암시장에서 나도는 중요한 나치 예술품의 포획보다 부수적인 포획이 더 비중이 큰 결과가 되어 버렸다.

「델레흐라프」의 욜란드 환 데르 흐라프가 초조한 기색을 드러내기 시작했다. "편집부에서 내일 조간의 1면 톱을 포함해 첫 3면을 다 비워 놓고 우리 기사를 기다리는 중이거든요."

나는 사무실 안을 왔다 갔다 했다. 만약 아무것도 발견되지 않으면 플리크, 아들러 그리고 나센슈타인이 손해 배상을 청구하려고 덤벼들 것이 예상되었다. 말의 컬러 사진은 숫제 위조라고 딱 잡아뗄 터였다. 그냥 장식품으로 놓고 보려고 모조한 마상을 '미술품 중개업자', 그러니까 스테이번이 떠넘기려고 했음은 한낱 오해에서 비롯된 것이라고 주장할 터였다.

르네 알론져 경감은 절망적이었다. 알렉스가 그와 짧게 몇 마디 나눴다. "그가 장관하고 잇따라 통화하는데 장관 역시 당황하기 시작했대. 이런 이례적인 작전은 장난이 아니라서, 잘못되면 관련자들 몇몇에 대한 명예 훼손이 클 것 같대."

명예 훼손이 큰 건 우리도 매일반이었다. 누가 앞으로 감히 우리와 운명을 같이하려 들겠는가?

"아르뛰어 씨, 일차 수사단이 아들러의 방갈로를 떠나려 해요." 콘스탄틴이 소식을 전했다. "수사단 누구도 입을 열 생각을 안 하네요. 밖으로 나오고, 그들의 차 안으로 들어가고, 출발하는군요. 아들러하고 변호사 토르 폰 발트슈타인이 거실에서 마지막 남은 수사관 한 명과 이야기를 나누고 있어요."

그러는 사이 걸려온 전화가 대기 중이었다. "아이구." 내가 말했다. "스테이번한테서 전화가 왔네요!" 나는 숨을 깊이 들이쉬고 콘스탄틴에게서 스테이번에게로 통화를 돌렸다.

"제발 욕부터 시작하지 말아 주세요." 내가 스테이번에게 말했다. 잠깐 침묵이 흘렀다.

"스테이번 씨?"

"아니 느닷없이 욕이라니, 내가 무슨 욕을?" 그의 말이 이어졌다. "지금 이렇게 수영복 차림으로 여기 크레타 바닷가에 서 있는 사람한테. 내 앞에 푸른 바다가 펼쳐져 있다네. 무슨 말을 해도 내 기분을 망쳐 놓지 못할 걸세."

나는 스테이번의 본뜻을 헤아려 보려고 노력했다. 나는 그가 대뜸 욕을 퍼부어 댈 거라고 기대했었다. 혹시 우리 대화가 녹음될지도 모르다고 그가 지레 겁을 먹고서 사진 속 말들이 복제였다고 잡아떼려는 꼼수일까? 이 모든 게 다 오해에서 비롯된 거라고 변명하려고?

"대체 내가 왜 욕을 할 거라 생각한 건가?" 그가 다소 신경질적으로 반복했다.

스테이번이 가택 수사에 대해 알고서도 능청을 부리는 것이 거의 확실하긴 했지만, 나는 일에 만전을 기해야 했다.

"아 참, 크레타에 계시지요. 전 스테이번 씨가 지금 스페인에 계신 줄로 깜빡 착각했고, 스페인은 지금 악천후로 난항을 겪고 있잖아요."

다시금 썰렁하고 불길한 침묵이 흘렀다.

"자네도 어디 휴가라도 한번 다녀와야겠는데." 스테이번이 충고했다. "스트레스에 시달리는 사람처럼 들려요. 무슨 일이 있는 건 아니고?"

"일은 무슨 일이 있겠어요?"

"예를 들어 모스가 그 사이 제안을 번복했다거나 하는 식의 일들. 마지막 상황을 체크해 볼 겸해서 그저 한번 전화해 본 건데…."

그가 지금 나에게 말로나마 고문을 가하는 걸까? 내가 혹시 가택 수사의 배후자인지를 가려내자는 심사일까? "아뇨, 모스 씨는 다음 주 프리뷰만 기다리고 있습니다."

"좋아요. 그럼 안심하고 나는 다시 가서 다이빙이나 좀 더 해야겠군."

나는 좌절감이 컸다. 나센슈타인 단장뿐만 아니라 아들러에게서도 아무것도 발견되지 않았다. 플리크의 집에는 엄청난 무기 창고와 그 일부만 진품인 「국방군」이 있었다. 언론은 열광적으로 감탄사를 연발할 터였다, 가택 진입의 본래 목적이 무엇이었는지를 발견하게 될 때까지는. 그렇게 되면 독일 경찰은 물론 우리도 언론의 도마 위에 오르게 될 터였다.

콘스탄틴의 보고가 들어왔다. "다들 갔어요. 아들러, 변호사 그리고 수사관 한 명을 빼고는요. 저들이 거실에서 이야기하는 모습이 보입니다. 지금 어떤 사람이 또 한 명 도착했어요. 보아하니 이자도 변호사 같아요. 구경하러 왔던 동네 사람들도 다 자리를 떴어요. 여기 지금 나 혼자 서 있어요."

"봐서 아들러와 직접 인터뷰해 보실래요?" 내가 제안했다. "이따 다들 떠나고 나서요."

"내 생각으론 저자가 인터뷰에 응해 주지 않을 거예요. 근데 잠깐, 돌아가는 낌새가 좀 수상해요. 분위기가 돌변한 것 같아요."

"무슨 말이에요?"

"나도 뭐가 뭔지 잘 모르겠어요. 방금 전까지만 해도 아들러가 미소를 띠고 걸어 다녔거든요. 그가 수사관을 배웅하고 막 돌아서려는 참이었어요. 약 5분 전에 하나 남은 수사관이 자기 전화기를 아들러에게 건넸어요."

나는 전화를 걸어온 상대방이 알론져 경감일 것으로 짐작했다.

"통화는 짧게 끝났고, 그 후 아들러가 창가로 걸어가서 물끄러미 밖을 응시하고 있어요. 마치 온갖 사념에 사로잡힌 것처럼. 걱정스러운, 아니 침울한 표정을 짓고서요."

나는 콘스탄틴의 상황 해석을 의심했다. 십중팔구 아들러가 놀라고 지친 탓이었다. 인접 부근 일대를 왈칵 뒤집어 놓은 그런 가택 진입으로 하루를 시작하고 싶은 자가 어디 있겠는가.

"잠깐요…." 콘스탄틴이 소곤소곤 말했다. "방금 전에 도착했던 변호사가 수사관과 함께 밖으로 나오는데요. 변호사 차 옆에서 서서 그들끼리 무슨 상의를 하고 있어요."

그의 뒤에서 수군수군 말하는 소리가 들렸다. "저자들이 뭐라는 거예요?"

"쉬잇, 귀를 모으고 있지만 너무 멀어요."

아들러와 통화를 한 사람이 알론져 경감이라는 내 지레짐작이 정말 맞는 게 아닐까?

"수사관과 변호사가 같이 차 안으로 들어가요. 아들러는 토르 폰 발트슈타인하고 같이 문지방에 서 있어요. 무슨 일이 생겼다고요."

나는 콘스탄틴에게 동정이 갔다. 그는 수시로 내 조사 활동에 동행했고 명중탄이 터지기만을 나 못지않게 간절히 바라고 있었다. 그가 이젠 과잉 열성으로 객관성을 잃은 것 같았다.

"차로 저자들 뒤를 따라 가고 있어요. 내가 다시 연락할게요."

"수고하세요."

긴급히 가택 수사를 벌이기로 한 독일 법무부의 결단에는 다분히 이해가 갔다. 우리의 조사 활동이 외부로 샜다는 단서들이 너무 많았다. 어느 모로 보나 조형물들이 부리나케 다른 비밀 저장소로 이동된 게 확실했다. 그렇지만 만의 하나라도 우리의 모험적 겨냥에 실수가 없었고 우리의 조사 활동이 외부로 새어 나가지 않았다고 친다면…. 그랬을 경우 우리는 다음 주에 프리뷰를 갖게 되었을 것이며 마상을 직시하게 되었으련만. 내일 나센슈타인, 플리크와 아들러가 우리 조사 활동에 대해 신랄하게 기염을 토하리라 예상되었다, 보나마나 바람 부는 쪽으로 같이 나부끼는 기회주의적 연예지 「빌트」에다.

콘스탄틴에게서 다시 보고가 들어왔다. "내가 약 50미터쯤 저들 뒤를 쫓고 있는 중이에요. 처음에는 우리가 바트 뒤르크하임을 벗어났다고 생각했지요. 그런데 지금 공업 단지에 와 있어요. 이곳 도로가 꼭 미로 같아서 되게 헷갈려요. 만약 여기서 저들을 한번 놓치면 영영 찾지 못할 거예요."

마음 같아서는 당장 전화를 끊고 어디론가 가서 그냥 눕고만 싶었다. 잠시 후 실망한 동료들과 알론져 경감의 불평불만을 들어줘야 하는 고역을 치르고 싶지 않았다. 보나마나 그리스 바닷가에서 수영복 차림의 스테이번으로부터 걸려올 원망 전화는 그렇다손 치더라도.

"저들이 엄청 큰 창고 앞에서 차를 세웠어요." 콘스탄틴이 흥분된 목소리로 일렀다.

"콘스탄틴 씨, 잠깐만요. 제발 안전거리를 유지하세요. 그 안에 틀림없이 수뢰가 있을 거예요. 아님 나치 원자탄의 원형이나. 우리하고는 별 상관이 없는 거라고요."

콘스탄틴의 숨이 가빠졌다. "저들이 울타리를 열어요. 좀 더 가까이 가 볼게요."

경관들이 아마도 우리 꺽다리 친구의 염탐을 오래전부터 묵인해준 모양이었다.

"저들이 지금 엄청난 철판 블라인드 옆문 안으로 사라졌어요. 이 창고가 상공에서는 어떻게 보이는지 구글 지도에서 한번 찾아 보세요. 브루흐슈트라세예요."

나는 노트북을 집었고 바트 뒤르크하임, 브루흐슈트라세를 찾았다.

"그 공업 단지의 모든 길들이 다 브루흐슈트라세로 나와요." 내가 말했다. "건물 번호 아세요?"

"아뇨, 하지만 59번 옆이에요, 같은 쪽으로 난 막다른 길. 59번과 창고 사이에 희고 노란색의 트레일러가 잡초가 무성한 뜰에 서 있어요. 보기에 저게 몇 년째 저렇게 방치되어 있었던 것 같거든요."

59번과 창고 사이의 뒷전에 정말 옆면은 노란색의 기다랗고 하얀 트레일러가 보였다. 나는 창고를 클릭했다. 위도 및 경도의 좌표가 나왔다. 49도28분18.9초N 8도12분26.1초E.

"위치를 확인했어요." 내가 전했다. "창고 두 개가 맞대고 있고 그 사이에 트레일러가 서 있었어요. 그 뒤에는 가옥이 한 채 있고요. 창고 길이는 30미터쯤 돼요."

여기다 무엇을 감추든지 간에 이보다 더 적합한 곳이 어디 또 있으랴! 인구 1만 8천명 정도의 촌락, 바트 뒤르크하임 소규모 공업 단지의 막다른 길에 있는 창고. 인터넷에서는 이 작은 마을에 대한 정보가 별로 없었다. 매년 세계에서 가장 큰 와인 축제가 열리는 모양이었고 1940년 10월에 마지막 남은 19명의 유대인 출신 주민들이 수용소로 이송되었다.

"수사관이 밖으로 나와요." 콘스탄틴이 작은 목소리로 말했다.

"*안녕하십니까? 폰 하머르슈타인 씨.*" 육중한 음성이 약간 장난기가 섞인 어조로 인사를 보냈다.

나는 콘스탄틴이 뭐라고 어물대는 소리를 들었다. 그가 자기 딴에는 들키지 않을 거라 믿고 어디에 숨어 있었는지 나는 의아스러웠다. 정상인보다 머리 하나가 더 있는 장승같은 그는 심지어 운송 트럭 뒤에 숨는다 해도 머리가 위로 삐죽이 새어나올 터였다.

"뭘 좀 발견하셨나요?" 콘스탄틴이 물었다.

"아뇨, 아무것도 없답니다, 유감스럽게도. 지금 브란트 씨하고 통화하고 계시겠지요. 안부나 전해 주십시오."

콘스탄틴이 다시 내게 말했다. "방금 들었겠지만 아무것도 찾지 못했어요." 콘스탄틴은 무척 실망하는 말투였다.

나는 뭐라고 위로해야 할지 막막했다. 그토록 전망이 좋아 보이는 사건이었다. 우리의 수사는 거의 일 년 반이나 걸렸다. 일 년 반.

"돌아가시게요?" 나는 콘스탄틴이 수사관에게 묻는 소리를 들었다.

"아뇨, 잠깐 가서 차에다 코트를 두려고요. 좀 덥거든요." 나는 차 문이 닫히는 소리를 들었다.

"저 창고 안이 좀 답답해서요. 만약 내 동료들이 도착하거든 내가 안에 있다고 전해 주세요. 내가 문을 열어 둘 테니까요."

"알겠습니다."

수사관이 마지막 문장을 말할 때 억양이 어딘가 달랐다. 마치 그가 뭔가를 분명히 암시하는 그런 억양.

"콘스탄틴 씨," 내가 전화로 불렀다.

"그렇게 크게 소리치지 마세요."

"어서 저 수사관 뒤를 따라가서 안을 좀 들여다보세요. 내 말 들려요?"

"왜요?"

"제발요! 그렇게 하세요!"

콘스탄틴이 한숨을 내쉬었다. 나는 그의 발걸음 소리를 들었다. 왜 다른 동료 수사관들을 더 부른단 말일까? 콘스탄틴이 지금쯤 문에 가 있을 성싶었다.

"문에 도착했나요?" 내가 물었다. "여보세요?" 공교롭게도 전화 배터리가 떨어져 버린 것은 아니기를.

"네, 여기 왔어요. 맙소사….."

"무슨 일이에요?"

"저게 보여요."

"뭐가 보이죠?"

"히틀러의 마상. 오, 하나님!"

잠깐 내 눈앞이 캄캄했다. "확실해요?"

"둘이 나란히 서 있어요. 창고 저 뒤쪽에요. 정말 저거예요… 분명히!"

나는 콘스탄틴이 이런 상황에서 농담을 하고 있다고는 판단하지 않았다. 하지만 그가 존재하지 않는 허상을 자기가 보고 싶은 그 무엇으로 착각할 수도 있는 문제였다.

"동영상으로 촬영해 주세요, 어서."

콘스탄틴이 전화를 끊었다. 동시에 전화벨이 울렸다. 스테이번이었다.

"그래 무슨 수작이야?"

"무슨 말씀이세요?"

스테이번이 혼잣말로 욕을 지껄였다. "저들이 전 독일에 가택 수사를 벌였대. 방금 전화가 왔거든. 마상들도 발각된 모양이야."

그렇다면 이건 사실이었다. 나는 하마터면 환성이 터져 나올 뻔했으나 가까스로 자제했다.

"자네가 그 배후자인가?" 스테이번이 물었다.

"내가 뭐라고 대답하길 원하시죠?"

그가 제정신에서 이런 질문을 하는 걸까? 나 말고는 또 다른 누가 이 수색의 배후가 될 수 있었겠는가? 스테이번은 계속 욕설만 늘어났다, 특히나 물거품이 되어버린 자신의 중개료에 대해서. 내 눈앞에 그의 모습이 생생히 떠올랐다, 크레타 해안에서 수영복을 입은 그의 모습.

"자네 고객 모스가 이제 더는 마상을 살 수 없게 돼 버렸네."

"맞아요. 그분이 몹시 화를 내실 겁니다." 내가 말했다. 나는 스테이번이 아직도 모스가 실제로 존재한다고 믿고 있다는 사실에 참으로 놀라지 않을 수 없었다. 그러는 사이에 콘스탄틴이 동영상을 전송해 주었다.

"아르뛰어. 아직도 듣고 있어?"

"네, 잠깐만요. 문 앞에 누가 왔나 봐요." 내가 둘러댔다. 동영상은 과립 상태로 시작했다. 창문이 하나 보이고 또 다른 창문이 등장했다. 영상이 떨렸다. 창문이 아니라 불투명한 흰색 유리가 끼인 문이 열려 있는 것 같았다. 카메라가 안으로 향했지만 너무 어두웠다. 불현듯 콘스탄틴이 렌즈를 확대시켰다. 영상이 천천히 선명하고 밝아졌다. 나는 내 눈을 믿을 수 없었다. 마치 그들이 안개 속으로부터 떠오르는 듯, 모습을 드러냈다. 요제프 토락의 마상 한 쌍! 히틀러가 창밖을 내다볼 때마다 그리고 제2차 세계대전에 대해 덧없이 떠도는 상념에 잠겨 있을 적마다 몇 년 동안을 그렇게 뚫어져라 눈길을 주었던 말들.

"아르뛰어?"

나는 스테이번을 깜박 잊고 있었다. "네, 듣고 있어요."

"이거 완전히 비극이네. 2천만을 고스란히 날려 버리다니."

"네, 정말 어이가 없습니다." 내가 대꾸했다. 그러면서 나는 말들을 감상하고 있었다. 그들은 둘이 나란히 세워져 있었다. 창고 옆쪽을 통해 새어든 햇살이 그들을 비추고 있었다. 그들이 입을 크게 벌리고 오른쪽 다리를 번쩍 공중으로 쳐든 채 막 창고 밖으로 뛰어나가려는 자세였다.

"잘 들어요." 스테이번이 말을 이었다. "어쩌면 조금이나마 건질 수 있는 길이 있긴 하거든."

나는 다시 동영상을 살폈다.

"말들과 10미터 높이의 「파수꾼」은 놓치고 말았다 치고. 근데 내가 그 대신 다른 게 있거든."

나도 다른 아이들처럼 어린 시절, 「보물섬」과 「몬테크리스토 백작」 같은 보물이 나오는 청소년 소설들에 탐닉해 있었다. 그리고 이제 나는 내가 발견한 보물을 바라보고 있었다.

"내가 의뢰받은 특이한 아이템이 하나 있거든. 10미터에 5미터짜리 양탄자. 오래전 이란의 마지막 왕을 위해 제작된 특상품. 현재 독일에 있고, 80년대, 혁명 후에 이란에서 반출해온 거지, 이란 정부의 소유물을. 한마디로 완전히 불법이지. 자네가 볼 때 모스가 거기에 관심이 있어 할까?"

스테이번은 완전히 정신 이상자이거나 일사병 환자 같았다.

"있다마다요…."

꼬리말

히틀러 말들의 발견은 세계적인 뉴스가 되었다.

말들 이외에도 10미터 높이에다 40톤 무게의 「파수꾼」은 물론, 아르노 브레커와 프리츠 클림쉬의 조형물 각각 2점씩도 되찾았다. 월스트리트 저널에서는 지난 10년간에 걸쳐 유례없이 통쾌한 반환 사건 중 하나라고 보도했다. 데이비드 페트레이어스David Petraeus, CIA 전 국장이 언론을 통해 우리에게 축하를 보냈고 '적법한 작전'이었음을 강조했다. 발견한 후에는 이렇게 되찾은 작품들에 대한 차후 대책을 둘러싼 논란이 벌어지기 시작했다. 전람 아니면 은폐, 일각에서는 파괴를 주장했다. 급기야 독일 정부는 독일 역사의 어두운 이면도 체감할 수 있는 구체적인 조형물로서 공개할 시점에 이르렀다고 결정했다.

그러나 조형물이 전시되기에 앞서 법정에서 누가 법적인 소유자인지 판가름되어야 할 실정이다. 허다한 실증에도 불구하고 아들러는 시종 자기가 마상 한 쌍을 합법적으로 구입했다고 주장하고 있다. 1심에서 법관이 독일 정부의 승소로 판결 내렸으나, 고등 법원의 항소심은 아직 진행 중이다.

히틀러의 말들이 발견된 후 그토록 비극적으로 생을 마감한 예술가 프랑크 란젠되르퍼가 에버르스발데 병영 뜰에 서 있는 조형물을 목격한 유일한 자가 아니었음이 밝혀졌다. 1984년, 비밀 정보를 얻게 된 동독의 사진사 스타인에르트Steinert가 숲속의 으슥한 갓길을 통해 몰래 병영 부지 안에 들어가는 데 성공해 조형물들의 사진을 찍었다고 한다. 몇 년 후, 서독의 한 여성 예술 사학자가 조형물들의 사진을 찍어 그에 대한 에세이를 출판했다. 그런 - 장벽 붕괴 및 독일의 재통일 등의 - 혼란기에 출판된 그녀의 논문은 범람하는 다른 뉴스 속에 묻혀 빛을 보지 못했으므로 이 책에 나오는 다른 자들은 그걸 모르고 있었던 반면, 아들러가 우연히 그걸 얻어듣고 나서 중개인을 통해 슈타지와의 접촉을 꾀했던 것이었다.

아들러, 플리크, 나센슈타인과 스테이번은 간신히 기소를 면했다. 되찾은 조형물들은 아닌 게 아니라 시간이 경과하면서 대여금의 담보로 사용되었고 이 사람에게서 저 사람에게로 이송되었다. 아무도 구속되지 않았다. 몇몇은 장물 취득, 탈세 및 금지된 무기 소지 등의 혐의에 대한 조사를 받고 있다. 모스가 가상의 인물임을 마침내 파악한 스테이번과 나는 그 후 전화 연락을 했다. 언제 한번 차라도 같이 하자고 내가 제안했고, 그는 투덜투덜하면서 받아들였다. 그러나 아직 그 약속을 실천에 옮기지 못하고 있다. 구드룬 부르비츠, 하인리히 힘플러의 딸은 2018년 5월 24일에 별세했다. 슈틸레 힐페는 여전히 활약하고 있으며 제4제국을 위해 부단한 노력을 계속하고 있다.

이 사건 때문에 나 역시 어려움을 겪게 되리라 두려워했던 내 예측은 기우에 그쳤다. 제2차 세계대전 당시, 약탈당한 재산을 되찾을 수 있도록 내가 돕고 있는 유대인 가족들은 내가 몇몇 나치들이 수백만 유로를 얻을 수 있는 기회를 박탈했다는 사실을 통쾌해 마지않았다. 네오나치들은 총통의 총애를 받던 조각들의 예기치 못한 돌출에 너무도 황홀한 나머지 나를 위협할 겨를조차 없었다. 미국에 있는 한 동성애 잡지사에서는 토락과 브레커가 제작한 남성들의 육체미를 보고 감탄의 도가니에 빠진 나머지 나를 그달의 인물로 선언했다. 한편, 나는 위의 이야기에 나오는 몇몇 인물에 대해서는 실명 대신 가명을 이용했다.

위에 언급되지는 않았으나 내가 각별히 감사하고 싶은 분이 있다. 마상을 포함하여 압수된 조형물들이 창고에서 호송될 때 그 호송대를 지휘하던 경찰관이다. 깊디깊은 계곡 아래 강물이 세차게 흐르고 있는 다리를 건너기 직전, 그는 호송대를 일단 멈추게 한 다음 이 다리가 이런 중량의 충격을 지탱해 낼 수 있는지를 점검하도록 해 비상사태에 대비한 적절한 조치를 취했다. 다리가 절대 견뎌낼 수 없다는 결과가 전해졌을 때 다들 등골이 서늘해졌다.

때에 따라서는 현실이 무릇 픽션보다 더 의외라는 걸 나는 이 역사적 사건을 통해 통감했다. 인류 역사상 가장 어두운 시대를 상징하는 조형물들이 장장 70년이라는 시간이 지난 뒤 다시 불거지리라고는 그 누구의 상상력도 따라잡지 못할 이변이었다. 더구나 또 나치들과 공산당들이 이 이례적 서사 속에서 상부상조하며 합세했다는 사실 또한 우리의 예상을 뒤엎었다.

역사는 신화, 전설 그리고 신비에 싸여있다. 옛날에는 그런 요소들은 비합리적이라며 일언지하에 일축해 버리곤 했었다. 하지만 나는 그간 신중함을 배우게 되었고, 요즘에는 상상의 여지를 두고 지켜보는 편이다. 그럼에도 불구하고, 나는 나의 스승인 미헬 환 레인의 친구이자 전직 CIA 첩보원 로버트 베어가 제작한 다큐드라마, 즉 히틀러가 전쟁에서 살아남아 남미로 도주했다는 내용으로 세계 각지에서 방영된, 세간의 이목을 끄는 「헌팅 히틀러」와 같은 것은 아예 외면해 버린다.

어이없을 정도로 선을 넘는 사람들도 없지 않기 때문이다.

❶ 요제프 토락의 마상이 서 있는 국가수상부 모형. 건축가 알베르트 슈페어

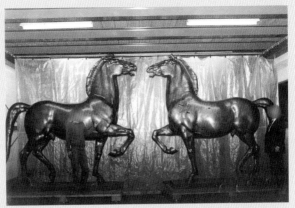

❷ 마상의 암매매를 기도하여 저자 아르뛰어 브란트에게 보내온 사진

❸ 히틀러가 국가수상부 정원에서 청소년 대원을 만나는 영상의 정지 화면.
두 개의 마상 중 하나가 서 있어야 할 자리에 한 병사가 서 있다.

❹ 알베르트 슈페어, 아돌프 히틀러, 아르노 브레커, 1940년 파리, 사진 하인리히 호프만

⑤ 자신의 아틀리에에서 작업 중인 요제프 토락, 1940년

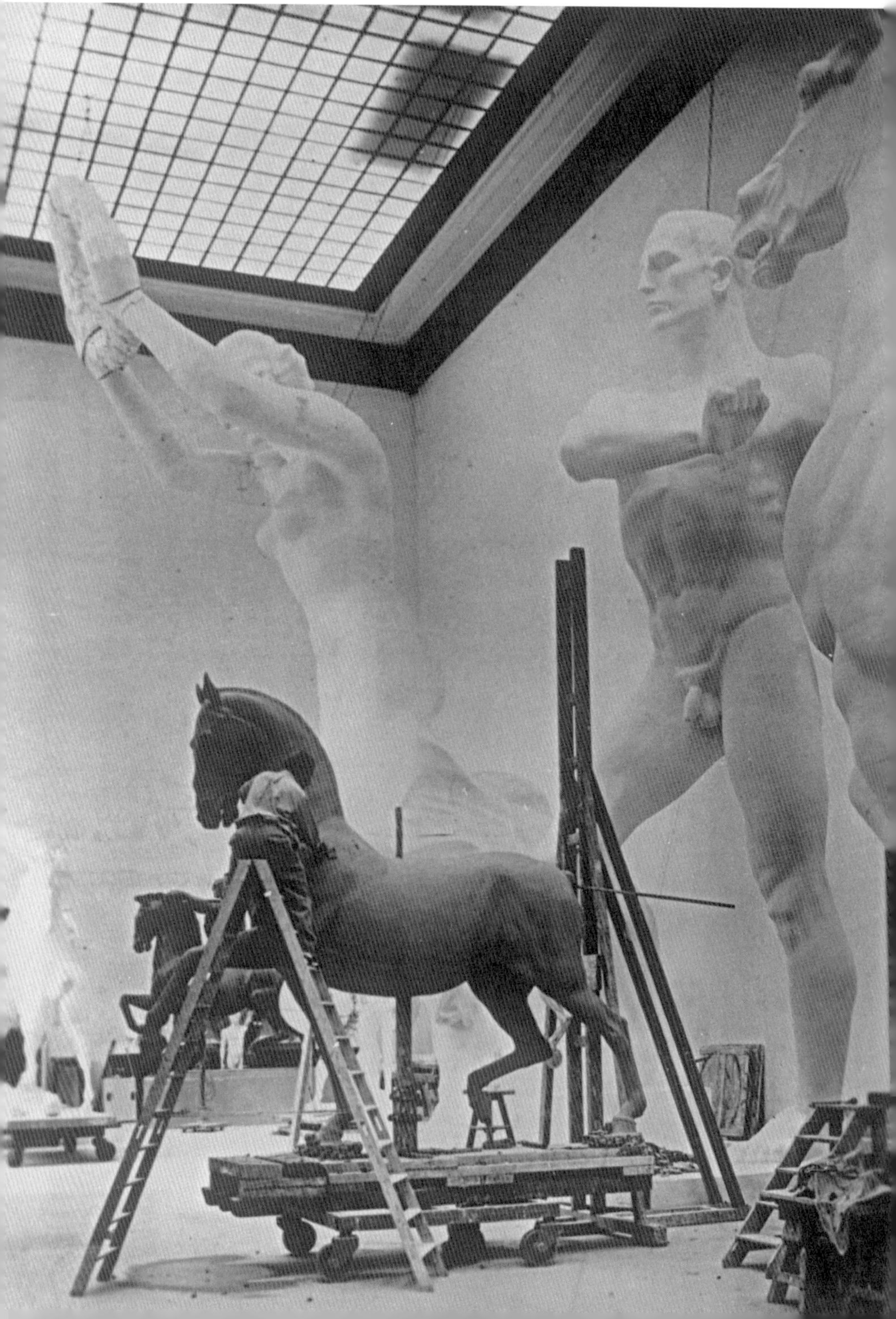

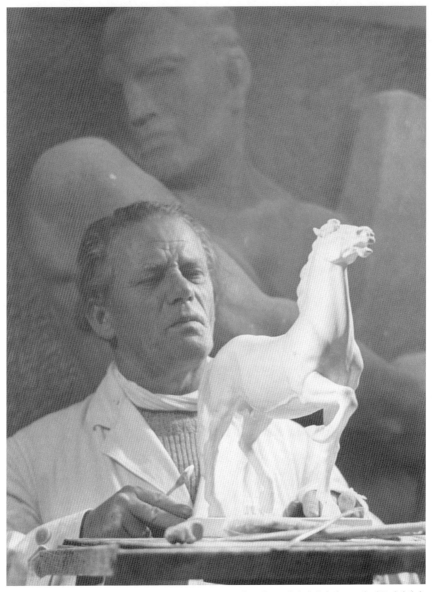
❻ 요제프 토락과 마상의 석고 모델, 아틀리에에서.

⑦ 국가수상부의 히틀러 집무실

❽ 하인리히 힘믈러와 그의 딸 구드룬 힘믈러

❾ 「가족상Familienbild」, 한스 슈미츠, 1938년 작

⑩ 저자와 소형 마상

⑪ 동독에 있는 마상 앞에서 포즈를 취하고 있는 러시아 병사. 연도 미상

⓬ 저자와 콘스탄틴 폰 하머르슈타인

⑬ 요제프 토락의 아틀리에 건물 앞에 선 저자

⑭ 베를린 국가수상부 입구에 서 있던 아르노 브레커의 조각상 「당Partei」과 「국방군Wehrmacht」

⑮ 요제프 토락의 아내 힐다, 1930년대 후반 사진.

⑯ 아르노 브레커의 「파수꾼Der Wächter」

⑰ 압송 중인 마상

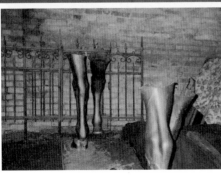

⑱ 마상의 몸체에서 분절되어 있는 다리들

⑲ 마상의 압수 수색 중에 발견된 대전차포

⑳ 저자와 르네 알론저

1. 추리 소설 구성의 실화

원서의 부제 - 예술 탐정의 선풍적인 발견이 전 세계의 화제가 된 경위 - 라는 보충 설명처럼 이 책은 실제 사건을 바탕으로 한 실화이다. 그 럼에도 불구하고 옮긴이는 소설보다 더 소설 같은 문학 작품으로 읽었 다. 스릴 만점의 추리 소설을 읽는 기분이었다. 예술품 사립 탐정인 1 인칭 화자 '나'가 스승이자 예전 동료인 환 레인으로부터 히틀러가 가 장 사랑하던 청동 마상 한 쌍의 컬러(=근래) 사진을 접하는 걸로 이야기 가 시작된다. 하지만 이 마상들이 일찍이 베를린 함락 시에 잿더미가 되었음은 자타가 공인하는 사실이 아니던가? 그렇담 이건 위조품임에 의심할 여지가 없지 않는가? 이 책은 이런 식의 의혹에 싸인, 숨겨진 사실들을 차근차근 파헤쳐 가면서 진실에 다가가는 추리 소설의 전형 적인 구성을 취하고 있다.

'나'는 먼저 사진의 말들이 위작이 아님을 규명하고, 그게 지난 70 년 동안 어디에 숨겨져 있었으며 지금은 어디에 있을까? 그걸 수백만 유로에 암시장에 매물로 내놓은 현(불법) 소유자는 누구이며 또 그걸 팔려는 동기는 무엇일까? 등을 추적해 나간다. 그 과정에서 '나'는 나 치 예술은 나치들과 나치 사상의 동조자들에게는 숭배의 대상이므로 그들의 손에 있다는 심증을 굳히면서, 서독 암시장의 주요 공급선이었 던 동독의 골통품상을 직영하던 슈타지의 요원들, 예전 KGB 요원들, 서독의 현직 정치계, 사법계 인사들, 대기업가들 그리고 심지어 경찰과 독일 정보부 요원 등등의 나치 범죄와 비리와 연루된 많은 인물과 사건들에 부딪치게 된다. 최후의 순간까지 위기일발의 긴박감 속에서 '나'는 마침내 독일 경찰과 합동작전으로 마상을 포함하여 그간 발견한 다른 조각상을 회수하기에 이른다.

2. 시사성과 역사의식

필자가 천진함 내지는 부적격함을 가장함으로써 당면한 위험을 매끄럽게 헤쳐 나가는가 하면, 그에 또 자기 폭로의 아이러니가 점철되어 있어 읽는 재미를 가중시킨다. 그러나 모험담 저변에 깔린 시사성과 역사의식이 옮긴이에게는 그에 못지않은 감명을 주었다.

아돌프 히틀러의 집무실 아래 서 있었던 요제프 토락의 작품 청동 마상 한 쌍의 회수에 잇따라 독일 내에서 열띤 찬반 토론이 벌어졌다. 독재 정권 혹 반인륜적인 정권을 대표하는 예술 작품은 파괴하는 게 마땅한가? 아님 그 반대로 보존하고 대중에게 전시하는 게 옳은 처사인가? 필자는 여러 작중 인물들을 통해 이 딜레마에 대한 해답을 제시한다. 관련 유물들을 파괴시켜 역사 유산에서 배제하는 대신 구체적 실증으로서 후대에 남김으로써 역사의 어두운 면을 비판적으로 접근할 수 있다는 견지이다. 로마 시대 폭정 아래 제작한 예술품에 대한 연구가 작금에도 계속되고 있는 것처럼 히틀러의 예술품도 예술이 어떻게 정치의 선전 수단으로 이용되었는지의 실례로써 중대한 의의를 지니고 있음을 주장한다. 독일(현) 정부 또한 사회 여론을 그런 방향으로 이끌어가고 있고, 2019년 9월 네덜란드 덴 보스의 디자인 박물관에서 '제3제국의 디자인'이라는 나치 예술에 대한 최초의 전시회가 개최되어 국제적인 시선을 모았다. 실용적인 목적을 지닌 조형물들의 설계와 도안이 나치 사상의 발전과 전파에 어떤 역할을 했는지를 보여주기 위한 취지에서였다.

나아가서 6백만 유대인을 위시하여 로마 집시들, 동성연애자들, 소수 민족들 등등 6십만에 이르는 홀로코스트 희생자에 대한 책임을 제3제국 시대의 위정자, 군인, 나치당의 열성 당원 등의 주범들에 한정시켜야 하는가? 아님 전범국인 독일의 민간 차원에까지 그 책임을 물어야 하는가? 독일이 지난 몇 세기 동안 진통을 겪고 있는 현안이다. 1970년 빌리 브란트 서독 총리가 유대인 위령탑 앞에서 무릎을 꿇어 참회하는 모습을 세상에 보였고, 메르켈 현 수상이 독일 수상으로서는 처음으로 '독일인 대다수가 당시 대학살에 눈을 감았고 나치 희생자들을 도우려 하지 않았음'을 공식적으로 인정하면서 매번 "나치 만행을 기억하는 것은 독일인의 영원한 책임"이라고 강조하고 있다.

그런가 하면 독일 뉴스 통신 DPA에 발표된 2020년 초의 여론 조사에 의하면 독일인 다섯 중 둘은 메르켈의 '영원한 책임'에 반대하고 있다. 예의 현상은 이 책에 생생하게 그려진 나치 사상의 존속과도 맥을 같이한다. 지금 이 시각에도 여전히 네오나치 배양을 위해 총력을 기울이고 있는 슈틸레 힐페와 같은 단체, 그에 은밀히 연계된 기업가들과 유명인들, 나치 이념을 신봉하거나 지지하는 광범한 회색 지대 등등을 통해 이 책은 주류와 비주류의 경계가 종이 한 장 차이라는 경각심과 역사의식을 일깨워 주고 있다. 나아가서 지나친 민족주의와 자국

우선주의적인 풍조가 독일뿐만 아니라 유럽 전역에, 아니 세계 도처에 도사리고 있는 현 실정에 이 책이 조그마한 경종이 되기를 바랄 따름이다.

3. 예술품 사립 탐정

2015년 히틀러의 청동 마상들의 반환을 계기로 브란트는 도난당한 예술품을 추적하는 사립 탐정으로서 세계적 명성과 함께 미술 시장의 인디아나 존스라는 별명을 얻게 되었다. 최근에도 세계의 주목을 받은 회수 사건들이 속출했다.

브란트는 사우디아라비아 셰이크가 소장한 피카소의 진품 「Buste de Femme」(1938:여인의 상반신)을 도난당한 지 20년만인 2019년 3월에 되찾아 원주인에게 회수했다. 이 피카소의 애인 도라 마르(Dora Maar)의 초상화의 추정가는 2천5백만 유로(약 319억 원)에 상당한다.

17년 전에 오스카 와일드가 자기 모교 옥스퍼드 마들린 대학에 희사한 금반지를 훔친 청소부는 그걸 금으로 녹여 버렸다고 진술했다. 그러나 그 진술에 의혹을 품은 브란트는 끈질기게 런던의 암상들에게 접근한 끝에 2019년 9월 자기가 좋아하는 작가 와일드의 반지를 찾기에 이르렀다.

독일에 거주하는 이란 수집가의 소장품인 페르시아 시성 하피즈 (Hafez: 1315-1390)의 대표 시집 『디반』(Diwan: 1462/3년 작으로 추정)이 2007년 소실되었다. 하피즈는 오늘날에도 이란인들의 사랑과 존경을 받고 있으며 서구 문학에도 영향을 미친 시인이며, 그의 시집의 원본은 금색으로 화려하게 장식된 중세 희귀본이다. 국가 문화재로 압취하기 위해 비밀리 수색 중인 이란 정보부와 각축전을 벌이면서 브란트가 먼저 발견하여 2020년 1월 수집가 가족에게 반환했다.

이 같은 브란트의 성공 비결은 무엇보다도 그가 30년 동안 쌓아온 인맥에 있다고 본다. 동료 탐정들, 여러 수사기관들, 수집가들의 협조는 물론이고, 심지어는 위조자들과 범죄자들의 제보 덕분에 그는 도난당한 예술품의 행방을 추적한다. 그렇게 해서 일단 도난품을 소유하고 있는 자만 찾아내면 나머지는 시간문제이다. 즉석에서 돌려주지 않으면 경찰의 방문을 받게 될 거라는 '협박'을 할 필요도 없다고 브란트는 말한다.

이 번역에 큰 도움을 준 조카 지혜의 온 가족에게
늘 행운이 함께하길 기원합니다.

— 옮긴이 지명숙 —

참고 사이트

http://artiaz.com/Media.html

https://www.arthurbrand.com/track-record/book-of-hafez/

https://www.nst.com.my/world/world/2020/01/557406/dutch-art-
sleuth-finds-rare-stolen-copy-prince-persian-poets

http://www.hani.co.kr/arti/international/international_general/600392.
html#csidx29f50c 32fc0b7e1a8a124b295171814

https://www.mhpbooks.com/600-year-old-divan-of-hafez-returned-
after-over-a-decade-on-the-underground-market/

사진 & 기타 출처

12 (c) Carsten Koall

13 (c) Menno van Wees

14 (c) akg-images / dpa Picture-Alliance / dachnl

15 (c) United Archives / Bridgeman

16 (c) Ullstein Bild / Getty Images

17 (c) Fredrik von Erichsen / dpa Picture-Alliance

19 (c) Carsten Rehder / dpa Picture-Alliance

20 (c) Gijs Konings

2, 3, 9, 11, 18 Collectie auteur 작가 소장품

기타 출처

17쪽에 인용된 팝송 가사, "Feeling hot, hot, hot…"은 알폰서스 캐설 Alphonsus Cassell이 작곡한 곡 "hot, hot, hot"의 가사 한 구절임.

색인

ㅎ

옮긴이
―

지명숙은 한국외국어대학교 네덜란드어과를 졸업하고, 1975년부터 1983년까지 네덜란드 레이던 국립대학교에서 네덜란드 현대문학을 전공하였습니다. 한국외국어대학교와 벨기에 루벵대학교를 거친 후 네덜란드 레이던 대학교 한국학과 교수로 일하다가 2019년 퇴직하였습니다. 「막스 하빌라르」, 「천국의 발견」, 「늑대단」, 「필립과 다른 사람들」, 「호프만의 허기」, 「탄도리 엄마」, 「인성」 등의 네덜란드 현대소설을 번역했습니다. 저서 「보물섬은 어디에?-네덜란드 공문서를 통해 본 한국과의 교류사」는 2003년 최우수 학술도서로 선정되었습니다. 최근에는 그밖에도 노벨문학상을 수상한 벨기에 작가 마테를링크의 「파랑새」를 비롯하여 「몬스터, 제발 날 잡아 먹지 마세요!」, 「심술쟁이 니나가 달라졌어요.」, 「나도 같이 끼워 줄래?」, 「내똥 어디 갔지?」, 「누군가를 사랑하고 있다는 걸 어떻게 알까요?」 등의 청소년문학과 그림책을 번역하였습니다.

히틀러의
사라진
보물

1판 인쇄 2021년 1월 10일
1판 발행 2021년 1월 20일

지은이 아르뛰어 브란트
옮긴이 지명숙

펴낸이 홍정수
펴낸곳 이더레인 (탐구당)
원고진행 장선경
본문디자인 조정자
표지디자인 공중정원

출판등록 1950. 11. 1 서울 제 03-00993호
04382 서울특별시 용산구 한강대로 62 나길 6
전화 (02)3785 - 2211~2 | 팩스 (02)3785 - 2272
E-mail : tamgudang@paran.com | http://www.tamgudang.co.kr

ISBN 978-89-6499-040-7

값 17,500원

**히틀러의
사라진
보물**